2019년 5월 31일   초판 1쇄

편저 윤영관

펴낸곳 늘품플러스

펴낸이 전미정

책임편집 최효준

교정·교열 한채윤

디자인 정진영 정윤혜

출판등록 2008년 1월 18일 제2-4350호

주소 서울 중구 퇴계로 182 가락회관 6층

전화 02-2275-5326

팩스 02-2275-5327

이메일 go5326@naver.com

홈페이지 www.npplus.co.kr

ISBN 979-11-88024-23-0 03340

정가 14,000원

북한의 오늘 Ⅱ

윤영관 편저

Contents

1

총론

김정은 체제하 북한의 변화와
대북정책

—

윤영관

I. 들어가는 말

서울대 국제문제연구소는 2014년 9월에 『북한의 오늘』(늘품플러스)을 출간하여 2014년 시점에서 정치, 경제, 사회, 외교 네 분야에 걸친 북한의 현실을 분석하고 한국 정부의 대북정책에 대한 함의를 논의한 바 있다. 이 연구서는 당시 학계, 연구소, 정부 기관들로부터 긍정적 반응을 받았다. 그 후 한반도에는 상당한 변화가 진행되었다. 이제 5년이 지난 시점에서 최근 북한 내부에서 진행되어온 변화를 추적 분석하고, 이것이 한국의 대북정책에 던져주는 함의를 찾고자 한다.

주지하다시피 북한은 최근 5년간 핵과 미사일 기술 고도화를 가속화하고 위협을 가중시켜 2017년 한반도는 상당한 안보위기에 봉착했었다. 그러나 2018년 초 이후 김정은 위원장은 한반도 비핵화를 표방하며 적극적 외교에 나섰다. 또한 북한의 비핵화를 압박하기 위한 국제사회의 대북경제제재가 강화되면서 시장화 및 개방화가 심화된 북한 경제가 상당한 타격을 받고 있다. 북한 경제의 시장화는 북한 사회의 성격과 주민들의 의식에도 변화를 초래하고 있다. 정치적으로는 수많은 정치 엘리트들의 처형과 숙청이 이어지는 가운데 선군(先軍)에서 선당(先黨)으로 나아갔고 병진노선에서 경제발전 우선으로 선회하고 있다.

한편 한국에서는 문재인 정부가 들어선 지 2년이 지났다. 2018년 2월 동계올림픽을 기점으로 남북 간 대화무드를 조성하여 핵 위기를 잠재우려 시도했고, 이에 북한당국이 긍정적으로 반응하여 남북정상회담이 3회, 북미정상회담이 2회 열렸다. 이러한 우리 정부의 노력이 과연 비핵화를 통한 항구적 평화 정착으로 이어질 수 있을지 더 지켜보아야 할 것이다. 이 같은 상황에서 본 연구서가 우리 정부, 더 나아가 미국을 비롯한 국제사회의 대북정책 수립에 중요한 정책적 함의를 던져주고, 학계의 북한 연구에도 긍정적 기여를 할 수 있기를 기대한다.

II. 김정은 시대 북한의 오늘

본 연구서는 북한의 정치, 경제, 사회, 군사, 외교의 다섯 개 부문에 걸쳐 진행되고 있는 변화의 흐름을 각 분야 전문가들의 분석을 통해 조망하고자 했다.[1]

먼저 정치 분야에 대해서 집필한 김근식 교수는 김정은의 북한이 김정일의 북한과 다르다는 점을 지적한다. 김정은은 아버지의 북한을 계승하면서도 동시에 아버지의 북한과 다른 전략을 보이고 있다는 것이다. 예를 들어, 김정은 체제의 북한은 선군(先軍)에서 선당(先黨)으로 당국가 시스템을 정상화했고 7차 당대회와 최고인민회의를 통해 당 우위의 정상국가화를 시도했다. 또한 권력 장악 이후 김정은은 지속적으로 권력 엘리트를 교체 충원하면서 새로운 엘리트 그룹을 포진시킴으로써 김정은 시대의 동력을 준비해냈다. 또한 김정은은 권력의 운용과 리더십 스타일에서도 본질적으로 다른 모습을 보여주고 있다. 김정일이 은둔형의 폐쇄적 리더십을 보여줬다

....
[1] 각 장을 정리한 아래 내용은 각 필자들이 스스로 작성한 요약문에 기초한 것임.

면, 김정은은 공개적인 애민(愛民)의 리더십 스타일로써 김정일과 자신의 차이점을 대비시키려 노력하고 있다는 것이다.

김근식 교수는 김정은이 새로운 정치체제와 함께 과거와 차별화되는 대외전략과 대남전략을 구사하고 있는 것도 큰 특징으로 지적한다. 안보와 번영이라는 국가의 기본목표를 이루기 위해, 김정은은 대미 안보의존과 대남 경제의존이라는 과거의 공식에서 벗어나 중국을 균형추로 해서 새로운 대외전략을 시도하고 있다는 것이다. 대남전략도 대결국면에서는 남북관계에 매달리지 않고 대화국면에서도 정치군사를 우선하고 남북관계의 경제적 효용성을 크게 기대하지 않는 각자도생의 분리공존을 모색하고 있다고 한다. 핵전략 역시 집권 이후 핵보유 자체를 목표로 하는 공세적 핵질주 전략을 지속하고 핵무력 완성 이후 단계별 등가교환에 의거한 핵협상에 나서고 있다.

김 교수에 의하면 김정은의 정치전략에서 이데올로기도 중요하다. 사회주의에서 이데올로기는 정치적 정당화와 대중동원의 핵심 기제인데 김정은은 집권 이후 지속적으로 '김일성-김정일주의'를 당의 공식 이데올로기로 규정하고 있다. 김일성의 주체사상과 김정일의 선군사상을 결합시켜 당의 공식 이데올로기로 일단 선반 위에 올려놓고 자신의 실천이데올로기를 구상 중이라는 것이다.

김근식 교수는 정치와 외교와 이데올로기를 나름대로 정비한 김정은이 이제 안정성을 토대로 향후 국가발전전략과 정책노선을 새롭게 추진할 것으로 보인다고 말한다. 김 교수는 그의 노선이 위기상황의 보수적 선군에서 벗어나 이제는 경제 우선과 인민 우선의 실용적 노선으로 정립되길 기대한다. 김정은이 공개적으로 선언한 '인민 대중이 더 이상 허리띠를 조이는 일이 없도록 하겠다.'는 의지가 경제 우선과 인민 우선의 국가노선으로 귀결되기를 희망한다는 것이다.

그러한 맥락에서 향후 북한의 향배를 결정짓는 중요한 변수는 경제의 변화일 것이다. 김병연 교수는 북한 경제에 대해 분석했다. 김 교수는 1990년대 이후 북한 경제에서 가장 큰 변화가 일어났던 영역은 대외적으로는 무역, 대내적으로는 시장이라고 지적한다. 그는 김정은 집권 기간의 북한 경제를 이해하기 위해 무역과 시장화가 경제성과에 미친 영향을 검토한 결과 두 가지 사실을 발견할 수 있었다고 설명한다.

첫째, 북한 경제의 대외무역 의존도는 2000년대 중반부터 크게 심화되었다는 것이다. 2006-2015년 동안 북한의 평균 무역의존도는 40%로서 이 기간 세계 평균인 58%와 18% 포인트 정도의 차이만 보였다. 무역은 경제성장률에 직접적인 효과를 미칠 뿐 아니라 시장을 통해 또다시 영향력을 행사한다. 김정은 집권 시기 북한은 '무역을 통해 먹고 사는 나라'로 변화했다고 해도 과언이 아님을 시사한다는 것이다. 둘째, 김 교수는 김정은 시기 북한 시장이 양적으로 성장했다는 점을 지적한다. 김정은 집권 이후 북한을 이탈한 탈북민을 조사한 결과 김정은 시기는 그 이전에 비해 비공식 경제활동 참여율이 10% 포인트 가량 상승한 것으로 나타났다는 것이다.

김병연 교수는 북한의 무역과 시장이 서로 영향을 주고받으면서 경제성장률에 영향을 미쳤을 것이라고 추정한다. 그러나 그는 기존의 성장률 추정치가 서비스 부문에서의 비공식 경제활동의 양적 증가를 과소추정하고 있을 가능성이 있다고 본다. 이 연구가 주민의 비공식 경제활동 참여율 증가를 고려하여 북한의 경제성장률을 추정한 결과, 2012-2015년 동안 북한 경제성장률 추정치를 한국은행은 연평균 최대 1.19% 포인트, 김 교수는 최대 0.94% 포인트 과소추정했을 가능성이 있다는 것이다. 그러므로 이를 반영할 경우 2012-2015년 북한의 연평균 경제성장률은 최대 1.77%가 된다.

김병연 교수는 이상의 발견이 다음과 같은 함의를 가지고 있다고 주장한다. 첫째, 2012-2015년 동안 북한의 연평균 경제성장률이 7-10%에 달한다는 주장은 근거가 희박하다는 것이다. 둘째, 무역의존도가 심화된 북한 경제구조를 고려할 때, 유엔안보리의 대북경제제재는 북한 경제에 심각한 충격을 줄 수 있다는 것이다. 대북제재는 북한의 무역, 특히 수출에 영향을 미치고 이는 다시 시장에 충격을 줄 수 있기 때문에 1990년대 이후 북한 경제를 떠받치는 두 기둥이 타격을 받는 셈이 되기 때문이다.

김병로 박사는 북한의 사회 변화를 추적했다. 김 박사는 김정은 위원장이 집권한 지난 7년 동안 가장 현저하게 달라진 북한 사회의 모습을 한마디로 요약하면 대대적인 국가정책사업으로 인한 분위기 쇄신과 시장화 진전에 따른 주민생활의 변화라고 지적한다. 김정은 위원장은 집권하자마자 초대형 건축물들을 건설하고 교육제도를 바꾸며 평양표준시간을 제정하는 등 주민들에게 새 시대가 시작되었음을 알리는 여러 정책을 추진하였다. 문수물놀이장과 승마장, 마식령스키장, 평양순안공항을 비롯하여 미래과학자거리, 려명거리 등 주거시설과 주민 위락시설, 민생 중심 건설사업을 추진함으로서 김정은 시대의 랜드마크를 '인민생활'과 연결시키는 전략을 시도했다는 점을 주목해야 한다는 것이다.

김병로 박사는 이와 함께, 김정은이 과학기술을 강조하고 교육수준을 세계적 기준에 맞게 발전시키기 위해 대대적인 교육개혁을 추진했다는 점을 지적한다. 김정은은 "자기 땅에 발을 붙이고 눈은 세계를 보라"는 친필명제를 구호로 삼아 교육과 과학기술을 세계 최첨단 수준으로 발전시키기 위해 외국 대학 및 연구기관과 적극적인 교류를 추진 중이며, 열악한 의료·복지의 개선과 황폐화된 산림 복구작업에 높은 관심을 갖고 국제사회와의 교류·협력을 적극 추진하고 있다. 또한 각종 사회단체의 조직 활동을 통해 통제를 강화하고 결속을 도모함과 동시에 경제건설 기반을 다지기 위한 대중동원을 전개해 나가고 있다는 것이다.

김병로 박사는 시장의 발전과 화폐경제의 도입으로 주민생활의 양식과 질서가 크게 변화되었다고 주장한다. 김정은 등장 이후 100여 개의 종합시장이 새로 생겨나 430여 개 이상으로 늘어났고 시장은 이제 북한 주민의 생활 속에 꽤 깊이 들어와 있다는 것이다. 장사를 전업으로 하는 상인계급이 60-110만 명으로 경제활동인구의 10%까지 늘어났으며, 전반적으로 주민 소득수준이 향상되었다고 한다. 그러나 15-20%의 주민은 실질소득이 전혀 없는 절대 빈곤층으로 전락하여 양극화가 심화되는 부작용이 나타나고 있다고 지적한다. 그런가 하면 휴대전화 사용자가 증가하고 남한 문화에 대한 접촉이 활발해져 주민들의 의식과 가치관에도 영향을 미치고 있다고 한다. '한류'를 자주 접하는 사람들이 45-50% 정도로 형성되어 있고 화교와 탈북자도 사회 변화에 역할을 하고 있다는 것이다.

그럼에도 주민들이 내면화하고 있는 주체사상의 자부심을 근거로 판단한다면, 북한체제는 60% 정도의 지지를 받고 있고 김정은 위원장의 주민 지지도 역시 60%대를 기록하고 있다고 김 박사는 추정한다. 이러한 주민 의식 변화에서 세대 간 차이도 나타나는데, 이른바 '고난의 행군세대'로 불리는 40대가 정치적 비판의식이 강하고 민족적 선호가 높은 경향성을 보인다고 한다. 또한 대대적인 국가정책과 시장 확대로 경제가 조금씩 살아나고 있고 문화접변으로 의식과 가치관이 변화하고 있으나, 시민사회의 획일성과 수동성은 심각한 문제로 지적된다. 김병로 박사는 선군사상과 병진노선 등 국가정책과 이념에 대한 지지는 상당히 높으나, 민주주의와 시민의식이 전혀 형성되어 있지 않다는 점에서 우려가 크다고 말한다. 북한 사회의 이러한 경직성과 수동성, 자폐성은 내부 통합을 어느 정도 가능하게 하지만, 내부 변화를 추동하는 능력은 없다는 것이다.

이런 점에서 북한의 시장화와 개방 촉진을 위해서는 그 사회 안에서 시장개혁과 개방정책을 책임질 수 있는 역량 있는 인적 자원을 구축하는 일이 시급하다고 김병로 박사는 지적한다. 이러한 인적 역량을 강화하려면 북한 내부의 자원으로는 한계가 있기 때문에, 한국이 보다 적극적으로 북한의 인적 역량 강화를 위한 지식협력사업(knowledge sharing program)을 추진하고 인적교류와 문화협력사업을 확대해야 할 필요성이 있다고 주장한다.

전봉근 교수는 냉전 이후 북한의 군사전략 부문의 변화를 포괄적으로 분석하고 있다. 그는 먼저 2010년대 들어 한반도에서 군사적 긴장이 계속 고조되고, 고도의 전쟁위기가 반복되고 있는 점을 주목한다. 분단국인 남한과 북한은 상호 화해와 통일을 추구한다고 주장하면서도 구조적으로 상호 제로섬(zero sum) 경쟁관계에 있어, 끊임없이 높은 수준의 군사적 긴장관계를 유지해왔다는 것이다. 따라서 전 교수는 전쟁 방지, 비핵화와 평화 정착이라는 최고 국가안보 이익을 지키기 위해 우리가 김정은 정권의 군사·핵 정책과 군사 동향을 정확히 알아야 한다고 강조한다.

전 교수는 1990년대 들어 북한은 남북경쟁과 체제적 이유로 탈냉전과 세계화를 거부하며 고립과 위기를 자초했다는 점을 지적한다. 당시 북한의 안보위기와 경제위기는 북한의 국가·체제·정권을 동시에 위협했다. 북한은 분단국이므로 만약 체제가 붕괴하고, 정권이 교체된다면 동독처럼 국가가 붕괴하고 흡수 통일되어 소멸할 가능성이 높았다는 것이다. 이런 절체절명의 국가위기를 인식한 북한 지도부는 정치·군사적 대응조치로서 선군정치와 핵무장을 선택했다는 것이다.

전 교수에 의하면 북한 특유의 수령유일지배체제를 감안할 때, 북한의 최고 국가안보 목표와 국익은 김 씨 일가의 정권안보이며, 체제안보와 국가안보가 그 뒤를 따른다. 북한 사회주의 헌법(2016)에 따르면, 북한군의 최우선 임무는 '선군혁명 노선의 관철'을 통한 '수뇌부 보위'이며, 그다음이 '인민의 이익 보호'와 '외부의 침략에 대한 대응'이라는 것이다. 이는 북한군의 정치적 성격을 잘 보여준다.

이어서 전 교수는 북한의 군사전략의 변화를 설명한다. 그에 의하면 북한은 일찍이 60년대에 주체사상에 근거한 '국방자위' 정책을 제시하고, 실천과제로서 '4대 군사노선'을 제시했다. 또한 국토방위와 적화통일의 국방정책 목표를 달성하기 위해 속전속결전, 기습전, 배합전 등을 핵심으로 하는 군사전략을 채택하였다. 그리고 국내외 정치·군사 환경과 국방기술의 변화에 맞추어 전면전, 저강도 군사도발, 테러, 사이버전 등 다양한 공세적 전술을 구사하였다. 북한은 속도전과 돌파전을 위해 전차와 대포를 대량으로 전진 배치하여, 평양-원산 이남에 군사력의 70%를 배치하고 있다. 그런데 오늘날 북한 군사력의 최대 약점은 재래식 무기의 노후화와 전쟁 지속능력의 부족이라고 전 교수는 지적한다. 그에 의하면 북한은 이를 보완하기 위해 주력 군사력을 탱크와 야포에서 방사포와 미사일, 대량살상무기로 전환하였다.

전 교수가 보기에 21세기 들어 북한 군사정책 변화 중에서 가장 특징적인 것은 '핵 무력'을 국방정책에 포함한 것이었다. 김정일은 2006년 1차 핵실험을 실시하여 핵 능력을 과시하였고, 김정은은 2013년 국가전략에서 핵 무력의 중심적 역할을 부각시킨 '경제건설·핵무력건설 병진노선'을 제시하였다. 김정은 정권에게 핵무장은 '사회주의 강국' 건설의 핵심 국가전략이자 군사전략이다. 북한은 핵무장하게 되면 재래식 군사력을 대체하고 군비투입을 줄여, 그 여력을 경제건설과 인민생활 향상에 집중할 수 있다고 주장한다. 그러나 전 교수는 현 NPT 체제가 유지되고, 유엔안보리 제재가 유지된다면 그런 핵무장의 효과가 나타날 수 있을지 의문시한다.

전봉근 교수는 북한이 '핵 보유국법(2013)'에서 상대의 공격에 대한 보복으로서만 핵무기를 사용하는 '핵 억제전략'을 채택한다고 선언하였지만, 한국과 미국에 대해서는 매우 공세적인 '핵 선제공격'으로 위협하고 있다고 지적한다. 그러나 현재 북한이 공언한 핵 보복억제전략과 이를 실현하기 위한 핵 태세 간에는 격차가 있다. 따라서 북한은 이런 과도기 동안에 미국의 예방공격을 방지하고 핵무장 완성을 위한 시간을 벌기 위해 공세적인 핵 선제공격과 '비대칭확전' 전략을 채택하면서, 대화공세도 활용할 것이라고 전 교수는 예측한다. 북한이 2017년 자칭 '수소폭탄' 실험과 대륙간탄도미사일(ICBM) 시험발사에 성공하면서, 북미 간 일촉즉발의 전쟁위기가 조성되었다. 90년대 초부터 북미 간 고도의 핵위기와 전쟁위기는 예외 없이 대화국면을 촉발했는데, 이번에도 극적인 반전이 발생했다. 2018년 들어 남북정상회담이 3회 열렸고, 초유의 북미정상회담도 열렸다. 과연 한반도에 새로운 비핵평화시대가 열릴 것인가. 전 교수는 다소 비관적이다. 90년대부터 크고 작은 북핵 합의가 7번이나 만들어지고 깨어졌는데 그만큼 이로 인한 군사대치의 벽이 높았다는 것이다.

한편 북한 외교와 관련하여 김흥규 교수는 북한이 약육강식에 입각한 강대국 국제관계의 변화가 스스로의 명운에 큰 영향을 미친다는 것을 잘 인식하고 기민하게 반응해왔다고 본다. 김 교수에 의하면 북한은 건국 초기부터 1950년대 중반까지를 제외하고, 대체로 강대국에 편승하거나 순응하기보다는 철저히 자신의 이익을 극대화하려는 외교 정책을 추진하였다. 그리고 핵무장 완성을 선언한 2017년까지 '약소국'이라는 국가 정체성을 유지해왔다고 할 수 있는데 2018년의 핵무력 완성 선언을 통해 적어도 강대국들의 군사개입 위협으로부터는 벗어나 '강국'의 길로 들어섰다고 믿고 있다. 김 교수는 핵무장이 주변 강대국들을 불신하고 자주적인 역량을 중시하는 북한이 국제무대의 중요한 변수로서 남기 위해서 반드시 필요하기 때문에 핵무기를 쉽사리 포기하지 않으려 할 것이라고 본다.

그럼에도 불구하고 김 교수는 2018년 김정은 위원장이 대단히 의미 있는 정책 전환을 시작하였다고 지적한다. 비핵화를 의제로 국제사회와 적극적인 대화와 교섭을 시작한 것이다. 김정은 위원장은 이미 핵무장을 완성한 이후 새로운 돌파구로서 협상을 염두에 두고 있었을 것이라고 추측한다. 이는 핵-경제 건설 병진 정책을 추진하기 위해서는 필수불가결하기 때문이다. 또한 북한 외교가 그간 보여준 실용주의적 측면, 당면한 국제 제재에 따른 경제적 어려움, 국제적인 고립으로 인해 북한은 현재의 핵무장 군사 노선만을 장기간 고수할 수는 없었을 것이라고 보았다. 김 교수에 의하면 국내정치 통제에 대한 김정은 위원장의 자신감도 중요한 변수였으며 이러한 전환이 가능했던 것은 한국의 문재인 정부가 적극적인 남북 공존에 기초한 대북 소통과 유화정책을 채택하였기 때문이기도 하다는 것이다.

김 교수는 이 시점에서 북한 비핵화 달성과 평화체제 구축의 전망은 여전히 불투명하다고 본다. 일단은 김정은 위원장의 비핵화 의지가 여전히 불투명하고, 남북미 상호 간에 존재하는 불신, 비핵화에 대한 개념의 차이, 행동의 순서에 대한 불일치 등의 문제가 있기 때문이다. 그에 의하면 2018년 본격화된 북한 비핵화 협상과 평화체제 구축과 관련한 협상의 특징은 각국 지도자들에 의해 톱다운(top-down) 방식으로 진행되고 있다는 점인데 이는 실무진 차원에서의 논의보다는 훨씬 권위와 책임성이 부여된다. 그러나 정상들 간에 구체적인 사안에 대한 합의는 쉽지 않을 개연성이 존재하고, 그 결과 급속히 협상의 동력을 잃을 수도 있다는 것이다.

김흥규 교수는 이처럼 김정은 위원장이 선택의 기로에 놓였다고 본다. 그러나 김 교수에 의하면 외교로 현 난국의 돌파구를 마련하겠다는 김정은 위원장의 의지는 분명해 보인다. 2018년 초 평창 올림픽을 계기로 시작된 북미 대화와 유화정책 국면을 지속할 것인지, 아니면 현 북미 간의 고착 상황을 빌미로 벼랑 끝 전술국면으로 전환할지, 아니면 남북관계 개선을 통해 상황을 장기적으로 끌고 가면서, 보다 유리한 안보 환경을 조성하기 위해 노력할지는 여전히 미정이라는 것이다. 그리고 북한의 전통적인 군부나 외교 라인이 현 국면을 자신들의 조직 이해에 반하고, 대단히 위험스런 안보 상황으로 이해할 수도 있을 것이라고 지적한다. 핵을 보유한 북한은 이제 국제사회에 정상적인 국가로 나서고 싶어한다. 그러나 상호 타협이 이뤄지지 않을 경우 북한에게 상당한 경제적·외교적 부담을 안겨줄 것이고, 결국, 스스로의 무게를 감당하지 못해 내적인 불안정성이 강화될 개연성도 그만큼 커질 것이란 진단이다. 그럼에도 약육강식의 현실주의 정치적 국제관을 지닌 북한 외교는 여전히 '자력갱생'을 내세우거나 신중한 행보를 계속할 것이라 보는 것이 합리적이라는 것이다.

마지막으로 김 교수는 현 단계에서 북한을 움직이기 위해서는 중국의 역할이 대단히 중요하고, 중국의 대북 정책의 변화를 담보하는 데, 미국의 역할은 가장 중요하며, 미국의 북핵 관련 정책 형성에 한국의 주도적인 역할은 필수적이라고 주장한다. 이 시점에서 한국의 합리적인 정책은 남북한 관계 개선과 북핵의 평화적 해결을 추진하는 것이다. 또한 북한과의 대립적 측면을 현실적으로 인정하면서도 공존을 추구하는 '대항적 공존' 정책을 제안하고 있다.

Ⅲ. 북한의 변화와 새로운 대북정책

위와 같은 북한의 정치·경제·사회·군사·외교, 5가지 부문에서 진행되고 있는 변화를 어떻게 보아야 할 것인가? 지금 북한이 경험하고 있는 변화들은 단순히 각 분야에서 제각각 일어나고 있는 분절적 현상들이 아니라, 상호 연관되어 어떤 방향성을 가지고 진행되고 있는 근본적, 구조적 변화로 인식된다. 그렇다면 그러한 변화의 성격을 우리는 어떻게 규정할 수 있을까?

먼저 무엇이 김정은 시대 북한 내부 변화의 근본적인 추동력인가 하는 문제가 있다. 그것은 시장경제와 개방화의 심화로 규정할 수 있다. 1990년대 중엽 대기근으로 국가의 공식배급체제가 와해되고 그 결과 김병연 교수의 지적처럼 시장경제가 확산, 심화되었으며 북한 경제의 개방화로 연결되었다. 김일성, 김정일 시대의 폐쇄적 계획경제가 시장경제화되어, 북한은 오늘날 평균 가계수입의 80%를 시장활동에 의존하며 이른바 '무역을 통해 먹고사는 나라'가 되어버린 것이다. 이러한 시장화와 개방화는 김병로 박사가 지적한 대로 주민의 의식과 가치관의 변화를 가져왔고 주민들의 생활양식과 질서를 크게 변화시켰다.

　이러한 시장화와 개방화는 불가역적인 것이 되어 버렸다. 이는 근대 세계사의 흐름이었으므로, 북한도 여기에서 예외가 될 수 없었고 앞으로도 그러할 것이다. 이를 증명하는 한 예로, 2009년 11월 말 김정일 국방위원장은 화폐개혁을 통해 시장을 억압하고 시장세력을 무력화하려고 했다. 주민들이 장사와 무역을 통해 벌어서 모아놓았던 돈을 휴지 조각으로 만들어버리려 했던 것이다. 그러나 이는 결국 완전한 실패로 끝났고 이듬해 2월 초 북한 정부의 내각총리 김영일은 평양시내 인민반장들 수천 명 앞에서 공식 사과해야 했을 뿐만 아니라,[2] 3월에는 당의 계획재정부장이었던 박남기를 간첩혐의로 처형한 것으로 보도되었다.[3] 이는 북한당국이 시장세력과 주민들의 반발을 얼마나 두려워했는지를 보여주는 사례였고, 상징적으로 시장세력 대 핵심권력 간의 세력균형의 추가 점차 시장세력에 유리하게 움직이고 있음을 보여주고 있다.

　이 같은 북한 사회 내부의 구조적인 변화의 흐름 속에서 최고권력자로 등장한 김정은 위원장은 2011년 집권 이후 줄 곧 시장 친화적인 정책을 추진해왔다. 20대 후반의 젊은 나이, 그리고 서방세계의 교육을 받은 지도자로서 선대 김정일, 김일성보다 사고와 전략이 보다 적극적이고 진취적인 측면이 있었을 것이다. 이런 점들이 바로 김근식 교수가 지적한 공개적 리더십 스타일로, 보수적 선군을 넘어 주민들에게 다가가며 경제 우선·인민 우선의 실용적 노선을 택하게

....

[2] ""김정일 화폐개혁 실패 인정… 민심잡기 나서" 열린북한방송 보도", 「동아일보」, 2010.2.12, http://news.donga.com/3/all/20100212/26123868/1.

[3] "북, 화폐개혁 책임 박남기 처형설", 「KBS News」, 2010.3.18, http://mn.kbs.co.kr/news/view.do?ncd=2065698.

만들 수 있었을 것이다.

그러나 어찌 보면 경제의 시장화, 개방화로 인한 보다 근본적인 북한 사회의 구조적 변화 속에서 김정은 위원장이 그러한 선택을 할 수밖에 없었던 측면이 있었을 것이다. 김정은 위원장은 자신의 아버지의 2009년 화폐개혁 시도, 다시 말해 시장을 압박하려는 시도가 어떻게 실패했는지 기억이 생생했을 것이기 때문이다. 그런 맥락에서 본다면 김정은 위원장이 시장세력의 억압 대신 시장세력을 포용하고 시장친화적 경제 정책을 채택한 것, 그리고 2018년 초를 전후하여 병진 노선에서 경제발전우선주의로 선회한 것은 이러한 구조변화의 필연적 소산이었을지 모른다는 것이다. 그런 의미에서 북한의 오늘과 미래의 변화를 결정지을 가장 중요한 독립변수는 북한 경제의 시장화와 개방화라고 말할 수 있을 것이다.

북한 사회 전반의 구조적인 변화, 즉 시장화와 개방화라는 거대변수는 여러 가지 중요한 도전과 딜레마를 야기하고 있다. 그러므로 북한은 지금 역사적인 대변환의 분기점에 놓여있다고 말할 수 있다. 그런 딜레마들 중에서 여기서는 두 가지만 짚어보기로 하자.

첫째, 김정은 위원장이 선택한, 또는 구조적 변화요인 때문에 선택할 수밖에 없었던 경제발전 우선주의의 추진은 북한 경제를 개방시켜, 세계 경제와의 교류를 선택사항이 아니라 필수사항으로 만들어버렸다. 즉 김병연 교수의 지적대로 북한 무역거래의 정상화 없이는 국내 시장거래도 힘들어지고 북한 경제의 성장도 힘들어졌다. 바로 그렇기 때문에 지금 진행되고 있는 북한 비핵화를 압박하기 위한 국제경제제재가 과거 폐쇄경제 시절보다도 더욱 심각한 타격을 주고 있다. 즉 경제발전 우선주의의 추구가 경제제재의 해제를 필요로 하며, 이를 위해서는 핵무장을 포기해야만 되는 상황에 부딪힌 것이다.

물론 김정은 위원장의 입장에서는 핵도 갖고 경제발전도 하는 두 가지를 다 원할 수 있다. 그러나 북한 경제의 구조적인 변화, 그리고 그에 따른 주민들의 기대치의 변화가 핵보유와 경제발전의 병행추진을 힘들게 만들어버렸고, 그 때문에 북한 지도부는 둘 중 하나를 선택해야만 하는 상황에 몰리고 있는 것이다. 다시 말해 과거 북한 경제가 폐쇄경제였고 시장이 덜 활성화되었을 때는 핵과 경제발전이라는 두 마리 토끼를 다 잡을 수 있을 것처럼 생각했을지 모르나, 이제 그것이 힘들어졌다는 것이다. 물론 여기서 중요한 기본 전제는 미국의 트럼프 대통령이 주도하는 대북경제제재가 약화되지 않을 것이라는 점이다. 하노이 정상회담에서 트럼프 대통령은 북한의 완전한 비핵화의 실질적 이행 없이는 경제제재를 절대로 해제할 수 없다는 것을 분명히 한 바 있다.

이는 북한의 리더십에게 심각한 딜레마이다. 예를 들어 전봉근 교수는 북한이 "핵무장으로 재래식 군사력을 대체하고 군비투입을 줄여 그 여력으로 경제건설과 인민생활 향상에 집중"하려 했음을 지적했다. 전 교수의 지적대로 지금과 같은 강한 국제적 경제제재하에서 이 같은 전략은 심각한 도전에 직면하게 된 것이다. 앞으로 김정은 위원장은 여러 가지의 북미협상 전술을 활용하여 경제발전과 핵보유를 병행 추진하려 할지 모른다. 그러나 그것의 성공 가능성은 높아 보이지 않는다. 그 경우, 김흥규 교수가 지적한 핵무장을 통한 한반도 문제의 주도권 확보라는 공세적 야심은 고사하고 재래식 전력상의 열세 보완이라고 하는 소극적 방어 차원에서의 문제 해결마저도 힘들어질 수 있다.

이러한 상황에서 김정은 위원장은 어떤 선택을 할 것인가? 만일 핵을 포기하지 않겠다고 버티고, 그 결과 경제제재가 심화될 경우, 북한 내부의 시장거래는 타격을 받고 북한 경제는 일부의 추정처럼 2018년의 마이너스 5% 성장에 이어 또다시 마이너스 성장을 기록할 가능성이 높다. 그뿐만 아니라 수출 부족으로 인한 외화 고갈 상태는 경제위기를 촉발할 수 있다. 이는 민생 위주, 경제 우선, 인민 우선의 정책을 추진해온 김정일 위원장 통치의 정당성을 크게 약화시킬 수 있을 것이다. 하노이 북미정상회담이 합의 없이 끝난 후 북한 로동신문은 "굶어죽고 얼어죽을지언정 버릴 수 없는 것이 민족자존이다"라고 주장하고 있다.[4] 과연 북한 주민들은 나라의 자존을 위해 자신들의 먹고사는 문제를 포기하고 권력자에게 충성을 다할 것인가? 아니면 시장화된 시대에 한껏 부푼 기대치를 갖고 "핵이 밥 먹여주나?"라면서 반발할 것인가?

물론 김정은 위원장은 중국이나 러시아를 대상으로 제재완화를 위한 외교적 노력을 강화할 것이다. 그러나 그러한 외교적 노력이 얼마나 성공할지는 미지수이다. 미국은 현재 중국이나 러시아의 제재 위반 금융회사, 선박회사, 기업 등에 대한 처벌을 강화해나가고 있다.

둘째, 시장화와 개방화로 인한 북한 사회 전반의 변화는 기존의 전체주의적 왕조정치시스템의 유지에 근본적인 도전요인으로 다가오고 있다. 왜냐하면 시장의 힘, 시장세력의 영향력은 최고 권력자의 최측근 그룹들까지 포획해 들어가고 있기 때문이다. 예를 들어 신흥자본가 그룹들, 이른바 '돈주' 그룹들은 권력층과의 연결과 담합을 통해 돈을 벌고 거래를 하고 보상 또는 뇌물을 지급하고 있다. 그런 상태에서는 자연스럽게 이념을 중심으로 최고 권력이 충성세

....

[4] "北 "굶어죽고 얼어죽어도 '자존' 버리지 않는다"", 아시아경제, 2019.3.21, http://view.asiae.co.kr/news/view.htm?idxno=2019032111592131496.

력들을 결집하는 과거의 방식을 이용하기가 힘들어진다. 이념적 원칙에 따라 시장의 작동을 억제하는 반시장적 지시를 최고 권력자가 내린다고 하더라도 그것은 아래로 내려가면서 무력화되어버릴 가능성이 크다. 그러한 지시를 실제로 이행해야 할 고위층 핵심관료들의 개인적 이익이 훼손되는 상황이 벌어질 것이기 때문이다.

이 때문에 북한의 전체주의적 왕조정치 시스템은 점차 권위주의적 개발독재 시스템과 리더십 스타일로 바뀔 수밖에 없을 것이다. 즉 김정은 위원장이 원하든 원하지 않든 그는 덩샤오핑, 박정희 등의 권위주의적 개발독재자 스타일의 리더십을 지향하지 않을 수 없게 될 것이라는 말이다. 이는 북한체제가 자유민주주의로 극적으로 변화하는 것을 생각하기 힘든 상황에서 그나마 과거의 빈곤과 전체주의체제를 유지하여 주민들에게 고통을 주는 것보다는 나은 상태로의 발전이라고 볼 수 있을 것이다.

이와 같은 상황에서 미국, 한국, 그리고 서방세계는 무엇을 해야 할 것인가? 이들 국가들의 정치지도자들은 북한이 처한 이러한 딜레마를 정확히 이해하고 그것이 비핵화 및 북한의 정상국가화에 어떤 함의가 있는지를 파악할 필요가 있다. 그런 다음, 북한의 리더십이 그 같은 딜레마를 해결하는 합리적 방법은 핵 프로그램을 버리고 경제발전을 선택하는 길임을 설득해야 할 것이다. 그리고 그렇게 함으로써 북한 정권의 유지 및 대외적 안보의 유지가 가능할 수 있음을 설득하고 지원해야 할 것이다. 즉 김정은 위원장이 핵 없이도 자신의 정권유지와 경제발전이 가능하도록, 특히 그가 가지고 있는 안보불안감의 해소를 위해 다양한 조치들을 취해나가야 할 것이다. 그렇기 때문에 트럼프 대통령이 시작한 북한에 대한 정치적 포용정책은 중요한 의미가 있다.

다행히 트럼프 대통령과 김정은 위원장은 하노이에서의 합의 실패 이후에도 대화 지속에 대한 의지를 가지고 있다. 그렇지만 대화와 협상의 지속을 통해 가능한 한 빠른 시일 내에 종전선언과 연락사무소 개설을 먼저 이뤄내야 할 것이다. 이를 통해 트럼프 대통령 임기 동안에 북미 간의 정치적 대화 채널을 제도화하고 상호 간의 정치적 신뢰관계를 높여 북미관계를 정상화하는 것이 중요하다.

북미 간 정치적 신뢰관계를 강화하기 위한 한 가지 구체적 방안은, 북미 간에 비핵화 협상 채널과는 별도로 북한경제발전과 이를 위한 협력방안을 논의하는 양자 간 협의 채널을 구성하는 것이다. 트럼프 대통령은 기회가 있을 때마다 북한이 핵만 폐기하면 경제가 크게 발전하는 아주 밝은 미래가 보장되어 있다고 말해왔다. 그것을 말로만 그치는 것이 아니라 보다 구체적으로 이행해나가기 위한 노력을 핵 타결 이전에라도 시작해야 한다.

그러한 북미경제협의체에서 첫 번째로 논의할 사항은 북한의 관료와 학생들을 미국에 불러들여 시장경제와 세계금융시스템, 국제경제기구 등에 대해 교육시키는 문제일 것이다. 비핵화가 완료되고, 경제제재가 풀려 서방 자본이 북한에 몰려 들어가기 시작한다 해도 과연 북한의 지도층이 제대로 된 방향과 방법을 가지고 지속적인 경제발전의 모멘텀을 창출해낼 수 있을지 의문이기 때문이다. 북한의 엘리트들에게 충분한 시장경제와 국제경제, 경영에 대한 지식을 사전에 교육시키고 축적시켜주지 못하면 상당한 혼란에 봉착하게 될 것이다. 한국 정부도 김병로 박사의 제안처럼 북한 내부에 시장개혁과 개방정책을 책임질 수 있는 역량 있는 인적자원의 개발을 위해 북한과 지식협력사업을 추진하고 인적교류문화사업을 확대하는 것이 바람직할 것이다.

2

김정은 시대 북한의 정치전략

김근식

I. 서론: 김정은의 북한

김정은의 북한은 김정일의 북한과 다르다. 아버지의 북한을 계승하면서도 동시에 아버지의 북한과 다른 전략을 보이고 있다. 김정은 체제의 북한은 선군(先軍)에서 이제 선당(先黨)으로 당국가 시스템을 정상화했으며, 7차 당대회와 최고인민회의를 통해 당 우위의 정상국가화를 정비했다. 권력 장악 이후 김정은은 지속적으로 권력 엘리트를 교체충원하면서 새로운 엘리트 그룹을 포진함으로써 김정은 시대의 동력을 준비해냈다. 또한 김정은은 권력의 운용과 리더십 스타일에서도 본질적으로 다른 모습을 보여주고 있다. 아버지 김정일이 은둔의 폐쇄형 리더십이라면 김정은은 공개적인 애민(愛民)의 리더십 스타일을 대비시키려고 노력하고 있다.

새로운 정치체제와 함께 김정은은 과거와 차별화되는 대외전략과 대남전략을 구사하고 있는 것도 특징이다. 안보와 번영이라는 국가의 기본목표를 이루기 위해 김정은은 새로운 대외전략을 시도하고 있다. 김정은은 탈냉전 이후 대미 안보의존과 대남 경제의존이라는 과거의 공식에서 벗어나 중국을 균형추로 해서 대미대결과 대남

대결 국면에서는 중국에게 안보와 경제를 의존하고 핵무력 완성 이후에는 다시 대미협상과 대남대화를 통해 안보와 경제적 이익을 얻으려 하고 있다. 대남 전략도 대결 국면에서는 남북관계에 매달리지 않고, 대화국면에서도 정치군사를 우선하고 남북관계의 경제적 효용성을 크게 기대하지 않는 각자도생의 분리공존을 모색하고 있다. 핵 전략 역시 집권 이후 핵보유 자체를 목표로 하는 공세적 핵질주 전략을 지속하고 핵무력 완성 이후 단계별 등가교환에 의거한 핵협상에 나서고 있다.

김정은의 정치전략에서 이데올로기도 중요하다. 사회주의에서 이데올로기는 정치적 정당화와 대중 동원의 핵심 기제이다. 김정은은 집권 이후 지속적으로 '김일성-김정일주의'를 당의 공식 이데올로기로 규정하고 있다. 김일성의 주체사상과 김정일의 선군사상을 결합시켜 당의 지도사상으로 자리매김하고, 이에 근거해서 향후 자신의 새로운 발전전략을 제시하고자 하는 김정은의 고민을 반영하고 있다.

김정은 체제는 3대 세습을 통해 선대의 북한을 계승했지만 동시에 선대와는 다른 새로운 변화를 모색하고 있다. 이제 변화된 김정은 체제의 정치전략을 정확히 분석하고 이를 전제로 새로운 남북관계와 대북정책을 고민해야 한다. 변화된 현실을 직시하고 이에 걸맞는 새로운 접근을 모색해야 할 때다.

Ⅱ. 김정은 시대의 정치

1. 당국가 시스템의 정상화

2016년 5월 북한은 노동당 7차 당대회를 개최했다. 7차 당대회의 핵심적 의미는 김정은 체제가 이른바 '정상국가'로의 모습을 갖추게 되었다는 점이다. 북한은 1980년 6차 당대회 이후 체제위기 국면이 지속되면서 정상적인 당대회를 개최하지 못했다. 사회주의 붕괴와 김일성 사망, 식량난과 고난의 행군을 거치면서 북한은 정상적으로 5년에 한 번씩 당대회를 열 수 없었다. 1997년 김정일의 총비서 취임도 정식 당대회가 아닌 당대표회에서 이루어졌고 2010년 김정은의 후계자 공식화와 2012년 권력승계도 정식 당대회가 아닌 당대표자회를 통해 이루어졌다.

따라서 36년 만의 정식 당대회 개최는 그동안 북한의 체제위기와 이로 인한 비정상 상황을 마무리하고 당국가의 정상화를 대내외에 과시하는 일차적 의미가 있다. 수십 년간 지속된 체제위기 상황과 비정상적 시스템을 종료하고 이제 김정은 시대는 당이 국가를 영도하는 정상적 당국가(party-state) 체제임을 알리고자 한 것이다. 당의 전 사회적 영도를 재확인하고 당 우위의 국가시스템을 재정비함으로써 과거 위기 상황에서 체제를 보존하기 위한 고육지책으로 '선군'을 내세웠던 비정상 상태를 이제 사회주의 본연의 '선당'으로 복원시킨 셈이다. 즉 김정은은 아버지 김정일의 선군에서 선당으로 북한을 정상화시킨 것이다.

7차 당대회와 최고인민회의 후속 개최를 통해 김정은 체제는 일단 정치적으로 완성되었다. 짧은 후계 기간과 젊은 지도자라는 불안감을 불식하고 5년의 과도기를 정리하면서 김정은 정권은 안착하게 되었다. 36년 만의 당대회가 갖는 최우선의 의미는 당대회가 개최되었다는 사실 자체만으로도 충분하다. 당대회를 개최할 엄두조차 내지 못했던 체제위기와 정권 불안의 시기를 넘고, 선군의 비상통치를 감수해야만 했던 비정상의 시대를 마감하게 된 것이다. 드디어 당대회를 열게 됨으로써 이제 김정은 시대는 체제안정과 정상화를 대내외에 선포하게 되었다. 당이 영도하는 당정군 관계를 완성함으로써 당국가 시스템의 정상화를 이루게 된 것이다.

2016년 7차 당대회 이후 2017년에 2차 당 중앙위 전원회의를 개최하고 인사개편을 단행함으로써 1년에 1회 이상 개최하게 되어있는 전원회의를 정상적으로 개최하려는 모습도 당 시스템의 정상적 운영이라는 해석을 가능케 한다.[1] 2017년에 이어 2018년에도 3차 당 중앙위 전원회의를 통해 핵-경제 병진노선을 결속하고 경제건설 집중노선을 채택함으로써 전원회의 연례 개최라는 당기구의 정상화를 시도하고 있다. 당 중앙위 전원회의 개최를 통해 중요 의사결정이 이

....
[1] 이기동, "북한의 대내외정책 전망", 『통일시대』, 통권 133호(2017년 11월호), pp.22-23.

뤄지고 국가기관 개편을 위한 최고인민회의 이전에 당정치국 회의가 개최되는 점도[2] 당국가 시스템의 정상화로 읽히는 대목이다. 김정은이 이 최고인민회의에 참석하는 것이나 총리 주재하에 내각 전원회의를 자주 개최하는 것도 시스템의 정상화 일환이다. 내각총리의 이른바 '현지료해'가 많이 강조되는 것도 과거 수령의 '현지지도'에 비교되는 새로운 방식으로서 경제사업에 관한 한 내각에 부여된 권한과 책임을 돌려주겠다는 의미로 해석되는 대목이기도 하다. 정상적이고 제도화된 당국가 시스템의 모습인 셈이다.

2. 선군(先軍)에서 선당(先黨)으로

7차 당대회를 통해 완성된 김정은 시대의 당정군 관계는 '선군에서 선당'이라는 개념으로 압축 정리할 수 있다. 아버지 김정일 시대가 절대절명의 위기 상황을 돌파하고자 하는 선군정치의 비상통치였다면 이제 김정은 시대는 강성국가 진입을 선포하고 핵강국과 동방의 핵 대국을 자랑하며 경제-핵 병진노선과 경제 집중노선으로 경제강국을 추구하는 당 우위의 정상적 통치시대임을 선포한 것이다.

선군의 해소는 이미 김정은 집권 이후 군부의 힘을 빼고 군에 대한 당적 지도를 강화하면서 꾸준히 진행해왔다. 최룡해, 황병서로 이어지는 당 인사의 군총정치국 장악은 군부에 대한 당의 정치적

....

[2] 2018년에도 4월 9일 정치국회의가 개최되고 4월 11일 최고인민회의가 열렸으므로, 정치국회의는 최고인민회의 안건에 대한 사전검토회의였다. 박영자, "북한의 비핵화-경제 전략: 정책과 조직개편 특징," 통일연구원 온라인시리즈, 2018.5.15, p.2.

통제와 지도를 의미한다.[3] 김정은 집권 이후 리영호 해임과 현영철 숙청 그리고 잇따른 군 인사교체는 선군시대에 비대해진 군부를 약화시키고 김정은의 군 통제를 강화시키는 군기잡기였다. 김정일 시대 유명무실했던 당 중앙군사위원회를 강화하고 이를 통해 당의 군 통제 역시 구조화시켰다.

7차 당대회에서 특히 눈길을 끄는 것은 당 중앙군사위에 사상 처음으로 내각총리 박봉주가 위원으로 이름을 올린 것이다. 각종 무력과 물리력을 책임진 수장들로 구성된 중앙군사위에 군종 및 병종 사령관이 빠지는 대신 경제사업을 책임진 박봉주 총리가 진입한 것은 인민경제에 군사적 영향력이 과도하게 작용하는 이른바 '경제의 군사화'를 방지하려는 정치적 의도로 보인다. 2017년 7기 2차 전원회의에서 군 관련 구체적 직위가 없는 최룡해가 다시 중앙군사위원에 진입한 것도 당의 군 통제를 강화하는 의도로 해석된다.

선군의 해소와 선당의 복원은 7차 당대회 이후 후속 최고인민회의에서 김정일 시대의 상징이었던 국방위원회가 해체됨으로써 완성되었다. 김정일이 국방위원장으로 선군을 내세워 비상통치를 했다면 이제 김정은은 국무위원장으로 사회주의 당국가 시스템을 통해 당 우위의 당정군 관계를 정상화시킨 것이다. 군부인사들로 구성된 국방위원회 대신 경제, 외교, 대남 분야 책임자들을 포함해 명실상부한 국정 전반의 지도기관으로 국무위원회를 신설 대체한 것은 그야

....

[3] 황병서 실각 이후 군 출신인 김정각이 총정치국장을 이어받았지만 황병서와 달리 국무위원회 부위원장이 아닌 위원으로, 정치국 상무위원이 아닌 정치국 위원으로 보임됨으로써 총정치국장 자체의 위상을 격하시켜 군부의 힘을 빼버렸음을 알 수 있다. 황병서는 총정치국장 실각 이후 2018년 6월부터 김정은을 수행하는 모습이 포착되었고 통일부가 발간한 『북한 주요 인물정보 2019』에는 당 제1부부장과 중앙군사위원을 유지하고 있는 것으로 알려졌다.

말로 선군의 비상통치라는 김정일의 그림자를 지우고 선당의 정상
통치라는 김정은의 시대를 제도적으로 완성했음을 의미한다.

선군 대신 선당을 내세운 김정은은 당 우위의 일사불란한 정책
결정과 집행기능을 강화하기 위해 보다 일체화된 당 시스템을 고민
한 것으로 보인다. 7차 당대회에서 결정된 정치국과 정무국과 당 중
앙군사위의 인적 구성을 보면 당 조직의 일체화 경향을 엿볼 수 있
다. 비서국에서 이름이 바뀐 정무국 9인의 부위원장 면면은 정치국
상무위원을 맡고 있는 최룡해 외에 8명의 부위원장 모두가 정치국
정위원 서열 8명으로 인물과 순서까지 동일하다.[4] 정치국의 의사결
정기능과 정무국의 정책집행기능이 사실상 오버래핑된 셈이다. 아울
러 북한의 무력 일체를 총괄하는 당 중앙군사위원도 한두 명을 제
외하고는 거의 대부분의 인사들이 정치국 위원과 후보위원을 겸직
하고 있다.[5] 즉 정치국과 정무국과 중앙군사위가 인적구성에서 거의
일체화되는 모습이다.

국가기관에서도 국방위원회를 대체한 국무위원회의 면면은 당
정치국과 정무국과 중앙군사위의 각 영역 책임자들이 다시 모여 있
음을 알 수 있다. 최룡해, 박봉주, 황병서 등 정치국 상무위원을 각
각 당과 내각과 군을 대표하는 국무위원회 부위원장으로 하고[6] 국

....

[4] 2017년 10월 개최된 노동당 7기 2차 전원회의 인사개편에서도 새로 진입한 정치국 위
원과 후보위원이 여전히 정무국의 당 중앙위 부위원장을 겸직하는 현상은 그대로 유지
되고 있다.

[5] 2016년 7차 당대회에서는 당 중앙군사위원 중 김경옥 조직지도부 부부장과 서홍찬
인민무력부 부부장을 제외하고 전원이 정치국 위원과 후보위원이었고 마찬가지로 2017년
7기 2차 전원회의에서 새로 당 중앙군사위원으로 진입한 4명도 장길성을 제외하고는 최
룡해, 리병철, 정경택이 모두 정치국 위원과 후보위원이었다.

[6] 황병서의 뒤를 이은 김정각 총정치국장은 2018년 노동당 7기 3차 전원회의 이후 정치

무위원들도 각각 선전, 외교, 대남, 국제, 군사 등 정무국과 정치국을 겸직하고 있는 당, 정, 군의 주요 핵심인사들로 구성되어 있다. 명실상부한 당 우위의 당정군 일체화 경향을 보이고 있는 셈이다.

선군을 약화시키고 당 우위의 일체화를 겨냥한 김정은 시대의 당정군 관계에서 수령의 자리매김 역시 김정일 시대와는 구분된다. 김정일은 당을 상대적으로 약화시키고 군 최고사령관과 국방위원장으로 비상통치를 하면서 당과 분리되어 있는 즉 당 바깥에 독자적으로 존재하는 수령이었다. 그래서 김정일은 당의 최고수위로서 당시스템을 통해 수령의 제도적 지배를 하는 대신에 당 밖의 독자적 지위로서 수령의 인적 지배를 강화했다. 수령 개인이 직접 당과 국가기관과 군대에 대한 직할통치 지배를 수행한 것이다.

이와 비교한다면 김정은은 아버지에 비해 상대적으로 당을 강조하고 당이라는 공식 제도와 시스템을 통해 당의 수령으로서 당의 하부조직과 이를 통해 군대와 국가기관에 대한 당정군 지배구조를 행사하고 있는 것으로 해석된다. 김정일의 수령 직할통치에서 김정은은 당 우위의 당정군 관계를 통해 수령의 지배를 관철하고 있는 것이다.

3. 권력 엘리트의 지속과 변화

김정은 체제의 권력 엘리트는 지속과 변화의 이중성을 보여준다. 북한 특유의 인사원칙인 노장청 조화를 유지하되 김정일 시대의 인물

....
국 위원과 국무위원으로 보임됨으로써 인민군 총정치국장의 권력 위상이 격하되었음을 알 수 있다.

이 퇴장하거나 뒷전으로 밀리고, 김정은 시대를 책임질 새로운 인물들이 발탁되고 준비되고 있음을 알 수 있다.

우선 김정일 시대의 원로 엘리트들의 퇴진은 7차 당대회와 후속 최고인민회의를 통해 기정사실화되었다. 이미 사망하거나 숙청된 과거 엘리트 외에 이용무, 오극렬 국방위 부위원장과 태종수, 강석주 당비서가 퇴진했다.[7] 김영남 상임위원장은 정치국 상무위원과 최고인민회의 상임위원장을 유지했지만 국무위원회에서 빠지고 국무위원장이 실질적인 국가수반의 역할을 맡게 됨에 따라 대외적 얼굴마담의 역할에 그칠 것으로 보인다. 2016년 7차 당대회에서 명맥을 유지했던 김기남, 최태복 등 기존 엘리트마저도 2017년 개최된 노동당 7기 2차 전원회의에서 공식적으로 물러나게 됨으로써[8] 사실상 김정일 시대의 구 엘리트들은 전면에서 퇴장하게 되었다. 김정일 시대 엘리트들의 퇴장을 가장 상징적으로 보여주는 것은 바로 김정일 장례식에서 보였던 이른바 '운구차 7인방'이 지금은 한 명도 남김없이 공식무대에서 사라졌다는 점이다.

신진 엘리트의 약진은 무엇보다 당 중앙위원과 후보위원 구성에서 두드러진다. 7차 당대회에서 54.9%에 해당하는 129명이 신규로 당 중앙위에 진입했다. 중앙위원회의 대거 물갈이는 지금 당장은 아니더라도 향후 가까운 시일에 기존 엘리트를 대체하거나 보완하는 새로운 인재 풀로서 충분한 의미를 갖는다. 당 정치국과 정무국 및

....

[7] 태종수는 2017년 7기 2차 전원회의를 통해 다시 정치국 위원과 중앙위 부위원장으로 복귀했고 이후 2018년 최고인민회의에서 국무위원으로 선출됨으로써 리만건 후임의 당 군수공업부장으로 분석된다.

[8] 정성장, "북한 노동당 제7기 제2차 전원회의 평가: 개최배경과 파워엘리트 변동", 『세종논평』, 2017-42(2017.10.10.).

국가기관 진입은 당연히 당 중앙위 진입을 통해서만 보장되기 때문이다. 7차 당대회에서 경제통인 부총리 출신의 림철웅(55)과 리철만(48)이 정치국 후보위원과 당 부장으로 선출되었다. 7기 2차 전원회의에서 이른바 김정은의 신실세로 알려졌던 삼지연 5인방이[9] 건재를 과시하고 당 요직에 포진하게 된 것은 김정은이 발탁한 김정은 키즈의 부상을 의미한다. 당과 국가기관 요직에 50-60대가 주축으로 포진하고 경제 분야는 40대까지 두각을 나타내고 있음은 김정은 시대 엘리트 교체의 주요 장면으로 해석된다. 유난히 청년사랑을 강조하고 있는 김정은은 7차 당대회의 당 규약에서 청년을 '당의 후비대, 척후대, 익측부대로 튼튼히 키울 것'을 명시했다. 경제건설에도 젊은 층의 동원을 강조하는 '백두산청년영웅정신'이 매번 강조되고 있다. 젊은 지도자 김정은 시대에 젊은 피가 새로 수혈되는 것은 어찌 보면 자연스러운 일이기도 하다.

엘리트 구성에서 긍정적 시그널로 평가되는 것은 경제관료가 상대적으로 중용되고 있다는 점이다. 7.1 경제관리조치의 주역인 박봉주 내각총리가 7차 당대회에서 정치국 상무위원과 당 중앙군사위원을 겸하고 최고인민회의에서 국무위원회 부위원장으로 자리를 잡은 것은 인민경제 발전에 힘을 쏟겠다는 김정은의 의지를 읽을 수 있는 대목이다. 2017년 당 7기 2차 전원회의에서 태종수를 비롯해 안정수, 박태성 등 경제관료들을 당 중앙위 부위원장에 임명하고 이주오 내각 부총리를 당 중앙위원에 기용한 것 역시 김정은의 경

....
[9] 2013년 장성택 숙청 관련 김정은의 삼지연 일정을 수행했던 5인방 중 황병서를 제외하고 나머지 4명은 2017년 7기 2차 전원회의에서 당의 핵심으로 자리 잡았다. 박태성은 정치국 위원으로, 김병호와 홍영칠은 당 중앙위 위원으로, 실각한 것으로 알려졌던 마원춘은 중앙위 후보위원으로 임명되었다.

제 치중 의지를 반영한 인사로 해석된다. 특히 국제사회의 강력한 대북제재 국면에서 내구력을 확보하기 위한 지구전 차원에서는 무엇보다 경제 중시 인사가 지속될 수밖에 없다.

당 정치국원과 후보위원에 오수용, 태종수, 박태성, 안정수, 로두철, 임철웅 등 경제관료가 건재하고 당 중앙위 부장에도 리철만 등 내각 부총리 출신이 다수 등용되고 있는 것도 자강력제일주의와 사회주의 기업책임관리제를 강조한 김정은의 경제 살리기의 뜻으로 해석된다. 충성을 다하는 것(로열티)도 중요하지만 실제적 성과와 업적을 낼 수 있는 퍼포먼스 중시의 김정은식 인사 스타일이 경제발전에 긍정적 결과를 가져올지 주목되는 부분이다.

김정은 시대의 엘리트 면면에서 눈길을 끄는 대목은 외교부 인사의 약진과 대남 군부인사의 부각이다. 기존의 대외전략이 당 국제부 중심으로 진행되고 대남전략은 당 통전부가 대남 대화와 협상을 담당했던 것에 비하면, 강석주와 김양건의 퇴장 이후 대외정책과 대남정책이 외교부와 군부 중심으로 진행될 가능성이 높아 보인다.

정치국원에 리수용과 리용호가 나란히 이름을 올리고[10] 국정을 총괄하는 국무위원에도 리수용과 리용호가 나란히 이름을 올린 것은 매우 이례적인 외교부 위상의 강화이다. 당국가의 정상화에 이어 외교정책도 당이 아닌 국가기구 중심으로, 즉 외교부에서 성장한 정통 외교관료 중심으로 펼치겠다는 김정은의 또 다른 정상국가화의 의도로 해석된다. 제재 국면에서 외교의 중요성을 강조하고 북한의 외교를 국가 대 국가 차원에서 보다 적극적으로 진행하겠다는

....

[10] 리수용은 2016년 7차 당대회에서, 리용호 외무상은 2017년 당 7기 2차 전원회의에서 정치국 정위원으로 기용되었다.

의미이다.

김정은의 대남전략 역시 김양건의 대화파 대신 군 출신 김영철이 당 부위원장과 통전부장을 맡고 국무위원에도 포진하면서 그의 과거 대남도발 전력과 강경발언을 감안하면 문재인 정부 이후 남북관계 재개 시기에도 유연함보다는 원칙 강조와 군사 우위의 입장이 강할 것이라는 우려가 제기된다. 물론 김정은의 전략적 변화 이후 남북대화와 대미협상을 김영철이 수행하고 있지만 여전히 김영철은 강경한 입장에 친숙한 모습을 보이고 있다. 7차 당대회에서 정치국과 정무국과 중앙군사위원에 동시에 포함된 인물이 김정은 외에 김영철과 리만건 군수공업부장뿐인 점도[11] 군부 입장에서 군사적 차원이 강조되는 강경대응의 우려를 낳게 한다.

더불어 대남 통일전선조직이었던 조평통이 내각 산하 정부기관으로 대체된 것 역시 남북대화 측면에서 우려가 제기될 수 있다. 통전부 외곽이지만 조평통은 민족담론을 내세워 우리민족끼리와 민족공조 등 민족 차원의 화해협력과 관계 개선을 담당해왔다. 통전부 산하 민화협과 민경연과 아태 등을 통해 사회문화교류와 경제협력과 대북투자 등을 담당했던 것을 감안하면 향후 이들의 대남 역할도 축소될 가능성이 높다. 대남 통일전선조직이 아닌 내각 산하 기관으로서 조평통은 국가 대 국가의 대남 실무기구로 역할과 위상이 축소되거나, 유지된다 하더라도 형식적인 대화협상에만 의존할 가능성이 높다.

....

[11] 2017년 당 7기 2차 전원회의에서 리만건은 소환된 것으로 평가되고 있다. 대신에 최룡해가 정치국과 정무국과 중앙군사위에 동시에 이름을 올리게 되었다.

4. 김정은의 리더십: 애민(愛民) 리더십과 시스템 중시

당 우위의 당정군 관계를 정립하고 당국가 시스템을 정상화한 김 정은은 수령의 리더십과 관련해서도 분명 과거와 다른 모습이 보이 고 있다. 일반적으로 리더십은 개인의 카리스마에 의존하는 '인격적' 리더십과 지위와 제도의 권한에서 비롯되는 '제도적' 리더십으로 구 분된다.[12] 이에 따르면 김일성은 인격적 리더십이 먼저 형성되고 이후 국가주석이라는 수령의 제도적 리더십이 완성된 경우였고, 김정일은 후계자라는 제도적 리더십이 먼저 만들어진 연후에 인격적 리더십이 형성된 경우였다. 이와 비교할 때 김정은의 경우는 너무 짧은 기간 에 후계과정과 승계과정이 진행되어 상대적으로 리더십이 취약함을 알 수 있다.

따라서 김정은은 인민친화형의 애민 리더십과 공개적이고 투명하 고 적극적인 리더십 스타일을 통해 서둘러 인격적 리더십을 형성하 고자 하는 것으로 보인다. 팔짱을 끼거나 눈물을 흘리고 직접 친필 사인한 편지를 보내기도 하고 여성군인과 소년단에게 스스럼 없는 스킨십을 보여주는 모습은 분명 아버지 김정일과는 딴판이다.

김정은은 현지지도를 하면서 기념사진을 찍을 때마다 군인들과 혹은 주민들과 팔짱을 끼는 등 적극적인 스킨십을 보여주었다. 특 히 북한 매체는 김정은 위원장이 주민들의 편지에 일일이 친필 답장 을 했다는 소식을 신속히 전하고 있다. 또한 『조선신보』는 김정은 이 2012년 김일성 생일 100주년 연설에서 "선대수령의 좌우명이었던 '이민위천'의 사상을 높이 실천하였다"고 보도하면서 인민사랑을 강

....

[12]　정영철, 『김정일 리더십 연구』(서울: 선인, 2005), p.431.

조하였다.[13] 2012년 5월 김정은은 만경대유희장 놀이공원 내 잡초를 직접 뽑으며 공원을 관리하는 간부들을 엄하게 질책하는 내용을 구체적으로 공개하는 등 '인민사랑'을 집중 부각하기도 했다. 아버지와 달리 인민들의 마음을 움직이려는 모습을 직접 보여줌으로써 무서운 권력자가 아니라 인민친화적인 지도자임을 강조하겠다는 것이다.

아버지와 차별화되는 김정은의 리더십 스타일은 한마디로 간부에겐 엄하고 대중에겐 가까이 다가가는 이른바 엄간관민(嚴幹寬民)과 애민(愛民)의 리더십 스타일이다. 김정은의 엄간관민과 애민 리더십은 젊은 지도자의 단점을 장점으로 전환시키고 새로운 리더십에 대한 일반 주민의 기대를 형성하는 효과를 보고 있다.

엄간관민의 인민친화형 리더십은 사실 관료주의와 당세도를 비판하는 것과 동전의 양면을 이루고 있다. 관료주의를 뿌리 뽑기 위해 김정은이 팔을 걷고 나서는 모습 자체가 인민에게는 대중적이고 친화적인 리더십으로 인식되고 있다. 새로 채택된 "유일영도체계 10대 원칙"에 양봉음위와 당세도를 추가로 비판하고 있는 대목도 김정은의 새로운 리더십 스타일과 무관치 않은 대목이다.[14] 엘리트들에게 엄격히 질책하는 김정은의 모습 자체가 인민대중에게는 친화적이고 다정한 모습으로 다가오기 때문이다. 인민군 장성들에게 직접 사격을 실시하게 하고 호통을 치는 모습이나 수시로 군부 엘리트들의 계급장이 강등되었다가 복원되는 사례 등은 김정은이 간부들을 엄

....

[13] "새 바람이 분다/제1위원장의 령도술(2)", 『조선신보』, 2012.5.9.

[14] 1974년 제정된 "당의 유일사상체계 확립의 10대원칙"이 김정은 권력승계 이후 2013년 "당의 유일적 영도체계 확립의 10대원칙"으로 개정되었다.

히 다룸으로써 인민사랑의 리더십을 과시하기 위한 정치적 효과로 작동하기도 한다. 최근 강조되고 있는 김정일애국주의의 핵심내용으로 '인민사랑'을 강조하고 있는 것도 사실은 당 관료들의 부정부패와 세도를 엄단하기 위한 정치적 의도로 해석된다.

또한 김정은의 리더십은 공개적이고 투명한 스타일을 보여주고 있다. 베일에 쌓여있는 은둔의 지도자 김정일에 비하면 확연히 다른 모습이다. '인민군대에 영광 있으라'는 단 한마디 외에는 공개적으로 육성을 들려준 적 없던 김정일이었다. 김정은은 '더 이상 허리띠를 조이지 않게 하겠다'는 연설을 처음부터 끝까지 TV를 통해 인민들에게 직접 전달했다. 부인 리설주를 공개하고 대동하는 것도 공개주의의 중요 사례다. 2012년 4월 장거리 미사일 발사가 실패했음을 언론을 통해 곧바로 시인하고 그 원인을 찾고 있다고 공개한 것은 아버지 시대에는 상상할 수 없는 것이었다. 외신기자를 초청하고 직접 김정은이 기자들을 만나는 모습도 공개적 스타일의 단면이다. 김정은은 남북정상회담과 북중정상회담에서 리설주를 공식 대동하고 일정을 소화했다. 문재인 대통령에게 평양주민 15만 명 앞에서 공개연설할 수 있게 한 김정은이다. 자신의 집무실에서 편하게 앉아 신년사를 육성으로 연설하는 김정은이다.

김정은의 리더십 특징에 대해 조총련 기관지인 『조선신보』는 개방형, 공개형이라고 지적하고 있다. 신문에 따르면 "김정은 제1위원장의 정치스타일은 공개성의 과정을 중시한다는 특징이 있다", "숨기지 않고 공개하는 자신감의 표현"이라고 덧붙이고 있다. 그러면서 "젊은 영도자는 국제사회의 추세를 바탕으로 조선의 모습을 있는 그대로 당당하게 과시하려 하고 있다"며 "고립된 나라, 폐쇄된 사회의 딱지로 조선을 비방 중상한 외국 언론도 사고의 전환을 하지

않으면 안 되는 상황"이라고 말했다. 김정의 통치 리더십이 공개형이라는 점을 강조하고 있는 것이다.[15]

평양시 아파트 붕괴 사고를 이례적으로 보도하고 책임자들이 사과하는 모습 역시 김정은의 공개적이고 투명한 리더십 스타일의 반영으로 해석할 수 있다. 평양시 한복판의 사고인지라 숨길 수 없는 점도 물론 고려되었겠지만 내부의 참사 사고를 로동신문에 공개하는 것은 분명 북한의 변화된 모습임에 틀림없다. 용천역 사고를 쉬쉬했던 김정일 시대에는 상상할 수 없는 일이다. 인민보안부장과 평양시당 비서 등 책임자들이 사과하는 것은 더욱 과거엔 있을 수 없는 일이었다. 저승사자의 우두머리로 간주되는 인민보안부장이 주민들에게 책임을 통감하고 사과하는 것 자체가 놀라움이다. 군 간부가 사람들 모인 곳에서 고개 숙여 사과하는 사진은 김정은의 리더십 스타일의 변화를 단적으로 보여준다.

제도적 리더십 역시 짧은 기간에 갑작스레 이뤄졌기 때문에 김정은은 당과 국가기관 시스템을 존중하는 방식으로 효율적 리더십을 발휘하고자 함을 알 수 있다. 김정일의 경우는 당 정치국이나 국가기관 및 명시된 제도와 기능을 활용하기보다는 수령이 직접 당 비서국과 전문부서를 통해 해당 업무를 지시하고 집행하는 이른바 수령의 '직할통치' 성격이 강했다. 후계자로서 오랫동안 모든 영역을 장악했기 때문이었다. 그러나 김정은은 제도와 시스템의 책임과 기능을 최대한 존중하면서 각 구조와 시스템이 정상적으로 기능을 발휘하는 방식으로 리더십을 행사하고 있는 것으로 판단된다.

젊은 김정은의 리더십은 분명 아버지 김정일과 질적으로 다르다.

....

[15] "새 바람이 분다/제1위원장의 령도술(1)", 『조선신보』, 2012.5.8.

무엇보다 김정은의 리더십은 시스템을 중시하고 성과주의를 강조한다. 김정일에게 노동당 정치국이나 내각은 거추장스러운 기구였을 뿐이었다. 그러나 김정은은 중요한 사안을 반드시 당 정치국 회의를 통해 결정하고 공개하고 발표한다. 주요 인사도 반드시 당 정치국 회의나 당 중앙군사위원회를 거쳐 시행하고 있다. 최고 의사결정 기관이라는 당의 시스템을 인정하고 활용하는 방식이다. 내각총리에게 재량권을 주고 수령에 준하는 '현지료해'를 강조하는 것도 시스템 중시의 단면이다. 최고인민회의에 김정은이 종일 참석해 앉아있는 것도 같은 맥락이다. 성과가 없으면 신속하게 인사조치하고 나이든 혁명 원로에게도 호통을 치는 게 김정은이다.

결국 김정은은 아버지와 달리 인민대중과의 소통과 접촉을 강화하는 투명하고 공개적이고 적극적인 리더십을 보여주는 한편, 법과 제도에 명시된 기존 시스템을 존중하고 활용하고 권한을 일정하게 분산하는 방식으로 새로운 리더십을 시도하고 있다고 볼 수 있다.

5. 김정은의 공포정치와 '다수의 폭정'

김정은의 리더십 특징으로 공포정치가 거론되기도 한다. 특히 장성택을 처형하고 김정남을 암살한 김정은의 공포정치는 전 세계를 경악케 하기도 했다. 젊은 지도자가 짧은 후계기간을 거쳐 수령의 절대권력을 승계하고 엘리트를 장악하는 가장 효과적 방식의 하나가 바로 공포정치다. 김정은도 집권 초기부터 리영호 총참모장을 숙청 해임하고 군간부들을 인사조치함으로써 군의 힘을 빼는 동시에 수령의 절대권력을 과시했다. 급기야 장성택 처형과 현영철 숙청을 통해 공포정치는 극에 달했다. 리영호, 장성택, 현영철 등 불충하거나 종파를 거느리거나 성과가 없다면 가차 없이 생사여탈을 할 수 있음을 보여준다. 김정은이 집권 초기에 리영호, 장성택, 현영철을 숙청하고 심지어 최룡해까지 혁명화교육을 보내고 황병서마저 실각시킨 것은 젊은 수령이 단기간에 엘리트를 장악하는 효과적 방식이었다. 이들의 숙청은 단순히 권력의 무서움을 보이는 것을 넘어 김정은 체제 수립에 기여했던 이른바 '훈척세력'까지도[16] 가차 없이 숙청할 수 있음을 보이기 위함이었다. 김정은 후계체제의 공신이었던 리영호의 숙청, 김정은이 새로 발굴해 인민무력부장으로 승승장구했던 현영철의 숙청, 김정은 체제의 최대공신이었던 황병서의 실각, 혈족이자 김정일 시대의 핵심이었던 장성택의 처형, 빨치산 세력의 핵심인 최룡해의 강등은 북한의 권력 엘리트들에게 공신이나 혈족이나 측근이나 빨치산 출신까지도 언제든지 제거될 수 있다는 것을 상징적으로 보여줌으로써 김정은의 권력 강화에 기여했다.

공포정치는 기본적으로 엘리트들의 공포심을 조장함으로써 수령에 대한 절대충성과 복종을 결과하기도 하지만 다른 한편으로는 지배자에 대한 불만을 쌓아 저항의 씨앗을 만들기도 한다. 김정은의 공포정치가 가혹할수록 당장의 복종과 충성이 가능하겠지만 장기화될 경우 엘리트 내부의 불안은 정치적 불만으로 축적되고 결정적 상황에는 정치적 저항으로 폭발할 수 있기 때문이다.

그러나 공포정치의 정치적 부작용에도 불구하고 김정은식의 엄간관민과 애민 리더십이 결합된 공포정치의 경우에는 엘리트들이 대

....
[16] 김정은의 권력 엘리트 개념으로 권력 장악에 공을 세운 '훈구세력'과 혈연으로 맺어진 '척신세력'을 합쳐 훈척세력이라고 할 수 있다.

중과 분리됨으로써 오히려 김정은이 대중의 지지를 토대로 엘리트들을 폭압적으로 지배하는 이른바 '다수의 폭정(tyranny of the majority)'이라는 상황을 만들 수도 있다. 북한 주민에게 젊은 지도자에 대한 기대가 존재하고 경제성장과 경제상황의 호전이 맞물리는 동시에, 장성택 등 당 관료와 세도가들이 숙청당하는 것을 기득권에 대한 징벌로 인식하게 된다면, 지금 김정은의 공포정치는 엘리트들에겐 공포이지만 대중에겐 적폐청산으로 비칠지도 모를 일이다.

Ⅲ. 김정은의 대외전략과 대남전략

1. 김정은의 대외전략: '선택적 병행' 전략

한 나라의 대외전략은 안전보장과 경제적 번영으로 요약된다. 김정
일 시대 북한의 대외전략은 대미 안보의존과 대남 경제의존을 핵심
으로 하고 있었다. 1990년대 사회주의 진영이 붕괴하면서 북한은 탈
냉전의 객관적 정세 변화에 맞춰 안보(security)라는 국가이익은 미
국으로부터, 번영(prosperity)이라는 국가이익은 한국으로부터 얻고
자 했다. 김정일 시대의 북미관계와 남북관계는 그 같은 북한의 대
외전략이 추진되고 작동되는 전개과정에 다름 아니었다.

그러나 미국에게 체제인정과 안전보장을 담보 받고 한국에게 경
제협력과 경제적 지원을 보장받으려는 김정일의 대외전략은 사실상
성공하지 못했다. 주기적인 선거에 의해 정부가 교체되는 미국과 한
국으로부터 북한이 안전보장과 경제 지원을 안정적으로 확보하기
는 구조적으로 어려웠다. 대미·대남관계의 피로감과 불안정성에 더
하여 G2 시대 중국의 부상이라는 변화된 국제정세를 토대로, 북한

은 기존의 대미 안보의존과 대남 경제의존을 벗어나 중국이 오히려 안보와 경제지원의 상당 부분을 책임질 수 있다는 현실적 고려를 하게 되었다. 따라서 그 같은 맥락에서 2010년 이후 북중관계의 전략적 격상과 북중협력의 심화가 진행되었다.

김정은 시대 북한의 대외전략은 이른바 '선택적 병행' 전략이라고 할 수 있다. 중국의 부상이라는 변화된 객관적 환경하에서 북한은 이제 대외전략의 중심추를 미국과 한국에만 두지 않으며, 중국에게도 안보와 경제를 상당부분 의지할 수 있음을 인식하고 있다. 북한의 안전보장을 미국이 담보해주는 것은 여전히 필요하지만 굳이 이를 위해 북한이 전적으로 매달리지 않겠다는 것이다. 김정은은 국가핵무력의 완성 이후 북미정상회담을 통해 대미협상의 문을 열었지만, 여전한 기싸움의 과정에서 여의치 않게 된다면[17] 대미대결의 경우 다시 중국을 끌어들여 미국으로부터의 안보위협을 상쇄한다는 전략을 가지고 있다. 경제 역시 경제적 지원과 협력을 한국에게만 전적으로 의존하지 않고 필요하다면 중국의 경제력을 최대한 활용하겠다는 전략인 것이다. 남북관계가 재개될 경우는 한국으로부터 다양한 경협을 통해 이익을 취하지만 다시 경색될 경우에도 북중관계를 통해 경제적 이익을 대체할 수 있다는 병행전략인 셈이다. 안보는 미국과 중국 사이에서, 경제는 한국과 중국 사이에서 병행하다가 상황과 조건에 따라 선택적으로 활용하는 이른바 '선택적 병행'

....
[17] 2019년 1월 1일 신년사에서 김정은은 대미 핵협상의 기회를 열어놓은 한편, '인민의 인내심을 오판하면서 일방적으로 그 무엇을 강요하려 들고 의연히 공화국에 대한 제재와 압박으로 나간다면 우리로서도 어쩔 수 없이 부득불 나라의 자주권과 국가의 최고이익을 수호하고 조선반도의 평화와 안정을 이룩하기 위한 새로운 길을 모색하지 않을 수 없게 될 수도 있다.'라는 명백한 경고도 잊지 않았다.

전략이라고 명명할 수 있을 것이다.[18]

군이 미국에게 안보를, 한국에게 경제를 의존하지 않아도 된다는 전략적 판단으로 북한은 김정은 체제 이후 핵무력의 완성까지 대미·대남 전략에서 지속적인 공세입장을 견지해왔다. 6차까지 핵실험을 강행했고 화성 12형과 화성 14형을 거쳐 화성 15형까지 중거리 탄도미사일과 대륙간 탄도미사일을 시험발사했다. 미국과의 협상개시 이전에 우선 북한의 핵능력과 군사적 위협을 한껏 올려놓고 보겠다는 전략적 계산이다. 자위적 억제력으로서 핵무기를 넘어 공세적 핵보유 국가로서 핵무기 증대를 확보한 셈이다.

2010년 1월 11일 외무성 성명 이후 비핵화 협상은 평화체제 논의와 병행해야 한다고 주장한 이래 지금까지 줄곧 북한은 대미 평화협상을 요구하고 있다. 2013년 6월 16일에도 대미 고위급 군사회담을 제의했고 2015년에도 당창건 70주년을 맞아 미국에 평화협정 체결을 주장했다. 당당하게 대미협상을 요구하면서 동시에 북한은 꾸준히 자신의 핵능력을 증대시키고 미사일 기술을 고도화했다. 대미협상 요구와 대미 핵보유 확대를 동시에 추구하는 전략인 것이다.

북한은 대남전략에서도 대결과 대화 양 측면에서 공세와 주도권을 꾀하고 있다. 박근혜 정부 내내 대남 위협과 군사적 긴장고조로 일관했지만 급기야 2017년 화성 15형 ICBM 발사 성공 이후 김정은 공식적으로 국가핵무력의 완성을 선언하였고 이 같은 핵무력의 자신감을 토대로 2018년 신년사를 통해 평창 올림픽 참가를 명분으로 남북대화와 북미협상의 대화공세로 태세를 전환하였다. 대결과

....

[18] 자세한 내용은 김근식, "김정은 시대 북한의 대외전략 변화와 대남정책: '선택적 병행' 전략을 중심으로," 『한국과 국제정치』, 제29권 제1호(2013년 봄호), pp.193-224 참조.

대화를 통해 대남 주도권을 지속적으로 도모하고 있는 것이다.

2. 김정은의 대남전략: '두 개의 조선(Two Koreas)' 정책

선택적 병행전략이라는 대외전략과 함께 김정은 체제의 북한은 새로운 대남전략을 고민하고 있다. 한국과 중국 사이에서 경제적 지원과 협력의 이익을 선택적으로 취하겠다는 계산하에 이제 북한은 남북이 민족적 관점보다는 국가주의적 입장에서 이웃나라로 분리공존하자는 이른바 '두 개의 조선(Two Koreas)' 전략으로 선회한 듯하다. 김정일 시대 고난의 행군과 체제위기를 일단 넘겼다는 자신감과 함께 핵보유와 정치경제적 안정성을 확보하고 제 갈 길을 알아서 가겠다는 마이웨이 전략이다.

이는 핵보유로 안보를 챙기고 공포정치로 엘리트를 장악하였으며, 시장 확대로 경제를 일정하게 회복함으로써 나름대로 체제유지의 자신감을 갖게 되었다는 판단이다. 남북이 서로 다른 나라라는 인식을 강조함으로써 민족이 아닌 상호 국가성의 강화를 시도하는 것이다. 북한 내부의 담론에서도 민족 개념은 사라지고 그 자리에 국가담론이 자리 잡고 있다. 김정은 시대의 대표적 정치담론으로 '김정일 애국주의'가 주창되고 '우리민족 제일주의'는 자취를 감추었으며, 대신 '국가제일주의'가 강조되고 있다.[19] 또한 '국산품' 애용운동이 강조되고 '강성국가', 사회주의 '강국', '조국', '공민' 등 국가담론이 자리를 잡았다. 심지어 얼마 전까지 강조되던 '김일성 민족'은 '김일성 조선'으

....

[19] "주체조선의 공민된 긍지 드높이 사회주의 강국 건설을 힘있게 다그치자", 『로동신문』, 2018.11.26.

로 이름이 바뀌었다. 민족이라는 이름으로 통일의 당위성을 강조하는 것보다 이제는 남과 북이 이웃하는 두 나라로 각자 살아가자는 분리공존 전략인 셈이다.

이에 따르면 남북대결 상황에서는 중국에 경제협력을 의존하면서 굳이 한국에 매달리지 않게 되고 문재인 정부 이후 조성된 남북대화 재개 상황에서는 일정하게 화해협력을 강조하면서도 민족주의적 담론보다는 국가 대 국가로서 상호 협력 가능한 영역과 사업에 집중하는 모습을 띠게 된다. 두 개의 조선 전략은 결과적으로 북한에게 남북관계가 과거만큼의 중요성을 갖지 않게 되었음을 의미한다.

3. 김정은의 핵전략: '선 핵보유, 후 핵협상'

이미 6차 핵실험을 통해 북한의 핵전략은 과거와는 질적으로 전환되었다. 탈냉전 직후 미국이라는 유일 초강대국을 상대로 핵전략은 체제생존을 얻기 위한 협상용 카드였다면 이제 미국과 중국 사이의 안보 줄타기가 가능해진 북한에게 핵무기는 생존과 자위용을 넘어 발전과 강성국가의 상징으로 확대되어 있다.[20] 미국과 중국 사이에서 안보이익 최대화를 위한 줄타기를 하기 위해서라도 사실상 핵보유국 전략이 오히려 북한이 활용할 전략적 자산의 크기를 키울

....
[20] 이 경우 북핵문제는 이제 핵폐기 자체를 넘어 북한문제의 해결과 연동될 수밖에 없는 상황이 된다. 즉 북한의 체제붕괴를 통해 핵문제가 자동 해결되거나 핵무기에도 불구하고 북한을 인정하고 북미관계 정상화로 친미국가가 됨으로써 핵문제가 내용적으로 해결되는 경우 외에는 뚜렷한 해결방법이 없게 되는 셈이다.

수 있기 때문이다. 중국과의 동맹을 배경으로 해서 미국에게 협상을 구걸하지 않고 사실상 핵보유국으로 가겠다는 의지와 함께, 다른 한편으로는 여차하면 친미국가가 되어 실질적 핵공격 능력이 중국을 겨냥할 수도 있음을 배제하지 않고 있다. 미·중 사이의 갈등 상황에서 북한은 자신의 안보 확보를 위해 오히려 핵무기의 전략적 자산을 극대화하는 것이 합리적인 것이다.

미국으로부터 안전을 담보 받으려 했지만 성공하지 못했던 북한은 이제 중국의 부상과 미중관계의 갈등양상을 배경으로 자신의 안전보장을 미국과 중국 사이에서 선택적으로 확보하려는 대외전략을 세웠다. 그리고 이는 결국 '핵보유를 통한 대미 안전보장'을 내세워 핵무력의 완성을 확보하고 나서야 본격적으로 북미협상을 개시하는 이른바 '선 핵보유, 후 핵협상' 전략으로 진행되고 있다. 2017년 핵무력의 완성 이후 2018년에 비로소 북미협상이 시작되었음이 이를 반증한다. 김대중, 노무현 정부의 핵협상은 북한이 핵무기를 개발하는 과정에서의 협상이었다. 김정은은 일관된 핵질주를 통해 이미 핵무력을 완성하고 사실상의 핵보유국으로서 실전배치를 확보해낸 상태다. 핵보유 이후 핵협상은 그만큼 핵문제 해결이 복잡하고 어려워졌음을 의미한다.

Ⅳ. 김정은 시대의 이데올로기

1. 김일성-김정일주의: 주체사상과 선군사상의 추상화

2012년 김정은 체제가 공식 출범하면서 북한의 공식 이데올로기는 '김일성-김정일주의'로 규정되었다.[21] 구체적이고 자세한 내용은 아직 정확히 설명되지 않고 있다. 다만 논리적으로 김일성-김정일주의는 주체사상과 선군사상을 하나의 이데올로기로 통합한 것으로 이해할 수 있다.[22]

....

[21] 이전 당 규약은 "김일성동지의 혁명사상, 주체사상을 유일한 지도사상"이라 밝히고 있다. 그러나 2012년 4월 11일 개최된 제4차 당대표자회는 "김일성·김정일주의를 우리 당의 지도사상"이라는 내용으로 당 규약을 개정하였다.

[22] 주체사상과 선군사상을 통합한 김일성-김정일주의는 구체적 내용으로 "인민대중의 자주적 지향과 요구에 맞게 투쟁의 목표와 방향을 제시하고 사회주의 사회의 본질적 특성과 그 발전의 합법칙성을 새롭게 천명했을 뿐 아니라, 주체혁명의 새 시대인 선군시대의 요구에 맞게 선군혁명사상과 선군정치이론의 체계화, 조국통일문제의 본질과 성격, 주체, 방도의 제시, 자주성에 기초한 국제관계 이론과 새 세계건설에 관한 이론을 포함하고 있다"고 설명되고 있다. 이에 대해서는 오천일, "김일성-김정일주의는 주체시대를 대표하는 위대한 혁명사상," 『철학연구』 제4호(2012), pp.4-5 참조.

김일성-김정일주의는 기존의 주체사상과 선군사상, 김일성주의를 능가하는 새로운 내용을 밝히기보다는 오히려 김정일 시대의 선군사상을 김정일주의로 격상시켜 주체사상과 같은 반열에 올림으로써 선대수령의 사상을 고도로 추상화시키는 의미를 갖고 있다. 주체사상과 선군사상을 병렬시켜 추상화하는 의미와 함께 김일성이 창시한 선군사상을 김정일이 심화발전시켰다는 선군정치의 선군사상으로의 체계화 과정을 '김일성-김정일주의'로 완성시켰다는 해석도 가능한 이유다.

이미 주체사상은 김일성주의로 불리면서 역동성을 가진 '실천이데올로기'에서 추상화된 '순수이데올로기'로 격상되었다.[23] 선군사상 역시 1990년대 체제위기를 극복하기 위한 선군정치로 출발했다가 2000년대 이후 김일성이 창시하고 김정일이 심화발전시킨 사상으로 격상되었다. 그러나 아직 김정일주의로 불리지는 못했고 당의 지도사상으로 규정되지 못했다.[24] 2012년 당대표자회에서 노동당의 공식 지도사상으로 김일성-김정일주의가 규정됨에 따라 이제 선군

....

[23] 서만은 사회주의체제의 이데올로기를 '순수이데올로기'와 '실천이데올로기'로 구분하고 있다. 순수이데올로기는 개인에게 일관되고 의식적인 세계관을 제공하는 사고체계로 정의되며 실천이데올로기는 개인에게 행동의 합리적 도구를 제공하는 사고체계로 규정된다. 사회주의가 추구하는 '목표'를 보다 강조한 것이 순수이데올로기라면 실천이데올로기는 그 목표를 달성하기 위한 '실천원칙'에 보다 강조점을 둔 것이라고 할 수 있다. 순수이데올로기가 표방하고 목표하는 가치 실현을 위해 현실에서 요구되는 구체적 정책방향과 행동원칙을 제시하는 것이 바로 실천이데올로기가 된다. Franz Schurmann, *Ideology and Organization in Communist China*, Berkeley, Los Angeles: University of California Press, 1968, pp.18-24.

[24] "김정일주의는 아무리 파고들어야 김일성주의밖에 없다고 하시면서 우리 당의 지도사상을 자신의 존함과 결부시키는 것을 극력 만류했다"고 김정은은 강조하고 있다. 김정은, "위대한 김정일동지를 우리 당의 영원한 총비서로 높이 모시고 주체혁명위업을 빛나게 완성해나가자(2012년 4월 6일 담화)", 『로동신문』, 2012.4.19.

사상은 주체사상과 동격의 순수이데올로기로 추상화될 수 있음을 의미하게 된다.

김정일 시대에도 선군사상을 김정일주의로 하자는 움직임이 있었지만 김정일이 극구 반대했다. 결국 김정일 사후 김정은은 김정일을 김일성과 같은 '영원한 수령'으로 모시고[25] 김일성주의와 김정일주의를 병렬배치함으로써 선군사상을 최대한 격상시킨 것이다. 이로써 김일성이 주체사상을 창시하고 그 주체사상의 선군혁명원리를 김정일이 선군사상으로 심화발전시켰다는 것으로 김일성-김정일주의는 결합되고 설명되었다.[26] 비로소 김일성-김정일주의를 통해 주체사상과 선군사상이 하나의 순수이데올로기로 통합된 것이다.

김정은은 선대수령 김정일에 대해 "김일성의 혁명사상을 '김일성주의'로 정식화하고 김일성의 총대중시사상을 선군혁명사상, 선군정치이론으로 심화발전시키고 사회주의강성국가건설이론을 제시함으로써 김일성주의의 견인력과 생활력을 비상히 높였다"고 평가하면서 이제 '우리 당과 혁명은 김일성-김정일주의를 영원한 지도사상으로 확고히 틀어쥐고 나갈 것을 요구하고 있다"고 강조했다.[27]

....

[25] 김정은, "오늘 우리 혁명위업은 위대한 김일성동지와 김정일동지를 영원한 수령으로 높이 모시고 온 사회의 김일성-김정일주의화를 전면적으로 실현해나가는 새로운 력사적 단계에 들어섰습니다(2012월 12월 1일 서한)"; "우리의 사회과학은 온 사회의 김일성-김정일주의화 위업수행에 적극 이바지하여야 한다", 『로동신문』, 2012.12.2; 2012년 전시사업세칙의 개정과 2013년 "당의 유일령도체계 10대원칙" 개정 등도 한 명에게 초집중되었던 수령의 지배력을 당 차원에서 확대시킨 것으로 해석 가능하다.

[26] "장군님이 수령님의 혁명사상에 기초하여 밝히신 사회주의붕괴의 교훈과 원인 사회주의의 과학성과 그 사상적 기초, 총대철학과 사회주의강성국가건설이론 선군정리이론 혁명의 주력군 이론과 등에 의해 주체사상의 시대성은 더욱 철저히 보장되게 되었다.", 조선민주주의인민공화국 외국문출판사, 『위인 김정일』(평양: 조선민주주의인민공화국 외국문출판사, 2012), pp.108-110.

[27] 김정은, "위대한 김정일 동지를 우리 당의 영원한 총비서로 높이 모시고 주체혁명위업

김일성-김정일주의는 "주체의 사상, 리론, 방법의 전일적인 체계이며 주체시대를 대표하는 위대한 혁명사상"으로 규정되었다.[28] 또한 "온 사회의 김일성-김정일주의화는 온 사회의 김일성주의화의 혁명적 계승이며 새로운 높은 단계에로의 심화발전"으로 설명되었다.[29] 김일성-김정일주의 기치를 높이 들고 "자주의 길, 선군의 길, 사회주의 길을 따라" 끝까지 곧바로 나갈 것을 요구한다고[30] 밝히고 있는 대목도 김일성-김정일주의가 결국 주체와 선군의 결합임을 의미하는 것으로 해석된다.

김정은은 7차 당대회에서 공식이데올로기로서 '김일성-김정일주의'를 재확인했다. 당 규약 맨 첫 구절을 "조선로동당은 위대한 김일성-김정일주의 당이다"로 시작하면서 "김일성-김정일주의를 유일한 지도사상"으로 명시해놓았다. 당의 지도사상이지만 여전히 김일성-김정일주의는 이름만 있을 뿐, 주체사상 및 선군사상과의 관계나 구체적 내용들이 제시되지 않고 있다. 선대수령의 사상을 계승하고 높이 모시는 의미에서 주체사상과 선군사상을 김일성-김정일주의로 동렬 결합시켜 구체성보다는 추상적 개념으로 자리매김해놓은 상황이다.

김일성-김정일주의를 통해 김정은은 선대수령들의 혁명사상을 체계화하고 정식화함으로써 우선 백두혈통으로 이어지는 3대 세습

....
을 빛나게 완성해나가자(2012년 4월 6일 담화)", 『로동신문』, 2012.4.19; 김정일의 이 같은 업적은 2012년 12월 17일 김정일 1주기 김영남의 추모사에서도 그대로 반복된다.

[28] 김정은, 2012년 4월 6일 담화.

[29] 손영수, "온사회의 김일성-김정일주의화는 온 사회의 김일성주의화의 혁명적 계승이며 새로운 높은 단계로의 심화발전", 『철학연구』, 제4호(2012), pp.2-3.

[30] 김정은, "신년사", 『로동신문』, 2013.1.1.

의 사상적 정통성을 확보하는 효과를 가지게 되었다.[31] 더불어 선군
사상으로 요약되는 김정일주의를 김일성주의와 동렬로 추상화시킴
으로써 김정은 시대의 북한발전전략에 필요한 역동적이고 현실적인
실천이데올로기를 형성해낼 수 있는 가능한 공간을 확보하는 효과
도 거둔 것으로 보인다. 선군사상의 김정일주의로의 격상은 선군사
상마저 순수이데올로기로 전환됨으로써 그에 따른 북한 노선의 급
진성이 약화될 가능성을 내포하고 있다는 해석이다.[32] 군사집중의
상징인 국방위원회가 약화되거나 군사력 강화를 내세운 선군경제
노선의 완화가 가능해진 셈이다. 공식이데올로기로는 김일성-김정일
주의를 내세워 혈통승계의 정당성을 확보하는 동시에 향후 이데올
로기 해석권을 독점하면서 새로운 시대에 새로운 노선을 제시하고
여기에 대중들을 동원해낼 수 있는 실천이데올로기의 신구상을 펼
수 있게 된 것이다.

....

[31] 김일성-김정일주의 공식화에 대해 대부분의 전문가들은 김정은의 충성과 효성을 강
조하고 권력승계를 정당화하면서 사회통합을 이루려는 것으로 분석하고 있다. 이에 대해
서는 김갑식, "김정은 정권의 출범과 정치적 과제,"『통일정책연구』, 제21권 제1호(2012); 이
기동, "김정은의 권력승계과정과 권력구조,"『북한연구학회보』, 제16권 제2호(2012); 정영
철, "김정은 체제의 출범과 과제: 인격적 리더쉽의 구축과 인민생활 향상,"『북한연구학회
보』, 제16권 제1호(2012); 김창희, "북한의 통치이념 '김일성-김정일주의' 분석,"『한국정치
연구』, 제22집 제3호(2013) 등을 참조.

[32] 안경모, "선군노선과 북한식 급진주의: 이데올로기, 조직, 정책을 중심으로,"『북한연
구학회보』 제17권 제2호(2013), pp.22.

2. 김정일애국주의: 과도기의 정치담론

김일성-김정일주의로 주체사상과 선군사상을 추상화시킨 대신 김정은 시대의 이데올로기적 기능을 현실에서 담당할 수 있는 실천이데올로기는 아직 드러나지 않고 있다. 3대 세습의 권력승계를 정당화하고 김정은이 추진하고자 하는 발전노선에 인민대중을 최대한 동원하기 위해서는 김정은 시대에 걸맞는 새로운 실천이데올로기가 제시되어야 한다. 주체사상이 김일성 시대 사회주의 건설노선의 산물이었고 선군사상이 김정일 시대 사회주의 체제유지전략의 결과였던 것과 마찬가지다.

　지금 김정은 체제는 공식 이데올로기로 김일성-김정일주의를 당의 지도사상으로 선언한 이후 실제 김정은 시대의 발전노선과 정책기조를 규정할 수 있는 역동적인 실천이데올로기는 미완의 상황이다. 다만 과도기의 하위담론으로서 김정일애국주의를 연일 반복해 강조하면서 권력승계기의 정치적 안정을 확보하고 미래의 김정은 체제를 위한 향후 실천이데올로기의 개념과 내용을 구상 중이라고 볼 수 있다.[33]

　김정일애국주의는 2012년 3월 2일 전략로켓사령부를 시찰한 김정은이 "조국 산천의 나무 한그루, 풀 한포기도 사랑하신 어버이 장군님의 모범을 따라 배워 김정일식 애국주의를 높이 발휘하는 데서 인민군대가 앞장서야 한다"고 강조한 뒤, 두 달 만에 5월 12일 로동

....
[33] 북한은 김정일애국주의를 실천에 옮기는 데서 1970년대의 화선식 사업방법을 강조하고 있다. 이는 당시가 김정일의 후계체제가 구축되던 시기이고 사회주의 공업국가로서 가장 잘 살던 시대임을 염두에 둔 것으로 해석될 수 있다. 사설 "당사업을 1970년대처럼 화선식으로 전환시키자", 『로동신문』, 2013.1.15.

신문에 김정일애국주의로 처음 등장했다.[34] 김정일애국주의의 정당성은 현지지도 강행군 중에 사망한 '김정일의 조국과 인민에 대한 헌신성'에서 비롯되었다. 물론 김정일애국주의는 그 본질적 특성과 절대적 우월성, 불패의 위력과 감화력, 보편성과 영원성이 주체사상과 선군사상으로부터 우러나온다고 밝힘으로써[35] 공식이데올로기인 김일성-김정일주의의 하위담론임을 분명히 하고 있다.

이후 김정은은 노작을 통해 김정일애국주의의 본질과 기초, 특징 등을 종합적으로 정식화하고 김정일애국주의 교양사업을 위한 원칙과 방도를 제시한다.[36] 이에 따르면 김정일애국주의는 가장 "숭고한 애국주의"이자 "사회주의적 애국주의의 최고정화"로 정의되었다. 또한 김정일이 지닌 숭고한 '조국관'을 기초로 하고 인민을 하늘처럼 여기는 숭고한 '인민관'을 바탕으로 하고 있으며 숭고한 '후대관'으로[37] 인해 더욱 절실하게 다가온다고 정리했다.

김정일애국주의는 우선적으로 김일성-김정일로 이어지는 수령에 대한 충성을 최고의 숭고한 조국관으로 간주함으로써 자연스럽게 김정은의 3대 혈통승계를 정당화하고 인민대중의 충성심을 동원하는 역할을 하고 있다. 과거 사회주의적 애국주의가 조국과 수령의

....

[34] "절세위인의 한생의 리념", 『로동신문』, 2012.5.12; 이후 5월 14일 조선중앙방송의 사설 "모두 다 김정일애국주의로 심장을 불태우자"에서 "김정일애국주의는 수령에 대한 절대불변의 충실성을 핵으로 하여 한평생을 애국으로 수놓아오신 장군님의 업적과 위대성을 특징짓는 사상"이라 정의하고 있다.

[35] "위대한 김정일애국주의는 백전백승의 기치이다", 『로동신문』, 2012.6.21.

[36] 김정은, "김정일애국주의를 구현하여 부강조국건설을 다그치자(2012년 7월 26일 담화)", 『로동신문』, 2012.8.3.

[37] 김정일, 『오늘을 위한 오늘에 살지 말고 래일을 위한 오늘에 살자: 조선로동당 중앙위원회 책임일군들과 한 담화(1996년 1월 14일)』(평양: 조선로동당출판사, 2005).

관계, 애국심과 수령에 대한 충성의 관계 등이 제대로 해명되지 못했다면서 수령 중심의 조국관을 내세운다. 즉 '조국은 곧 수령이며 조국의 품은 수령의 품'이라는 심오한 사상에 기초해서 수령에 대한 충성이 곧 애국심의 발현, 최고의 애국이라는 점을 밝혀낸 사회주의애국주의의 최고정화라고 설명하고 있는 것이다.[38] 결국 김정일애국주의는 당과 수령에 대한 충실성, 김정은에 대한 충성 강조로 연결됨으로써 김정은 체제의 정당화와 대중 동원을 위한 정치적 하위담론으로 활용되고 있는 셈이다.

또한 김정일애국주의는 숭고한 인민관을 핵심으로 하고 있는 바, 인민을 하늘처럼 여기는 김정일의 애국신조를 강조하며 인민이 있어 나라도 있고 조국도 있다고 강조한다. 수령에 대한 충성심과 함께 인민을 위한 위민이천의 마음을 김정일애국주의로 강조한 것은 김정은 시대 당 일꾼에게 당세도와 특전 및 특혜를 바라는 현상이 절대로 허용될 수 없음을 널리 공포하는 것이다. 김정일애국주의가 권력승계의 과도기 상황에서 당 조직생활의 이완현상을 바로잡고자하는 정치적 의도로 활용되고 있음을 짐작할 수 있다.

최근 김정일애국주의는 조국사랑과 인민사랑에서 출발하여 점차 후대사랑, 미래사랑으로 점차 저변을 확장하고 있다. 북한은 소년단 창립 66주년을 계기로 김정일애국주의 차원에서 김정은의 후대관과 미래관을 적극 선전하면서 김정일애국주의에 김정은의 활동을 접목시키기 시작했다. 김정은은 소년들을 배려하는 차원에서 만

....
[38] 엄춘봉, "애국주의와 사회주의의 호상관계에 관한 선행리론과 그 제한성", 『철학연구』, 제1호(2013), pp.41-42; 김인철, "김정일애국주의는 수령중심의 조국관에 기초한 애국주의", 『철학연구』, 제1호(2013), pp.8-9; 리원철, "김정일애국주의는 부강조국건설의 힘있는 원동력", 『철학연구』, 제1호(2013), p.5.

경대 유희장 및 능라유원지 등 놀이시설, 근린생활시설을 확대 개
선하고 여성을 위한 병원시설 확충에도 각별한 관심을 기울이고 있
다. 2012년 9월 25일 개최된 최고인민회의 12기 6차회의에서 12년 의
무교육제 실시를 의제로 선정한 것도 김정은의 후대사랑과 미래사
랑을 가늠할 수 있게 한다.

결국 김정일애국주의는 김일성-김정일-김정은으로 이어지는 혈
통승계의 정당성을 정당화시킴과 동시에 관료들의 인민사랑을 강조
하고 나아가 미래의 후대 사랑을 언급함으로써 앞으로 김정은 시
대는 인민대중이 행복하게 살 수 있도록 하겠다는 김정은의 의지로
읽히는 대목이기도 하다.

김일성-김정일주의는 공식적으로 표방된 지도사상일 뿐 오히려
김정은 시대의 정당화와 이데올로기적 동원은 그 하위담론인 김정
일애국주의에 의해 활발하게 진행되고 있다. 김정일애국주의가 북한
의 공식 매체에 김일성-김정일 주의보다 더 자주 사용되고 있음도
마찬가지 맥락이다.[39] 김정일애국주의를 강조하는 논문과 기사들을
수없이 내보내면서 사회주의강성국가 건설과 부강조국 건설의 지침
이라고 밝히는 것도 이를 통해 향후 김정은 시대의 새로운 실천이데
올로기로 연결시키기 위한 과도기의 정치담론임을 짐작케 한다.

최근 북한은 '김정일애국주의'를 보다 풍부하게 설명하면서 반
복해서 강조하고 있다. 특히 2016년부터 강조하고 있는 '5대 교양'을
'위대성 교양, 김정일애국주의 교양, 신념 교양, 반제계급 교양, 도덕교

....

[39] 최근 로동신문 사이트를 검색해보면 김정일애국주의가 김일성-김정일주의보다 거의
1.5배 더 많이 검색되고 있다. 정성장, "통치이데올로기: 마르크스·레닌주의에서 김일성·김
정일주의로", 장달중 외, 『현대북한학강의』(서울: 사회평론, 2013), p.41.

양'으로 설명하면서 이를 중심으로 한 정치 교육 강화를 주문하고 있다. 5대교양의 내용도 추상적인 세계관 수준의 정치사상이 아니라 당과 국가에 필요한 공산주의 인간형 교육에 맞춰져 있다.

김일성-김정일주의로 선대수령의 사상을 '선반 위에(on the shelves)' 올려놓고 당장은 김정일애국주의를 필두로 한 '5대교양'으로 정치사상 교육을 주력하면서, 김정은의 독자적인 사상은 향후 당의 전략 기조와 비전에 맞게 제시될 가능성이 크다. 여타 사회주의 국가들이 맑스레닌주의를 추상성이 높은 '순수이데올로기'로 채택하고 동시에 당 정책과 노선을 정당화하는 하위 수준의 '실천이데올로기'를 따로 구분함으로써 순수이데올로기로부터 상대적으로 자유로운 현실적 노선 변화를 추구했다는 점을 주목한다면, 향후 김정은 시대의 공식 이데올로기도 앞선 주체사상과 선군사상을 김일성-김정일주의로 추상화시킨 후 김정은만의 독자적인 실천이데올로기를 새롭게 내세울 것으로 예상된다.

V. 결론에 대신하여

김정은 체제는 일단 정치적으로 안정화되었다. 오래 못 갈 것이라는 주위의 우려에도 불구하고 7차 당대회를 통해 선군에서 선당으로 당국가 시스템을 정상화하는 데 성공한 것이다. 이는 아버지 시대의 비정상 통치를 끝내고 정상적 정치체제를 제도화했다는 의미를 갖는다. 또한 김정은은 엘리트 구성에서도 김정일의 그림자를 점차 지워나가고 자신을 보위할 세대교체의 김정은 엘리트를 전면에 포진시켰다. 아버지와 차별화되는 리더십 스타일 또한 김정은의 정치적 자산으로 평가되고 있다.

정치의 정상화와 함께 김정은은 상대적 자신감을 토대로 대외전략과 대남전략에서도 과거와는 다른 접근을 시도하고 있다. 미국에게 협상을 구걸하지 않고 한국과의 대화에 매달리지도 않는 새로운 대미·대남전략을 구사하고 있다. 이러한 대미·대남 대결 노선은 선 핵보유라는 김정은의 핵전략을 안보의 자신감으로 깔고 진행되고 있다. 이데올로기 역시 김일성–김정일주의라는 명명을 통해 할아버지의 주체사상과 아버지의 선군사상을 일단 선반 위에 높이 올려놓고 새로운 실천이데올로기를 구상 중이다.

정치와 외교와 이데올로기를 나름대로 정비한 김정은은 이제 안정성을 토대로 향후 국가발전전략과 정책노선을 새롭게 추진할 것으로 보인다. 그리고 그의 노선이 위기 상황의 보수적 선군에서 벗어나 이젠 경제 우선과 인민 우선의 실용적 노선으로 정립되길 기대한다. 김정은이 공개적으로 선언한 "인민대중이 더 이상 허리띠를 조이는 일이 없도록 하겠다"는 의지가 경제 우선과 인민 우선의 국가노선으로 귀결되기를 희망해본다.

참고문헌

김갑식, "김정은 정권의 출범과 정치적 과제", 『통일정책연구』, 제21권 제1호(2012).

김근식, "김정은 시대 북한의 대외전략 변화와 대남정책: '선택적 병행' 전략을 중심으로", 『한국과 국제정치』, 제29권 제1호(2013년 봄호).

김인철, "김정일애국주의는 수령중심의 조국관에 기초한 애국주의", 『철학연구』, 제1호(2013).

김정은, "김정일애국주의를 구현하여 부강조국건설을 다그치자(2012년 7월 26일 담화)", 『로동신문』, 2012.8.3.

_____, "신년사", 『로동신문』, 2013.1.1.

김정일, 『오늘을 위한 오늘에 살지 말고 래일을 위한 오늘에 살자: 조선로동당 중앙위원회 책임일군들과 한 담화(1996년 1월 14일)』(평양: 조선로동당출판사, 2005).

김창희, "북한의 통치이념 '김일성-김정일주의' 분석", 『한국정치연구』, 제22집 제3호(2013).

리원철, "김정일애국주의는 부강조국건설의 힘있는 원동력", 『철학연구』, 제1호(2013).

박영자, "북한의 비핵화-경제 전략: 정책과 조직개편 특징", 통일연구원 온라인시리즈, 2018.5.15.

손영수, "온사회의 김일성-김정일주의화는 온 사회의 김일성주의화의 혁명적 계승이며 새로운 높은 단계로의 심화발전", 『철학연구』, 제4호(2012).

안경모, "선군노선과 북한식 급진주의: 이데올로기, 조직, 정책을 중심으로", 『북한연구학회보』 제17권 제2호(2013).

엄춘봉, "애국주의와 사회주의의 호상관계에 관한 선행리론과 그 제한성", 『철학연구』, 제1호(2013).

오천일, "김일성-김정일주의는 주체시대를 대표하는 위대한 혁명사상", 『철학연구』 제4호(2012).

이기동, "김정은의 권력승계과정과 권력구조", 『북한연구학회보』, 제16권 제2호(2012).

_____, "북한의 대내외정책 전망", 『통일시대』, 통권 133호(2017년 11월호).

장달중 외, 『현대북한학강의』(서울: 사회평론, 2013).

정성장, "북한 노동당 제7기 제2차 전원회의 평가: 개최배경과 파워엘리트 변동", 『세종논평』, 2017-42(2017.10.10.).

정영철, 『김정일 리더십 연구』(서울: 선인, 2005).

_____, "김정은 체제의 출범과 과제: 인격적 리더쉽의 구축과 인민생활 향상", 『북한연구학회보』, 제16권 제1호(2012).

조선민주주의인민공화국 외국문출판사, 『위인 김정일』(평양: 조선민주주의인민공화국 외국문출판사, 2012).

"당사업을 1970년대처럼 화선식으로 전환시키자", 『로동신문』, 2013.1.15.

"새 바람이 분다/제1위원장의 령도술(1)", 『조선신보』, 2012.5.8.

"새 바람이 분다/제1위원장의 령도술(2)", 『조선신보』, 2012.5.9.

"우리의 사회과학은 온 사회의 김일성-김정일주의화 위업수행에 적극 이바지하여야 한다(2012년 12월 1일 서한)", 『로동신문』, 2012.12.2.

"위대한 김정일동지를 우리 당의 영원한 총비서로 높이 모시고 주체혁명위업을 빛나게 완성해나가자(2012년 4월 6일 담화)", 『로동신문』, 2012.4.19.

"위대한 김정일애국주의는 백전백승의 기치이다", 『로동신문』, 2012.6.21.

"절세위인의 한생의 리념", 『로동신문』, 2012.5.12.

"주체조선의 공민된 긍지 드높이 사회주의 강국 건설을 힘있게 다그치자", 「로동신문」, 2018.11.26.

Franz Schurmann, Ideology and Organization in Communist China, Berkeley, Los Angeles: University of California Press, 1968.

3

김정은 체제의 북한 경제

김병연

I. 서론

북한 경제는 1990년대 이후 큰 변화를 경험하였다. 식량 배분과 사회 통제의 근간이었던 배급체계가 무너지면서 많은 북한 주민은 생존을 위해 시장활동에 나섰다. 텃밭, 뙈기밭 경작, 가축 사육뿐만 아니라 장사, 밀수, 무역, 수리, 과외, 식당 경영, 소규모 수공업 활동 등 다양한 시장활동이 생겨나게 된 것이다. 또한 중앙계획이 형해화되면서 다수의 북한 기업도 자력갱생을 요구받았다. 그 결과 생존을 위해서라도 국영기업은 직·간접적으로 시장활동에 개입했다. 필요한 투입요소를 시장에서 구입하고 생산된 제품을 시장에 판매하거나 수출과 수입에 관여하는 기업이 증가했다. 또한 근로자 일부에게 시장활동을 허락하고 이들로부터 납부금을 받아 기업 활동에 이용하기도 했다. 마지막으로 대외 개방도도 크게 증가했다. 기업이나 가계, 정권이 필요로 하는 제품을 수입하는 동시에 그 대금 결제를 위해 수출에도 적극적으로 나서게 된 것이다. 이러한 대외무역은 북한 경제의 어려움을 해결하는 데 부분적으로 기여했다.

시장화와 대외무역의 증가를 특징으로 하는 1990년대 이후 북한의 변화는 김정은 정권 시기에도 이어졌다. 특히 김정은 정권은 초기부터 지금까지 일관되게 시장에 대해 상대적으로 관대한 정책을 지속하고 있다. 시장활동을 제도화하지는 않았지만 이를 암묵적으로 장려함으로써 재정 수입을 올리고 주민 후생을 제고하려 하고 있다. 이는 김정일 시대의 대(對)시장 정책이 장려와 억압을 반복한 경험, 예를 들면 2002~2004년에는 시장활동을 다소 장려했지만 2005~2009년 동안에는 이를 억압하려 한 시도와 대비되는 정책이다. 대외적 측면에서는 2000년대에 비해 2010년대에는 무역규모가 크게 증가하였다. 수출 측면에서 이 증가의 가장 중요한 원인은 북한의 주요 수출품인 광물 가격의 상승과 수출량의 증가 때문이다. 그러나 북한의 핵과 장거리 미사일 실험으로 인해 유엔안보리 대북 경제재재가 발효, 강화됨으로써 2017년에는 북한의 수출이 이전 연도 대비 37.2% 감소하였으며 2018년에는 2017년에 비해 88%가량 다시 감소하였다.

김정은 시대 경제에 부정적인 영향을 미치는 가장 중요한 사건은 북한의 핵실험과 중장거리 미사일 발사 실험에 대응한 국제사회의 경제제재이다. 2016년 1월 4차 핵실험 이후 유엔안전보장이사회는 경제제재를 본격화하기 시작했다. 2016년 3월 채택된 2270호 제재와 같은 해 11월에 채택된 2321호 제재는 북한의 수출, 그중에서도 북한의 가장 중요한 수출품인 무연탄·철강·철광 등 광물 수출을 줄이고자 한 것이다. 2017년에는 대륙간탄도미사일 발사 실험과 6차 핵실험에 대응해 유엔안보리는 세 번의 보다 강화된 제재안을 통과시켰다. 2371호 제재는 무연탄뿐만 아니라 모든 광물과 수산물의 수입을 전면 금지했으며 2375호는 의류, 섬유 수입 금지와 원유 수출 동결, 정제유 수출 제한을 골자로 하고 있으며 추가적으로 북한의 해외 파견 근로자에 대한 제재도 포함되었다. 가장 최근의 제재인 2397호 제재는 농산물을 비롯한 북한의 수출 품목 대부분을 금수(禁輸)하였으며 운송·기계류 등의 북한 수입도 막았다. 그리고 북한이 수입할 수 있는 정제유의 규모도 추가 축소하였다. 이뿐 아니라 미국 등은 독자제재에 나서기도 했다. 그 결과 북한 경제는 제재 충격에 크게 노출되게 되었다.

김정은 시대의 경제를 이해하기 위해 이 장은 다음의 질문을 다룬다. '김정은 시대의 경제성과는 그 이전에 비해 개선되었는가? 그리고 개선되었다면 얼마나 나아졌는가? 그 이유는 무엇인가? 유엔을 비롯한 국제사회의 대북제재는 북한 경제에 얼마나 큰 충격을 줄 수 있을 것인가?' 이러한 질문에 답하기 위해 이 장은 북한의 최근 경제성장률, 무역 추이, 시장화의 정도 등을 분석한다. 그리고 경제성장률을 결정하는 요인으로서 북한의 무역과 시장화의 효과를 논의한다. 이 과정에서 북한 경제성장률 추정치의 정확성을 둘러싼 논쟁도 검토한다.

II. 김정은 시기의 경제성과

1. 경제성장과 무역

김정은 시대의 경제성과를 평가하기 위해 가장 먼저 검토해야 할 자료는 경제성장률일 것이다. 현재 북한의 경제성장률에 대해서는 한국은행과 김병연의 추청치가 있다.[1] 한국은행은 1990년부터 관계기관으로부터 북한에서 생산한 재화나 서비스의 물량 자료를 제공받아 이를 국민계정체계(System of National Accounts)에 넣어서 북한의 총국민소득을 추정한다. 국민계정체계에서의 추정을 위해서는 물량뿐 아니라 가격과 부가가치율이 필요하지만 이 자료는 가용하지 않기 때문에 한국은행은 한국의 가격과 부가가치율을 적용한다. 이렇게 구해진 추정치는 한국의 화폐 단위로 표시된 북한의 총국민소득이다. 이와 같은 방법론을 적용하기 위해서는 일물일가

....

[1] 유엔의 추정치는 2001년부터 한국은행의 경제성장률 추정치를 원용하고 있다.

(一物一價), 즉 동일한 물건은 동일한 가격을 가진다는 가정이 필요하다. 그러나 동일한 재화라고 하더라도 남북한 사이 재화의 질의 차이가 가격에 적절히 반영되지 않을 수 있는 문제가 발생한다. 그리고 남북한의 부가가치율이 동일하다는 다소 성립하기 어려운 가정도 필요하다. 이러한 문제점을 고려하여 Kim·Kim·Lee(2007)는 1954-1989년 북한의 경제성장률을 물량 변화율만으로 추정한다. 즉 한국은행의 추정방법의 문제점으로 지적될 수 있는 남한의 가격과 부가가치율을 적용하지 않고, 북한의 경제성장률을 공업, 농업, 서비스업의 성장률의 가중합으로 정의한 후 각 부문의 성장률은 생산된 물량의 변화율과 동일하다고 가정한다.[2] 이러한 방법론을 1954년부터 현재에 이르기까지 일관적으로 적용함으로써 김병연·김석진·이근(2007)과 김병연[Kim(2017)]은 북한의 경제성장률에 대한 장기 시계열 자료를 제시하고 있다.

〈표 1〉은 김정은 집권 시기와 그 이전 시기의 연평균 성장률을 1997년부터 5년 단위로 나누어 비교하고 있다.[3] 김정은 집권 시기에 관하여 한국은행의 추정치는 2012-2016, 김병연의 추정치는 2012-2015년 동안의 연평균 경제성장률을 이용한다.[4]

....

[2] 김병연의 추정치가 사용하는 공업과 농업 부문의 물량 자료는 한국은행에서 사용한 자료와 동일하다. 따라서 이 두 추정치의 차이는 원 자료가 아니라 추정방법의 차이에서 비롯된다. 한국은행과 김병연의 북한 경제성장률 추정방법에 대한 자세한 논의는 김병연 [Kim(2017)]을 참조하라.

[3] 1997년을 분석의 기점으로 삼은 이유는 그 이후 기간을 5년 단위로 분류하기 위해서일 뿐만 아니라 1997년이 '고난의 행군'의 말기로서 그 이후에는 정상적인 경기변동 주기를 보일 수 있다고 판단했기 때문이다.

[4] 2017년부터 본격적으로 제재가 경제에 영향을 미치기 시작했고 이 충격이 경제성장률 추정에 포함되었기 때문에 이 장에서의 분석은 2016년까지로 제한한다.

<표 1> 김정은 시기의 경제성장률과 그 이전의 경제성장률 비교

		한국은행 추정치(%)			김병연 추정치(%)		
		연평균	최대	최소	연평균	최대	최소
김정일 시기(년)	1997–2001	0.76	6.2	−6.3	0.68	9.4	−11.0
	2002–2006	1.58	3.8	−1.1	1.96	4.8	−0.1
	2007–2011	0.04	3.1	−2.3	−0.03	4.9	−3.4
김정은 시기(년)	2012–2016(5)	1.24	3.9	−1.1	0.83	3.6	−2.7

주: 김정은 시기의 경제성장률 추정기간에서, 김병연은 아직 2016년 추정치가 나오지 않
   아 2012-2015년 동안의 추정치를 사용함. 한국은행 추정치는 2012-2016년 5년 동안
   의 추정치를 사용함.
출처: 통계청 웹사이트, 김병연[Kim(2017)]을 업데이트함.

〈표 1〉에 따르면 김정은 시기의 연평균 경제성장률은 한국은행
과 김병연이 각각 1.24%, 0.83%로 추정하고 있다.[5] 1997년 이후의 기
간을 5년 단위로 묶어 연평균 성장률을 비교한 결과, 두 추정치 모
두 김정은 시기의 경제성장률이 이전의 5년 동안의 성장률보다는
높은 것으로 추정하고 있으며 2002-2006년에 이어 두 번째로 높은
성장률을 기록한 것으로 추정하고 있다.

이러한 결과는 두 가지로 해석 가능하다. 첫째, 김정은 시기의 경
제성장률이 개선된 것은 사실이다. 북한 경제는 2007-2011년 동안
성장하지 못했지만 김정은 시기에는 양적 성장률을 보인 것이다. 둘
째, 김정은 시기에 북한 경제가 크게 좋아진 것은 아니다. 1997년
이후 북한 경제가 5년 주기로 침체와 회복을 반복했다고 본다면
2002-2006년, 그리고 2012-2015(6)년은 회복 국면인 것으로 김정은

....
[5]   그러나 김병연의 추정치에는 2016년이 포함되지 않아서 이 두 추정치를 일률적으로 비
교하기는 어렵다. 참고로 한국은행은 2012-2015년의 북한 경제성장률의 연평균을 0.58%
로 추정하여 김병연의 추정치보다 낮다.

시기의 경제성장률이 이 패턴에서 벗어나는 것은 아니다.[6]

경제성장률의 가변성(volatility)으로 볼 때도 김정은 시기의 그 것은 2002-2006년의 경우와 비슷하다. 즉 1997-2001, 2007-2011년이 낮은 경제성장률과 높은 가변성의 시기였다면 2002-2006, 2012-2015(6)년은 상대적으로 높은 성장률과 낮은 가변성의 기간으로 이해할 수 있다. 즉 이 시기의 경제는 다른 시기에 비해 상대적으로 안정되었다고 해석할 수 있다.

그렇다면 2012년 이후의 북한 경제성과가 1997-2001, 2007-2011년의 기간에 비해 상대적으로 나은 이유는 무엇일까? 김병연(2014), 정승호[Jung(2014)], 김병연[Kim(2017)]은 북한 경제성장률을 결정하는 가장 중요한 요인으로 무역과 시장을 들고 있다. 즉 1990년대 사회주의 계획경제가 무너지면서 북한은 대내적으로는 시장화, 대외적으로는 무역 개방이 동시에 진행되었다. 그 결과 시장경제활동이 북한 가계 경제활동의 큰 부분을 차지하고 있으며 북한 기업도 시장 및 무역과 연계되어 생산활동을 하고 있는 경우가 많다. 따라서 북한의 무역액과 시장화의 정도는 북한 경제성장률과 높은 상관관계를 가질 것으로 판단할 수 있다.

먼저 북한경제성장률과 무역의 관계를 분석하기 위해 〈그림 1〉은 1997-2016년 동안의 북한의 경제성장률 추정치와 남북교역을 제외한 북한의 수출증가율, 수입증가율, 무역(수출액과 수입액의 합) 증가율을 보여주고 있다.

....
[6] II-3. 경제성장률 추정의 정확성에서는 김정은 시대의 북한 시장활동의 양적 증가를 고려할 경우 2012-2015년의 북한 경제성장률은 1.77%가 될 수 있다고 추정한다. 이 수치는 〈표 1〉에서 제시된 한국은행과 김병연의 추정치보다 높지만 2002-2006년의 연평균 추정치와 크게 다르지 않다.

〈그림 1〉을 보면 1997년 이후 북한의 무역액이 20% 이상의 증가율을 보인 연도는 2000, 2008, 2010, 2011년이다. 이 중 2000년의 높은 증가는 수출보다 수입의 증가에 기인한다. 따라서 북한의 무역증가율이 북한 경제성장률에 크게 기여했을 가능성이 높은 연도는 2008, 2010, 2011년이다. 이 세 연도 중 2008년, 2011년의 경우 북한의 경제성장률은 한국은행과 김병연의 두 추정치 모두 양으로 제시하고 있으며 김병연의 추정치가 한국은행의 추정치보다 더 높다.[7] 2010년의 경우 북한의 수출과 수입은 각각 42%, 13% 증가하여 다른 요인이 동일하다면 경제성장률이 양일 가능성이 높으나 2009년 11월 실시된 화폐개혁의 영향으로 인해 북한 경제가 음의 충격을 입었을 가능성이 존재한다. 따라서 북한의 수출이 북한 경제성장률에 유의한 영향을 미친다는 사실을 2008년과 2011년의 경우를 통해 확인할 수 있다.

그러나 무역이 성장에 미치는 효과는 시기별로 다른 것으로 보인다.[8] 〈그림 1〉에 따르면 2000년대 중반까지는 무역증가율과 경제성장률 사이의 상관관계가 낮은 반면 그 이후부터는 크게 높아졌다. 예를 들어 1997년과 1998년에 북한의 무역은 비교적 큰 폭으로 각각 증가, 감소했지만 경제성장률은 음, 양을 보였다. 2004년에도 북한의 수출이 20% 이상 증가했지만 경제성장률은 2001-2004년의 다른 연도와 비교할 때 그렇게 높지 않았다. 반면 2000년대 중반 이후인 2006-2007년에는 북한의 무역증가율이 미미할 때 성장률도

....

[7] 2008년 김병연과 한국은행의 추정치는 각각 4.9%, 3.1%이며 2011년의 추정치는 각각 3.0%, 0.8%이다.

[8] 분석의 목적상 남북교역액은 포함하지 않았다.

낮았으며, 김병연의 추정치에 따르면 2011년 북한의 수출증가율이 85%에 달할 때 북한 경제가 3.1%의 높은 성장률을 보였다. 그리고 북한 무역이 감소한 2015년에는 경제성장률에 관한 두 추정치 모두 북한 경제 규모가 축소한 것으로 제시하고 있다. 실제 상관계수를 구했을 때도 1997-2005년까지 북한 수출증가율과 경제성장률(김병연 추정치)의 값은 -0.44인 반면 2006-2015년의 상관계수는 0.50로 음에서 양으로 바뀌었다. 한국은행의 경제성장률 추정치를 사용했을 때도 각각 -0.13과 0.35로서 비슷한 결론을 얻었다. 이는 북한이 2000년대 중반 이후 보다 무역의존적인 경제로 변화했음을 시사한다.

〈그림 1〉 북한의 경제성장률(%)과 무역증가율(%)

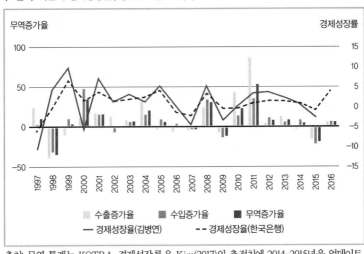

출처: 무역 통계는 KOTRA, 경제성장률은 Kim(2017)의 추정치에 2014-2015년을 업데이트, 한국은행 추정치는 통계청.

2000년대 중반 이전과 이후 북한의 무역과 경제성장의 관계가 변화하게 된 것은 다음의 두 가지로 설명 가능하다. 첫째, 북한의 무역의존도가 증가했기 때문에 무역증가율이 경제성장률에 미치는 효과가 커졌다. 1997-2005년 동안 남북교역을 제외한 북한의 무역 의존도는 연평균 17%였으나 2006-2015년 동안은 30%로 증가하였다. 여기에 남북교역액을 합칠 경우 1997-2005년, 2006-2015년 동안의 무역의존도는 각각 21%, 40%이다. 이는 북한 경제의 대외 의존도에 있어 큰 변화가 2000년대 중반에 일어났음을 시사한다. 2006-2015년 동안 전 세계의 평균 무역의존도가 59%이기 때문에 이 기간에 있어 북한과 전 세계의 무역의존도의 차이는 19% 포인트로 그리 크지 않았다. 더욱이 김정은 집권 시기인 2012-2015년 동안 북한의 무역의존도의 평균은 49%로서 전 세계의 평균 무역의존도와 차이가 불과 10% 포인트 정도로 줄어들었다. 이는 북한을 '무역을 통해 먹고 사는 나라'로 간주해도 크게 틀린 말은 아님을 암시한다. 둘째, 북한 수출품 중에 광물의 비중이 증가했기 때문이다. 남한으로의 반출을 포함한 북한의 전체 수출 중 광물·철강 등의 수출 비중은 1996-2003년의 기간 동안 10% 대에 머물렀으나 2000년대 후반에는 30%대로 급증한 이후 2011년에는 53%에 달했다. 그리고 김정은 집권 시기인 2012-2016년 연평균 47%를 기록했다.[9] 광물은 다른 주요 수출 품목에 비해 이윤 마진이 훨씬 높기 때문에 광물의 수출이 북한 경제 전체 성장률을 끌어올렸을 가능성이 높다.

이상의 분석은 2012년 이후 김정은 시기의 경제성장률이 호전된 이유 중 하나는 무역의 효과일 가능성을 시사한다. 2011년 27.9억 달러였던 남한으로의 반출을 제외한 북한의 수출은 2012년 28.8억

....

[9] 이 비중의 계산에는 2016년, 개성공단 중단으로 말미암아 남북교역액이 크게 줄어들어 전체 교역액이 감소한 효과가 포함되어 있다.

달러, 2013년에는 32.2억 달러로 증가했다. 2014년, 2015년에는 31.6억 달러와 27억 달러로 약간 감소했다가 2016년에는 28.2억 달러로 2015년에 비해 다시 소폭 증가했다. 즉 2012-2013년에는 수출의 증가가 경제성장률에 양의 영향을 주었을 것으로 판단되며 그 이후 수출액은 크게 변화하지 않았다. 이 때문에 경제성장률이 추가적으로 상승하지는 못했지만 하락하지도 않았던 것으로 보인다. 그러나 이는 무역이 시장에 미칠 수 있는 긍정적인 파급효과를 통해 북한 경제에 지속적으로 양의 효과를 미쳤을 수 있다. 즉 2014년 이후에도 높아진 무역의존도와 더불어 이윤마진이 높은 광물 수출로 말미암아 북한 경제는 김정일 시기에 비해 경제 여건이 상대적으로 양호한 편이었던 것으로 평가된다.

2. 경제성장과 시장화

시장화는 1990년대 중반 이후 북한 경제구조의 변화를 결정짓는 가장 중요한 요인으로 간주된다[김병연·양문수(2012)]. 이를 반영하여 북한 시장화의 정도는 많은 연구의 분석 대상이었다[Kim and Kim (2016a); 양문수(2010); 김병연·양문수(2012)]. 대부분의 연구는 탈북민을 정량적·정성적으로 설문 조사한 자료를 이용하였으며 최근에는 위성사진을 분석하여 북한에서 공식시장의 숫자가 400개를 넘어 480여 개에 달한다는 분석 결과도 있다[홍민 외(2016); Melvin (2018)]. 그리고 시장화의 결과가 탈북민의 자본주의 지지도와 남한 사회 적응에 미치는 효과에 대한 연구도 있다[김병연(2017); Kim and Kim(2016b)]. 그러나 탈북민을 대상으로 한 거의 모든 연구는 주로 김정일 시기에 북한을 이탈하여 남한에 온 사람을 대상으로 하고 있기 때문에 그 분석 대상이 김정은의 집권 이후 기간을 포괄하지 못하고 있다.

한국개발연구원에서 코리아닐슨에 의뢰해서 2016년 1,000여 명의 탈북민을 조사한 최근의 자료는 김정은 시기에 북한을 이탈하여 남한에 정착한 탈북민을 포함하고 있다.[10] 특히 대부분 기존 설문 조사와 달리 성·연령·남한입국연도를 기준으로 임의층화표본 추출법(random stratified sampling)을 구성함으로써 탈북민 모집단에 대한 대표성을 가지고 있다. 이 절은 주로 이 자료를 이용하여 김정은 시기의 북한 시장화에 대해 검토한다.

이 설문에는 북한에서의 시장활동에 대한 다음과 같은 질문이 포함되어 있다. "귀하는 북한에서 공식적인 직업 이외에 소득(배급, 노임, 생활비)이 있는 경제활동, 즉 부업을 하셨습니까?"[11] 이 설문에 대해 47%의 응답자가 부업에 종사한 경험이 있다고 응답하였다.[12] 이는 기존의 다른 설문 조사가 비공식 경제 참여율이 70%를 넘는다고 응답한 수치보다 크게 낮은 수치다. 이는 아래에서 다루는 것처럼 응답자들이 소득을 창출하지 않는 부업, 즉 가축을 키우거나 농작물을 경작해서 자가 소비한 것을 부업으로 간주하지

....

[10] 이 조사 작업에는 조병구·이종규·정혁·김부열·강우진·신자은·최창용 및 필자가 참여하였다.

[11] 이 질문 이전에 "비공식 경제활동(부업)은 국가로부터 월급을 받았던 직업 이외에 장사나 뙈기밭 등을 통해서 추가적인 소득을 얻었던 활동을 의미합니다. 직접 돈을 벌지 않았다 하더라도 농사를 지어서 식비를 지출하지 않으셨다면 농사는 부업에 해당합니다"라고 설명하고 있다.

[12] 이는 탈북 당시 20세 이하의 인구, 그리고 북한에 거주할 때 학생이었거나 군인이었던 표본을 제외한 691명의 표본에서 나온 결과이다.

않은 결과일 가능성이 높다.

　우리는 이상의 조사에 대한 응답과 다른 가용한 자료를 이용하여 김정은 시기의 북한 시장화 현황을 정량적으로 평가하고자 한다. 〈표 2〉는 〈표 1〉에서 제시된 네 기간 동안 경제성장률 추정치와 동시에 KDI에서 조사한 탈북민 자료를 이용하여 북한에서의 부업 참여율, 그리고 북한 정권의 대(對)시장화 정책을 보여주고 있다. 한국은행과 김병연의 경제성장률 추정치와 대(對)시장 정책의 관계를 보면 후자가 '장려'일 때가 '묵인'이나 '단속' 기간에 비해 성장률이 상대적으로 높았다. 그러나 비공식 경제활동 참여율과 성장률 사이에는 뚜렷한 관계가 성립되지 않았다. 그 이유 중 하나로 추측할 수 있는 것은 아래에서 설명하는 것처럼 KDI 설문 조사 자료에서의 비공식 경제활동 참여율측정에 있어서 오차의 가능성 때문이다.

　〈표 2〉에 따르면 부업참여율은 1997-2001년의 기간부터 2012-2015년 기간까지 계속 증가하였다. 특히 김정은 시기의 시장경제활동은 그 이전 기간인 2007-2011년에 비해 10% 포인트 가량 증가하였다. 이는 2005년부터 2009년 화폐개혁까지 북한 정권은 시장을 단속하고 약화시키려는 정책을 폈지만 화폐개혁이 실패로 끝나면서 2010년부터는 다시 비공식 경제활동을 인정하였을 뿐 아니라 김정은 시기에는 이 활동을 암묵적으로 장려하고 있다는 일반적 평가와 부합된다.

〈표 2〉 북한 경제성장률과 비공식 경제활동 참여율, 그리고 북한의 대(對)시장 정책[13]

	한국은행 추정 성장률(%)	김병연 추정 성장률(%)	비공식 경제활동 참여율(%)	대(對)시장 정책
1997-2001	0.76	0.68	41.3	묵인
2002-2006	1.58	1.96	43.1	장려
2007-2011	0.04	-0.03	49.2	단속
2012-2015	0.58	0.83	59.7	장려

주: 부업참여율은 탈북민조사[KDI(2016)], 시장화 정책은 김병연·양문수(2012) 참고, 부업 참여율 자료가 2015년까지 가용하기 때문에 한국은행의 추정성장률도 2015년까지의 자료만 사용.
출처: 통계청, 김병연[(Kim(2017)], KDI(2016)

　　그러나 비공식 경제활동의 참여율에 대한 다른 연구 결과도 존재한다. 〈그림 2〉는 Kim and Kim(2016a)에서 제시한 비공식 경제활동 참여율을 보여주고 있다. 이 그림에 따르면 1996-2009년 동안 북한의 비공식 경제활동 참여율에는 큰 변화가 없었다. 2004-2006년 동안 비공식 경제 참여율이 50-60% 대로 하락하였지만 2007-2009년 동안 다시 70% 이상으로 증가했다.

　　〈표 2〉에 나타난 비공식 경제 참여율과 〈그림 2〉의 1996-2009년 동안의 비공식 경제 참여율을 비교하면 〈그림 2〉에서의 비공식 경제활동 참여율이 10-30% 포인트 정도 높음을 알 수 있다. 특히 〈표 2〉의 1997-2001년 기간의 비공식 경제활동 참여율인 41.3%는 〈그림 2〉에서 나타난 72.3%보다 31% 포인트 적게 나타났다. 다음으로 2002-

....

[13] 대(對)시장 정책의 연도 구분은 정확하지 않을 수 있다. 예를 들어 2002-2004년은 북한의 7.1경제관리개선 조치로 비공식 경제활동이 장려되기도 했으나 2005년부터는 이러한 활동을 단속하기 시작하였다[(김병연·양문수(2012)]. 이 단속 정책은 2009년 화폐개혁까지 지속되었으나 화폐개혁이 실패하자 2011년부터는 다시 비공식 경제활동이 묵인되기 시작했고 김정은 시기에는 이를 암묵적으로 장려하고 있는 것으로 판단된다.

2007년의 기간 동안 두 추정치의 차이는 23% 포인트였다.

〈표 2〉에서 비공식 경제활동 참여율이 다른 연구보다 낮게 추정된 것은 자가소비를 하는 농작물 경작과 가축 사육이 누락되었기 때문일 수 있다. 보다 구체적으로 만약 KDI의 설문 조사에서 2011년 이전에 북한을 탈출한 탈북민이 비공식 경제활동, 특히 농작물 경작과 가축 사육을 실제보다 적게 하였다고 응답하였지만 2011년 이후에 북한을 이탈한 탈북민은 이를 사실 그대로 응답하였다면, 이러한 측정오차 때문에 2012년 이후 비공식 경제활동 참여율이 증가한 것으로 볼 수도 있다.[14] 이 가능성을 검토하기 위해 〈표 3〉에서는 비공식 경제활동의 종류별로 그 기간 동안 특정 비공식 경제활동에 참여한 사람의 수를 전체 비공식 경제 참여자의 수로 나눈 결과를 보여주고 있다.

비공식 경제활동의 종류를 보여주는 〈표 3〉에 따르면 각 기간별로 비공식 경제활동을 한 사람 중 농작물 경작을 한 사람의 비중이 15-26%에 달한다. 〈표 3〉의 수치는 Kim and Song(2008)에서 밝힌 34%, 그리고 Kim and Koh(2013)에서 발견한 33.1%보다 낮다. 또한 Kim and Song(2008)과 Kim and Koh(2013)는 부업 중 가축 사육의 비중을 각각 27%, 22.7%로 제시하고 있지만 〈표 3〉에서는 가축 사육이 부업활동에 거의 포함되어 있지 않다. 이는 농작물 경작뿐 아니라 가축 사육도 부업활동에서 누락되었을 가능성을 시

....

[14] 이는 북한에서의 비공식 경제활동 참여율이 70%를 상회한다는 대부분의 연구 결과와도 배치된다. 특히 남한에 정착한 직후의 탈북민을 설문 조사했을 경우, 즉 북한 생활에 대한 기억이 흐려지면서 발생하는 편향이나 설문 시간을 줄이려고 부업활동을 묻는 질문에 응답하지 않으려는 편향이 상대적으로 적은 그룹에서도 이와 비슷한 결과가 발견되었다[Kim(2017)].

사한다. 그러나 2012-2015년 부업으로 농작물을 경작한 사람의 비중은 2002-2006년 및 2007-2011년 기간에 비해 오히려 낮다. 따라서 김정은 집권 시기인 2012-2015년에 비공식 경제활동 참여율이 다른 기간에 비해 높아진 것이 농작물 경작자의 비중의 과대추정에 기인하지는 않은 것으로 판단된다.

요약하면 〈표 2〉에 나타난 비공식 경제활동 참여율이 다른 연구 결과에 비해 낮은 이유는 자가소비를 위한 농작물 경작과 가축사육이 누락되었기 때문으로 간주할 수 있다. 그리고 2012년 이후의 비공식 경제활동 참여율이 높은 이유가 설문 조사 결과에서 과소추정된 비공식 농작물 경작자 때문으로 보기는 어렵다. 이는 김정은 시기에 비공식 경제활동의 참여율이 이전에 비해 유의하게 증가했을 가능성을 시사한다.

〈표 3〉에 따르면 장사, 즉 소매장사, 음식장사, 되거리 장사가 비공식 경제활동의 가장 활발한 유형이다. 그러나 음식장사의 비중은 시간이 지날수록 크게 줄어들었다. 그 이유는 북한의 식량 사정이 호전되면서 장마당 등에서 음식을 구입하려는 수요가 준 대신 식당 등에서 식사하는 사람들이 늘어났기 때문으로 보인다. 반면 상대적인 비중은 여전히 낮지만 운수업에 종사한 사람들이 2007-2011년 기간 동안 그 이전에 비해 증가하였으며 이 증가 추세는 2012-2015년에도 계속되었다. 그리고 밀수의 비중도 시간이 지남에 따라 증가하는 추세를 보였다. 수공업의 비중도 김정은 시기에 소폭 증가한 것으로 나타났다. 표본의 수가 작기 때문에 정확한 평가는 어렵다는 사실을 염두에 두고 거친 평가를 내린다면 김정은 시기의 북한 시장은 그 이전에 비해 다양화되고 있다고 할 수 있다. 무역이나 시장활동을 통해 부를 축적한 사람들이 운수업과 수공업에 보다 적

극적으로 나서고 있으며 밀수를 통해 북한 내 시장과 무역을 연계하려는 변화가 그 판단의 근거다.

북한의 시장은 무역과 밀접하게 관련되어 있다(Kim, 2017). 무역에서 벌어들인 수입은 북한 시장의 구매력이 되며 시장에서 공급되는 재화 중 상당한 부분이 중국에서 수입된 것이다. 김정은 시기 북한의 시장화가 진전된 이유 중 하나도 무역의 증가 때문으로 판단된다. 즉 2011년부터 크게 증가한 수출로 인해 북한 내부에 외화 유입이 증가했으며 이는 시장 수요로 전환되었다. 중국으로부터의 수입도 증가하면서 북한 시장에서 판매되는 재화 공급이 늘어났다. 이러한 무역에서 시장으로의 파급효과는 시차를 두고 진행될 수 있다. 예를 들어 2011년의 무역 증가는 2011년뿐 아니라 2012년과 그 이후의 시장화에 영향을 줄 수 있다. 따라서 김정은 시기의 북한의 비공식 경제가 커진 주된 이유는 무역의 증가와 시장에 관대한 김정은의 정책이 결합됐기 때문이라고 할 수 있다.

〈그림 2〉 북한 가계의 비공식·공식 경제 참여율(%), 1996-2009

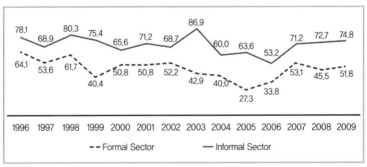

출처: Kim and Kim(2016a)

<표 3> 비공식 경제활동의 종류(%)

	1997–2001	2002–2006	2007–2011	2012–2015
농작물 경작	15.2	25.2	25.9	21.5
소매장사	35.9	33.9	38.5	35.5
음식장사	35.8	17.4	12.6	3.2
되거리 장사	26.1	33.0	25.9	23.7
편의봉사	6.5	3.5	5.9	4.3
운수	0.0	0.0	2.2	3.2
수공업 등 공업	2.2	2.6	1.5	4.3
삯벌이	6.5	4.3	3.0	5.4
거간	4.3	7.8	3.7	6.5
밀수	3.3	7.0	14.8	17.2
돈 장사(환전)	4.3	2.6	1.5	3.2
기타	1.1	3.5	2.2	1.1

주: 수치는 각 기간 동안 특정 활동에 종사한 사람의 수를 전체 비공식 활동 참여자 수
로 나눈 비중임. 복수 응답이 가능하기 때문에 전체의 합은 100%를 초과함.
출처: KDI(2016)의 자료를 이용하여 저자가 작성.

3. 경제성장률 추정의 정확성

한국은행의 경제성장률 추정치에 대한 가장 중요한 비판 중 하나는
한국은행의 추정치가 비공식 경제활동을 포함하지 못한다는 것이
다. 즉 관계기관에서 한국은행에게 제공하는 물량 데이터는 공식
경제에서 생산되는 재화나 서비스의 물량일 것으로 판단되며 그 결
과 비공식 경제에서 생산하는 재화나 서비스는 통계에서 누락된다
는 것이다. 특히 북한을 방문한 사람들의 목격담, 예를 들면 평양
의 변화된 모습들, 고층 건물과 대형 백화점, 고급 식당과 크게 증

가한 자동차 수 등은 북한 경제가 이전에 비해 크게 성장했다는 증거라고 주장되기도 한다.[15] 이와 맥락을 같이하여 북한이 최근 연 7-10%에 달하는 경제성장률을 기록했다는 주장도 있다.[16]

공식통계에서 비공식 경제활동을 포괄하지 못하는 문제는 한국은행의 추정에 국한된 문제는 아니다. 이는 비공식 경제의 정의 중 하나가 '공식통계에 포함되지 않는 경제활동'이라는 점에서도 확인할 수 있다. 그러나 일반적으로 사회주의 경제에서 비공식 경제의 비중이 높기 때문에 이 활동의 누락이 국민소득의 수준에 미치는

....

[15] 그러나 눈으로 관찰할 수 있는 경제활동에 한계가 존재하기 때문에 이러한 주장의 경제학적 타당성은 높지 않다. 예를 들어 생산되는 재화나 서비스의 구성이 변화했기 때문에 소비가 증가할 수 있다. 사회주의에서는 자원이 중화학공업과 국방산업으로 더 많이 배분되었던 반면 비공식 경제활동이 활발해지거나 체제이행 과정에 접어들면 유효수요가 존재하는 소비재 산업으로의 자원배분이 이루어진다. 따라서 관찰이 용이한 소비재의 공급에만 주목한다면 실제와 달리 경제가 성장하는 것으로 보일 수도 있다. 또한 대외교역의 증가 때문에 눈으로 목격하는 것과 실제 경제성장률에 차이가 날 수도 있다. 구소련·동유럽 체제이행국에서 경제성장률은 음을 기록하고 있었지만 대외 개방의 효과로 인해 소비재 공급은 증가하고 건설 붐이 일어나는 현상이 동시에 발생하기도 했다. 이는 체제이행 과정에서 무역이 자유화되면서 그동안 볼 수 없었던 기계나 소비재, 자동차 등이 수입되었기 때문이다. 그리고 소득이 높은 사람들의 수요를 충족하기 위해 고급 소비재가 수입될 수도 있다. 따라서 이러한 현상만으로 경제성장률을 측정한다면 양의 경제성장을 이룬 것으로 판단할 수도 있다. 그러나 수입 대금 결제를 위해 수출도 같이 증가할 필요가 있다. 만약 수출과 수입이 동일한 금액만큼 증가한다면 대외무역이 국민소득에 직접적인 영향은 미치지 않는다.

[16] 양운철·장형수(2017)에서도 이 주장이 소개되고 있다. 북한 성장률 추정과 관련한 논쟁은 이미 오래 전부터 있었다. 북한의 조선중앙통신도 2010년 한국은행의 북한 경제성장률 추정치에 대해 2011년 11월 10일 "무엇을 노린 경제 쇠퇴설인가"라는 제목의 논평에서 이 추정치를 "잡소리" 또는 "낭설"이라며 비난했다. 현대경제연구원은 영아사망률과 일인당국민소득의 관계를 이용하고 북한의 곡물생산량을 고려하여 북한의 명목일인당소득이 2014년의 930달러에서 2015년 1,013달러로 증가한 것으로 추정했다. 그러나 영아사망률은 산모의 건강이라는 저량(stock)변수에 영향을 받는 반면 소득은 유량(flow)변수이기 때문에 이 추정법에는 방법론적인 문제가 존재한다. 미국의 워싱턴 포스트지(誌)는 현대경제연구원의 자료를 인용하여 북한 경제가 7% 성장하고 있다고 보도하기도 했다. 『워싱턴 포스트』, 2015.3.13.

효과는 클 수 있다. 예를 들면 Kim(2003)은 소련이 비공식 경제를 누락했기 때문에 소련의 국내총생산이 6.8% 과소추정되었음을 발견하였다. 그리고 김병연[Kim(2017)]은 소련의 가계소득에서 비공식 소득이 차지하는 비중과 비공식 경제의 국내총생산에의 기여분 사이의 관계를 북한 자료에 적용하여 북한의 비공식 경제가 북한 국내총생산에 기여하는 비율을 23.7%로 추정했다.

그러나 비공식 경제의 누락이 국내총생산에 미치는 효과에 비해 경제성장률에 미치는 효과는 크지 않다. 즉 성장률은 수준의 변화율이기 때문에 비공식 경제 규모가 급격히 증가하지 않는 한 성장률은 크게 영향 받지 않는다. 또한 비공식 경제활동이 공식 경제로 파급되어 발생하는 효과는 한국은행의 추정치에 반영될 것으로 판단된다. 특히 북한에서는 이러한 간접효과가 비교적 클 것으로 보인다. 예를 들면 공식 기업이 시장에서 원자재를 구입하고 생산된 재화를 시장에 판매할 수 있게 됨으로써 공식적인 생산량이 증가될 수도 있으며 이는 이론적으로 공식 경제의 생산에 포함된다. 또한 8.3 근로자의 자금의 공식 기업으로 들어오면 이 자금이 그 기업을 운영하는 데 사용될 수 있기 때문에 비공식 경제에서 공식 경제로의 생산활동의 파급이 일어날 수 있다.[17]

그렇다면 비공식 경제의 누락으로 인해 기존의 북한 경제성장률 추정치는 얼마나 과소추정되었을까? 비공식 경제활동의 누락은 서비스산업에서 일어났을 가능성이 가장 클 것으로 판단됨에 따라 이 질문에 답하기 위해 서비스산업의 성장률을 검토할 필요가 있다.

....

[17] 8.3 근로자는 공식 기업에 출근하지 않는 대신 일정한 금액을 기업에게 납부한다는 조건으로 시장활동 등에 종사하는 근로자를 일컫는다.

아래 표는 한국은행과 김병연의 서비스산업 성장률 추정치를 보여
주고 있다.

〈표 4〉 서비스산업 성장률(%)

	2007	2008	2009	2010	2011	2007-2011 평균
한국은행	1.7	0.7	0.1	0.2	0.3	0.6
김병연	-4.6	4.9	-3.4	-0.3	3.1	-0.06
	2012	2013	2014	2015	2012-2015 평균	전체 기간 평균
한국은행	0.1	0.3	1.3	0.8	0.63	0.61
김병연	3.6	2.0	0.4	-2.7	0.83	0.33

출처: 한국은행(http://ecos.bok.or.kr), Kim(2017)의 업데이트.

　　한국은행의 추정치에 따르면 2007-2011년, 2012-2015년 동안의
서비스산업 성장률은 각각 0.6%, 0.61%로 거의 동일하다. 이는 2012-
2015년 동안 비공식 경제 참여율이 10% 포인트 가량 증가했다는
〈표 2〉의 결과와 상충된다. 반면 김병연의 추정치에 따르면 2012-
2015년 동안 서비스산업은 연 0.83% 성장하였으며 이는 2007-2011년
의 연평균 성장률 -0.06%보다 훨씬 높은 성장률이다. 따라서 〈표 2〉
가 보여주는 것처럼 김정은 시기에 비공식 경제가 커졌다면 김병연의
추정치가 보다 사실에 근접하다고 판단할 수 있다. 한국은행의 서
비스산업 성장률 추정치의 연도별 변화가 크지 않은 이유는 이 추
정은 공식 경제 부문, 즉 이 산업에 공식적으로 종사하는 공식 근
로자 수를 이용하기 때문이다. 특히 공업 부문과 달리 비공식 서비
스산업에서 공식 서비스산업으로의 파급효과가 크지 않을 것으로
짐작됨에 따라 한국은행의 추정치는 서비스산업의 성장률을 과소
추정할 가능성이 높다.

김병연의 추정치는 김병연·김석진·이근의 방법론을 따라서 공업과 농업의 성장률의 가중평균을 이용하기 때문에 비공식 경제에서 공식 경제로의 파급효과를 적어도 부분적으로는 포함할 수 있다. 그러나 다른 산업에 비해 서비스산업의 성장률이 더 높았다면 김병연의 서비스산업 성장률 추정치도 과소추정될 가능성이 높다.

우리는 〈표 2〉에서 제시하는 것처럼 2012-2015년의 비공식 경제활동 참여율이 이전 시기에 비해 10% 포인트 증가했다는 결과를 이용하여 서비스산업 성장률을 재추정한다. 이를 위해 다음의 두 가지를 가정한다. 즉 비공식 경제활동 참여율 증가와 서비스 부문의 생산증가율은 일치하며 공식 서비스 부문의 성장률은 비공식 서비스 부문의 성장률과 동일하다는 것이다. 이 가정을 토대로 재추정된 서비스산업의 연평균 성장률은 2.4%이다. 이는 김병연의 추정치 0.83%보다 1.57% 포인트가 더 높은 수치이다.[18] 그러나 이는 비공식 부문뿐만 아니라 보건, 교육, 금융 등 공식 서비스 부문도 동일한 성장률을 보였다는 가정을 하고 있기 때문에 최대 추정치로 간주할 수 있다. 이 수치를 2012-2015년 각 연도의 서비스산업 성장률

....

[18] 김정은 시기는 그 전 시기에 비해 비공식 경제활동 참여율 자체가 증가했을 뿐만 아니라 비공식 경제활동의 생산성이 높아졌을 가능성도 존재한다. 그러나 김정은 시기의 비공식 경제에서의 생산성 증가효과를 직접적으로 추정할 수 있는 자료는 존재하지 않는다. 그 이전의 기간, 즉 2007-2009년 동안의 비공식 부문에서의 생산성 증가효과를 추정한 연구로서는 Kim and Kim(2016a)이 있다. 이 연구가 비공식 부문에서의 시간당 실질소득을 생산성의 지표로 간주하여 평가한 결과 서비스 부문에서는 2007-2009년 동안 그 이전 기간에 비해 생산성이 15.8% 상승하였음을 발견하였다. 반면 농업과 제조업 분야에서는 같은 기간 동안 생산성 증가 효과가 발견되지 않았다. 만약 이 추세가 2009년 이후에도 지속되었다면 김정은 시기 북한의 비공식 경제는 양적으로 팽창했을 뿐만 아니라 서비스 부문의 효율성도 증가했을 가능성이 높다. 그러나 자유로운 진입과 퇴출, 사적 소유권이 없는 가운데 앞의 논의에서 생산성의 지표로 사용했던 실질임금의 증가가 반드시 생산성 증가를 반영한다고 볼 수 없기 때문에 여기서는 서비스산업의 생산성 제고 효과는 추정에 포함하지 않는다.

추정치에 더해서 경제성장률 추정치를 다시 계산하면 2012, 2013, 2014, 2015년의 경제성장률은 각각 4.3%, 2.6%, 0.7%, −0.4%가 된다. 즉 이 4년 동안의 연평균경제성장률은 〈표 1〉에 나타난 김병연 추정치 0.83%에서 0.94% 포인트 증가한 1.77%가 된다.

2012-2015년 동안 비공식 서비스산업의 양적 성장을 고려한 수정된 북한의 경제성장률 추정 결과에 따르면 북한은 이 기간 동안 연평균 1.77% 성장하였다. 이는 동기간 한국은행과 김병연의 추정치에 비해 각각 1.19% 포인트, 0.94% 포인트가 높다. 그러나 이는 김정은 시기 북한의 경제성장률이 7-10%에 달한다는 일부의 주장과는 거리가 멀다.

마지막으로 고려할 내용은 한국은행과 김병연의 추정치는 국내총생산(Gross Domestic Product)인 반면 북한에서 경제상황을 목격한 사람들의 기준점은 국내총생산이 아니라 국민총소득(Gross National Income)과 관련이 깊다는 것이다. 국민총소득은 국내총생산에 국외순수취요소소득과 교역조건의 변화를 합한 개념이다. 북한의 해외 파견 근로자들이 국내로 송금하면 이는 국외순수취요소소득을 증가시킨다. 그러나 북한 내 외국인이 북한에서 돈을 벌어 본국으로 송금하는 액수는 그렇게 많지 않을 것으로 추측된다. 따라서 북한의 해외 파견 근로자 수나 일인당 송금액수의 증가 혹은 그 둘 다 일어났을 경우 북한의 국민총소득은 증가한다. 반면 이를 반영하지 않는 국내총생산에는 변함이 없다. 그러나 북한 해외 파견 근로자의 국내 송금액만으로써 2012-2015년 국내총생산 성장률 1.77%와 국민총소득 성장률 7-10%의 차이를 설명하기는 어렵다. 5%의 성장률 차이를 설명하려면 국내총생산이 10억 달러 가량 해마다 증가해야 하지만 이는 북한의 파견 근로자의 수나 일인

당 송금액을 고려할 때 너무 높은 수치다. 만약 김정은 집권 시기 동안 북한의 주요 수출품인 광물 가격이 이전 기간에 비해 상승했다면 이는 긍정적인 교역조건의 변화로서 국민총소득을 증가시킨다. 특히 광물은 이윤 마진이 높아서 교역조건이 유리하게 변한다면 외화순수입은 크게 증가할 수 있다. 그러나 이 또한 사실과 다르다. 다음 그림에서 보여주듯이 광물 가격은 김정은 시기 동안 오히려 하락하는 추세를 보이고 있다.

아래 그림은 북한의 가장 중요한 수출품인 석탄(호주산) 가격지수의 추이를 보여주고 있다. 2006-2015년까지 이 지수가 이전 해에 비해 상승했던 연도는 2007, 2008, 2010, 2011년도이며 그 외 연도는 지수가 하락했다. 따라서 2007-2011년 동안 북한의 국민총소득은 증가했을 가능성이 높다. 원유와 석유제품의 수출이 총수출의 절반 이상을 차지하는 러시아의 경우 원유 가격이 10% 상승하면 경제성장률을 1.1-1.8% 포인트 증가시키는 효과가 있는 것으로 추정된다[Kuboniwa(2014)]. 2007, 2008, 2010, 2011년의 한국은행의 추정치(김병연의 추정치는 괄호 안)는 각각 -2.3%(-4.6%), 3.1%(4.9%), -0.5%(-0.3%). 0.8%(4.7%)이다. 이 중 석탄 가격지수가 큰 폭으로 상승했던 2008, 2010, 2011년은 국민총소득과 국내총생산의 성장률 차이가 컸을 것으로 추정된다. 그러나 김정은 시기인 2012-2015년 동안 석탄 가격지수는 지속적으로 하락했다. 따라서 교역조건의 변화는 김정은 시기의 성장률에 양보다는 음의 효과를 미쳤을 것으로 판단된다. 다만 2007-2011년의 기간 동안 크게 개선된 교역조건이 시차를 두고 북한 경제에 긍정적인 영향을 미쳤을 수 있다. 예를 들면 이 기간에 유입되었던 외화가 주로 평양 등 대도시에서의 건설 붐과 소비 증가와 관련되었을 수 있다.

〈그림 3〉 석탄(호주산)의 가격지수(%), 2006-2015

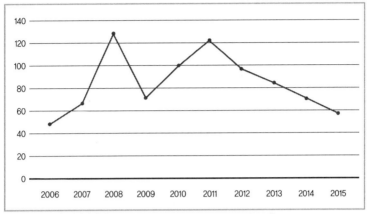

출처: 세계은행 데이터베이스(http://databank.worldbank.org/data/)

Ⅲ. 대북제재의 효과[19]

앞 절에서 김정은 시기 북한 경제성과의 가장 중요한 결정 요인은
무역과 시장임을 밝혔다. 그리고 무역은 시장의 규모를 증가시키는
효과도 있음을 논의했다. 이러한 발견에 비추어볼 때 대북경제제재
가 북한 경제에 충격을 줄 가능성은 존재한다. 혹자는 그 동안 한
국, 일본 등의 독자제재나 유엔안보리에서 결의한 다자제재가 효과
가 없었기 때문에 앞으로 어떤 제재를 가하더라도 북한 경제가 받
을 충격은 별로 없을 것으로 예단한다. 그러나 이는 유엔제재가
2016년 11월 30일에 채택된 2321호부터 그 이전과는 질적으로 달라
졌음을 간과한다. 2016년 초 북한의 4차 핵실험 이후 채택된 유엔
안보리 대북제재 2270호는 민생용을 제외한 북한의 무연탄과 철,
철광 등의 수출을 금지하였는데, 중국은 민생용이라는 예외 조항
을 활용하여 북한산 광물을 계속 수입하여 2016년 북한산 무연탄

....

[19] 이 절의 상당 부분은 저자가 집필한 서울대 국제문제연구소 온라인 칼럼을 동 연구
소의 허락을 받고 일부 수정하여 전재한 것이다.

수출 금액은 2015년과 별 차이가 없었다. 그러나 유엔안보리 제재 2321호는 북한 무연탄 수출의 금액과 물량의 상한선을 객관적으로 정한 제재로서 북한 무연탄 수출의 60% 가량을 줄이는 것을 목표로 하였다. 그리고 2017년 채택된 세 번의 추가적인 유엔안보리제재(2371호, 2375호, 2397호)는 2321호 제제를 더욱 강화시킨 것이다. 실제 중국도 2017년 3월부터 제재를 본격적으로 집행하고 있고 그 결과 2017년 북한의 수출은 전년 대비 37% 가량 줄었다.

　유엔안보리 제재 중 가장 중요한 것은 북한의 수출에 대한 제재이다. 그 이유는 북한 수출을 줄임으로써 외화 수입을 감소시킬 뿐 아니라 경제에 전반적인 충격을 줄 수 있기 때문이다. 그리고 다른 제재, 즉 북한의 해외 취업 근로자나 금융 제재는 아직 완전한 강도로 실행되지 않은 반면 북한 수출에 대한 제재는 이미 최대 강도로 실행 중에 있기 때문이다.

　만약 유엔안보리 제재가 철저하게 집행된다면 북한 경제에 주는 충격은 어느 정도일까? 먼저 가장 직접적으로 타격을 받는 것은 수출일 것이다. 북한의 4차 핵실험 이전 2015년의 남북교역을 제외한 북한 무역 통계를 보면 수출은 27억 달러였다. 이 중 광물성 생산품과 철강, 금속제품의 비중은 53%, 섬유제품의 비중은 31%, 수산물의 비중은 4%이다. 따라서 2015년의 통계를 기준으로 유엔안보리 2375호 제재는 북한 수출을 90% 가까이 줄이는 효과가 있다. 그 경우 북한의 수출은 3억 달러 내외가 남게 되고, 이는 1990년 이후 북한의 수출이 가장 작았던 연도인 1999년의 5.1억 달러보다 더 낮은 수출을 기록이 된다. 더욱이 2397호 제재는 북한의 거의 모든 수출 품목의 금수를 골자로 하는 제재로서 2018년에는 북한의 수출이 1990년 이래 가장 낮은 수준을 기록할 가능성이 높았으며 실제로도 그랬다.

북한 수출의 감소는 북한 경제성장률의 하락으로 이어진다[김병연(2011); 김민혜(2013); 정승호(2014)]. 보다 구체적으로 김민혜(2013)는 북중 무역액이 1% 감소하면 북한의 GNP는 0.12% 포인트 하락하는 것으로 추정하고 있다. 그리고 정승호(2014)에 의하면 북한의 대중수출이 10% 하락하면 북한의 경제성장률은 0.5% 포인트 감소한다. 따라서 북한 수출이 90% 가량 감소한다면 북한의 경제성장률은 4.5% 포인트 하락할 것으로 추정된다. 여기에 무역 감소로 인해 북한의 시장 규모가 줄어든다면 추가적인 성장률 하락 요인이 발생한다. 따라서 대북제재는 북한 경제에 큰 충격을 줄 가능성이 존재한다.

그러나 대북제재가 성공적으로 집행되더라도 북한 경제가 고난의 행군 시기로 돌아갈 가능성은 높지 않다.[20] 첫째, 북한의 곡물 생산량은 1990년대 가장 낮았던 350만 톤 정도에서 2012-2017년 동안 연 450만 톤 이상으로 크게 증가했다. 더욱이 시장화의 진전으로 지역 간 식량 배분 효율성도 크게 개선되었다. 따라서 만약 대규모의 자연재해와 같은 사건이 발생하지 않는다면 제재로 인해 북한 주민 다수의 생존 자체가 크게 위협받을 가능성은 낮다. 둘째, 중국은 북한에 심각한 불안정 징후가 보인다면 제재를 일부라도 완화시킬 가능성이 높다. 만약 북한에서 인도적 위기가 발생하고 정치적 소요의 기미가 보인다면 중국은 이 상태를 방관하지 않으려할 것이다.

....

[20] 이 부분에서 이 절의 마지막 부분까지는 저자의 서울대학교 국제문제연구소 온라인 칼럼(이슈 브리핑, 2017.10.17.)을 수정 전재하고 있다.

이상의 판단은 대북제재만으로써 북한의 비핵화를 단번에 이룰 수 있다든가 심지어는 북한의 붕괴를 초래할 것이라고 믿는 제재만능론은 근거가 희박함을 암시한다. 더욱이 시간이 흐를수록 국제사회의 제재 피로감이 높아질 수 있다. 이익을 따라 움직이는 중국의 무역업자는 지방정부 관리와의 연결망을 이용하여 제재에 구멍을 만들어내려 할 것이다. 북한도 시간이 흐를수록 제재 회피 수단을 더 많이 만들 수 있다.

Ⅳ. 결론

이 장의 발견은 다음과 같이 요약될 수 있다. 첫째, 2000년대 중반부터 북한 경제는 대외무역에 크게 의존하고 있다. 이는 북한의 무역의존도가 30% 이상으로 상승했고 김정은 집권 시기인 2012-2016년에는 45% 이상으로 급증했으며 그중에서도 이윤 마진이 높은 광물이 최대 수출품으로 자리 잡게 되었기 때문이다. 둘째, 무역은 경제성장률에 직접적인 효과를 미칠 뿐 아니라 시장 규모의 증가를 통해 간접적으로도 영향을 미친다. 따라서 북한 경제에 있어 무역은 시장과 더불어 가장 중요한 경제성장 결정 요인이 되었다. 셋째, 김정은 시기에 시장화가 양적으로 커졌다. 김정은 시대 북한을 이탈한 탈북민을 포함한 설문 조사 결과 김정은 시기는 그 이전에 비해 비공식 경제활동 참여율이 10% 포인트 가량 상승한 것으로 보인다. 넷째, 김정은 시기 서비스 부문에서의 비공식 경제활동의 양적 증가는 한국은행의 성장률 추정치에 포함되지 않았을 가능성이 크다. 따라서 2012-2015년 동안 한국은행의 성장률 추정치는 비공식 부문의 양적 성장을 고려할 경우 북한 경제성장률을 연평균 최대 1.19% 포인트 과소추정했을 가능성이 있다. 비공식 서비스 생산활동을 부분적으로 포함하는 김병연의 추정치도 동기간 북한 경제성장률을 최대 0.94% 포인트 과소추정하고 있다. 이를 반영할 경우 2012-2015년 북한의 연평균 경제성장률은 최대 1.77%가 된다.

이상의 발견은 다음과 같은 함의를 가지고 있다. 첫째, 2012-2015년 동안 북한의 연평균 경제성장률이 7-10%에 달한다는 주장은 근거가 희박하다. 북한을 방문한 사람들의 목격담에 근거한 주장은 관찰 가능한 경제활동의 범위가 제한적이라는 사실뿐만 아니라 저량과 유량을 구분하지 못하는 오류를 범하기 쉽다. 즉 경제성장률은 유량의 변화인데 눈으로 관찰 가능한 경제활동은 저량일 가능성이 높다. 북한 경제가 크게 나아져 보이는 것은 대외 개방의 효과와 아울러 국민총소득, 즉 해외 파견 근로자의 외화수입 증가와 대외 교역조건의 개선으로 설명 가능하다. 그런데 후자의 경우 김정은 시기는 그 이전에 비해 석탄 가격의 하락으로 오히려 대외 교역조건이 불리해졌다. 교역조건이 크게 개선된 시기는 2010-2011년으로서, 2012년 이후 경제상황이 호전된 것은 이 때 북한으로 유입된 큰 규모의 외화가 북한 경제에 지속적인 영향을 주었기 때문으로 볼 수 있다.

북한 경제구조의 변화는 대북경제제재가 북한 경제에 큰 충격을 줄 수 있음을 시사한다. 유엔안보리의 대북경제제재가 의도된 대로 실행된다면 2015년 기준 수출액의 90% 이상을 감소시키는 효과가 있다. 그 직접적인 효과만으로도 북한 경제성장률은 4.5% 이상 하락할 수 있다. 또한 무역의 감소는 북한 시장에도 영향을 미쳐 북한 경제성장률이 추가적으로 하락할 수 있다. 그러나 대북경제제재가 북한 경제를 고난의 행군 시기만큼 악화시킬 가능성은 높지 않다. 주된 이유는 북한의 식량 생산이 고난의 행군 기간 350만 톤에서 2012-2017년 동안 연 450만 톤 이상으로 증가했으며 대북제재가 실효성 있게 집행되더라도 북한 주민 다수의 생존을 위협할 만큼 식량 생산량이 크게 줄어들지는 않을 것으로 보이기 때문이다. 그뿐만 아니라 시장화의 진전으로 식량 배분의 효율성도 개선되었다. 그러나 만약 제재에 더해 대규모 자연재해까지 겹친다면 북한 식량 위기가 발생할 가능성을 완전히 배제할 수는 없다.

참고문헌

김민혜, "북중무역: 결정 요인 및 북한 경제에의 영향", 서울대 경제학부 석사학위논문, 2014.

김병연, 『대북 경제제재의 효과와 제재 유용론』(서울대학교 국제문제연구소, 이슈브리핑 22호, 2017.10.17.), http://cis.snu.ac.kr/sub5/5_4.php?mode=view&number=637&page=3&b_name=isu(검색일: 2018.12.12).

_____, "북한경제성장의 결정요인", 『포스리경영경제연구』(2011), pp.63-81.

김병연·양문수, 『북한 경제에서의 시장과 정부』(서울: 서울대학교출판문화원, 2012).

양문수, 『북한 경제의 시장화 : 양태·성격·메커니즘·함의』(파주: 한울, 2010).

양운철·장형수, 『한국은행의 북한 경제 성장률 추정치 평가』(세종연구소 세종정책브리핑, 2017).

"North Korea's Growing Economy and America's Misconception about it", 『워싱턴 포스트』, 2015.3.13, https://www.washingtonpost.com/world/asia_pacific/north-koreas-growing-economy-and-americas-misconceptions-about-it/2015/03/13/b551d2d0-c1a8-11e4-a188-8e4971d37a8d_story.html?utm_term=.80314ab1d341&wpmk=MK0000203(검색일: 2018.12.12).

홍민·차문석·정은이·김혁, 『북한 전국 시장 정보: 공식시장 현황을 중심으로』(서울: 통일연구원, 2016).

Jung, Seung-Ho, "North Korea's Trade with China", PhD Dissertation submitted to Seoul National University, 2014.

Kim, Byung-Yeon, "Informal Economy Activities of Soviet Households: Size and Dynamics", Journal of Comparative Economics, Vol. 31(2003), No. 3, pp.532-551.

_____, Unveiling the North Korean Economy, Cambridge University Press, 2017.

Kim, Byung-Yeon and Kim, Min-Jung, "The Evolution of the Informal Economy in North Korea", Seoul Journal of Economics, Vol. 29, No. 4(2016a), pp.457-480.

Kim, Byung-Yeon and Kim, Seonghee, "Effects of Human Capital on the Economic Adjustment of North Korean Defectors", Seoul Journal of Economics, Vol. 29, No. 4(2016b), pp.505-528.

Kim, Byung-Yeon and Koh, Yumi, "The Informal Economy and Bribery in North Korea", Asian Economic Papers, Vol. 10(2011), pp.104-117.

Kim, Byung-Yeon and Song, Dongho, "The Participation of North Korean Households in the Informal Economy: Size, Determinants and Effect", Seoul Journal of Economics 21, No. 2(2008), pp.361-385.

Kim, Byung-Yeon, Kim, Suk-Jin and Lee, Keun. "Assessing the Economic Performance of North Korea, 1954-1989: Estimates and Growth Accounting Analysis", Journal of Comparative Economics, Vol. 35, No. 3(2007), pp.564-582.

Kuboniwa, Masaaki, The Impact of Oil Prices, Total Factor Productivity and Institutional Weakness on Russia's Declining Growth, RRC Working Paper Discussion Paper 49, 2014.

Melvin, Curtis, "North Korean market update", North Korea Economy Watch, 2018.2.5, http://www.nkeconwatch.com/2018/02/05/north-korean-market-update(검색일: 2018.12.12).

4

김정은 시대 북한의 사회

—

김병로

I. 서론

김정은 위원장이 집권한 2012년 이후부터 2018년 12월까지 7년 동안 가장 현저하게 달라진 북한 사회의 모습을 한마디로 표현하면 대대적인 국가정책사업과 시장 활성화로 주민생활이 현격히 달라졌다는 점이다. 초대형 건축물들을 건설하고 교육제도를 바꾸며 문화콘텐츠를 새로 제작하는 등 새 시대의 시작을 알리는 대주민 사회정책을 추진하였기 때문이다. 2016년 5월 개최된 제7차 당대회는 김정은 시대 도래의 절정이었다. 1980년 제6차 당대회 이후 36년 동안 미루고 미뤄왔던 7차 당대회를 개최하고 '국가경제발전 5개년전략'을 제시함으로써 주민들에게 희망과 기대를 주었다. "인민생활을 한 계단 더 높이고 당 제7차대회를 (해야) 한다"는 김일성의 교시를 받들어, 5년마다 개최하기로 되어 있던 당대회 개최를 36년 동안 미뤄왔던 북한이 제7차 당대회를 개최하였다. 이는 김정은 집권 이후 주민생활이 향상되었다는 자신감이 생긴 증거다.

2012년 부인 리설주를 대동하고 화려하게 등장한 김정은의 이미지는 장성택 처형과 핵·미사일 실험으로 잔인한 통치자로 전락되는 듯 보였으나, 2018년 중국, 한국, 미국과 연이은 정상회담을 추진함으로써 정상국가 지도자로 부상하였다. 2018년 6월 12일 싱가포르 북미정상회담은 북한이 70여 년 이어온 미국과의 적대관계를 종식하고 새로운 관계를 정립하는 계기로 인식되었다. 2018년 4월 20일에는 '경제·핵 병진로선'을 마감하고 경제발전에 총력을 집중하는 새로운 국가전략노선을 선언하는 실용적 지도자로서의 이미지도 드러냈다. 김정일도 1984년 2월 『인민생활을 더욱 높일데 대하여』라는 담화를 발표하며 첫 통치활동을 경제정책으로 시작하였는데, 김정은도 미래과학자거리, 려명거리 등 주민생활과 밀접한 대형 건설사업으로 자신의 시대를 시작했다.

한편, 시장의 발전과 화폐경제의 도입으로 주민의 생활양식과 질서가 크게 변화되었다. 주민들의 절대다수가 시장에 의존하며 살고 있고 장사를 전업으로 하는 새로운 상인계급이 성장했다. 시장의 발달로 주민들의 생활수준이 전반적으로 향상되고 있으나 소득의 양극화가 심화되며 절대빈곤층이 늘어나는 부작용이 나타나고 있다. 또한 국가 중심의 배급과 복지제도가 개인의 책임으로 바뀌고 화폐를 매개로 한 시장경제가 진전되어 돈에 대한 태도와 가치가 확연히 달라졌다. 그런가 하면 휴대전화 사용자의 증가와 남한 문화의 접촉면이 늘어나 주민들의 의식과 가치관에도 영향을 미치고 있다.

최근 7년 동안 북한은 2009년 화폐개혁으로 위축되었던 시장이 다시 살아나고 기업소와 작업반·분조 단위의 책임제가 작동하면서 주민들의 생활에 활기를 띠고 있다. 김정은 통치에 저항하던 엘리트의 숙청과 장성택의 처형으로 조성되었던 무거운 분위기는 2016년 제7차 당대회를 계기로 확연히 달라졌다. 해외의 학회나 회의에 참

여하는 북한 학자들의 태도에서 달라진 모습을 발견할 수 있다. 김
정은 집권 직후 논문발표 시 바짝 긴장하여 김일성 교시나 김정은
말씀을 인용할 때 그 자리에서 벌떡 일어나 발표하고 다시 자리를
앉는 모습을 보여주었는데, 당대회 이후에는 일어서지 않고 그냥 자
리에 앉아서 교시나 말씀을 읽어 내려가는 편안한 모습으로 바뀌었
다. 뿐만 아니라 최근 교시나 말씀을 인용하지 않고 작성하는 논
문이 늘고 있는 것도 김정은 초기 집권 7년 동안 권력교체를 통해
지지기반을 확고히 했다는 자신감이 묻어나는 대목이다.

사회학자들은 정치-경제-사회-문화의 거대구조 안에서 정치와
경제, 군사와 다른 '사회'만의 고유한 연구대상과 영역을 들여다보
기 위해 '시민사회'라는 개념을 사용한다. 즉 국가나 시장과 구별되
는 구성원들의 자발적 집합의 총체로서의 사회는 공유된 이해, 목
적, 가치를 지닌 강제되지 않은 집합체라 할 수 있다. 물론 북한에
는 시민사회가 형식적으로 밖에 존재하지 않은 상황이어서 이 개념
을 그대로 적용하기는 적절치 않지만, 공유가치를 지닌 집합체로서
의 사회가 국가와 시장으로부터 어떤 영향을 받고 있는가라는 관
점에서 살펴볼 수 있을 것이다. 국가의 여러 정책적 활동과 법, 제도
로부터 구성원들이 어떻게 영향을 받고 있는가, 그리고 시장과 주
민구성원들이 어떻게 연결되어 있고 어떤 영향을 받고 있는가를 관
찰함으로써 주민구성원의 의식과 행동의 변화를 살펴볼 수 있기 때
문이다. 이런 점에서 국가와 주민, 시장과 주민이라는 두 관계영역에
서 정책과 제도가 주민의 의식과 가치에 어떤 영향을 미치며 집합체
로서의 사회구조 변화를 어떻게 촉진하고 있는가를 살펴본다.

II. 국가정책과 주민생활 변화

1. 생활밀착형 랜드마크 건설

대형 건축물은 단순한 건물을 짓는 행위를 넘어 조직적으로 인원을 동원하여 빠른 시간 안에 목표를 완수하는 지도자의 통치력을 과시하는 유력한 수단이다. 새로운 시대의 도래를 알리는 효과적인 방법으로 종종 건축물이 동원되며, 초대형 건축물은 주민들에게 전달되는 가시성이 높을 뿐 아니라 자부심을 불러일으켜 정권을 유지하는 데 긍정적으로 기여한다. 김정일 시대에도 주체사상탑과 개선문 등의 랜드마크를 조성하였다. 김정은도 집권하자마자 문수물놀이장과 승마장, 마식령스키장 등 대형 건설사업을 추진했다. 2013년 8월 19일 『로동신문』은 "선군시대의 또 하나의 기념비적 창조물로 일떠서게 된 문수 물놀이장 건설이 계속 힘있게 추진되고 있다"고 선전했다.[1] 2014년 10월 방북한 오코노기 마사오 교수는 북한이 남한의

....

[1] 2013년 10월 10일에는 미림승마구락부를 완공하며 승마를 '민족풍습'이라고 하고,

자본을 끌어들여 경제회복을 꿈꾸고 있으며 이런 맥락에서 남한 관광객 유치를 위해 마식령스키장을 건설했다고 주장했다. 그는 황병서 인민군 총정치국장 등 실세 3명이 2014년 10월 4일 한국을 전격 방문한 것도 같은 맥락이며, 2018년 평창 겨울올림픽까지 연계하는 북한 나름의 남북협력 비전을 세운 것이라고 주장했다.

북한은 김정은 시대 들어 '인민'을 강조하고 인민생활 향상을 국가목표로 내걸었다. 김정은은 2015년 10월 10일 당창건 기념식 연설에서 '인민'이라는 단어를 수십 차례 언급하며 당 간부들에게 인민을 섬기고 봉사할 것을 주문하면서 애민 지도자 이미지를 부각시켰다. 북한이 1980년 제6차 당대회 이후 5년마다 개최하기로 되어 있던 당대회를 36년 동안이나 미뤄왔던 이유는 경제문제 때문이었다. 김정일은 "인민생활을 한 계단 더 높이고 당 제7차대회를 해야 한다"는 방침이 김일성의 교시이며 당의 확고한 결심이라는 사실을 언급한 바 있다.[2] 사회주의 붕괴와 고난의 행군 등으로 경제회복의 기회를 찾지 못하던 북한은 김정은 집권 이후 경제건설에 노력을 집중하였다.

경제건설을 독려하기 위해 김정은은 현지지도를 실시하고 내각 총리도 수시로 현장을 방문하여 주민동원을 진행하였다. 박봉주 내각 총리와 최룡해 국무위원회 부위원장이 남흥청년화학연합기업소, 천리마제강연합기업소, 금성뜨락또르 공장 등을 방문하여 생산을 독려하는 한편, 김정은 위원장은 류경김치공장, 새로 건설된 금

....

고구려 사람들이 백제와 신라, 가야, 그리고 일본에까지 승마를 전파했다고 주장했다. 2013년 12월에는 마식령스키장을 완공하고 2014년 1월 개장했다.

[2] 김정일, 『인민생활을 더욱 높일데 대하여』(평양: 조선로동당출판사, 1984), pp. 6-7.

산포 젓갈 가공공장, 수산사업소, 대동강 과수종합농장 등을 현지지도하며 생활밀착형 지도자로서의 입지를 부각하였다. 국제사회의 대북제재로 경제적 압박을 받는 가운데 청년들을 동원하여 '백두산영웅청년발전소' 1호, 2호, 3호를 건설하고, '원산군민발전소(2016.4.29.)' 등 각 지역별로 전력증산을 위한 발전소 건설을 추진하였다. 그 결과, 대북제재의 여파로 석탄수출이 줄어드는 상황에서 전력을 내수용으로 돌릴 수 있어서 내수경제의 성장을 견인하는 요인이 되었다.

2015년에는 북한으로 들어가는 관문인 평양순안공항을 확장·개건하여 7월 1일 완공했다. 조선경제개발협회는 2015년 1월 '13개 경제개발구에 대한 개발총계획'을 작성·발표한 후, 지속적으로 확대하여 2017년 12월 21일 강남경제개발구 지정까지 22개의 경제개발구를 신설했다. 2015년에는 10개월이라는 짧은 기간에 미래과학자거리를 건설하여 11월 3일 완공했고 2016년에는 려명거리 등 주민들의 위락시설과 주거시설, 민생 중심의 새로운 건설사업을 상징적으로 건설함으로써 사회분위기 쇄신을 시도했다. 김정은 시대의 도래를 알리는 랜드마크 건설은 2016년 5월 당 제7차대회로 결속되었다.

〈그림 1〉 김정은 시대 랜드마크 미래과학자거리

출처: 위키백과(https://upload.wikimedia.org/wikipedia/commons/2/25/Mirae_
Scientists_Street.jpg)

　　이러한 김정은 시대 랜드마크 조성을 위해 '70일전투'와 '200일
전투'가 전개되었다. 북한에서 이러한 속도전은 단순히 생산력 증
대만을 위한 것이 아니라 지도자의 리더십을 발휘하는 정치사업이
다. 김정일 위원장도 1974년 '70일전투'를 지휘하였으며 '100일전투
(1978.5.)', '200일전투(1988.2, 1988.9.)', '150일전투(2009.4.)' 등으로
지도력을 과시한 바 있다. 새로 집권한 김정은의 경우에도 선대인 김
일성, 김정일과 마찬가지로 경제전투를 진두지휘하여 가시적인 업적
을 산출할 경우 그만큼 정치지도자로서의 위상이 높아지는 것이다.
이런 점에서 2016년 5월 6일 36년 만에 개최되는 제7차 당대회를 앞
두고 2월 중순부터 5월 2일까지 '70일전투'를 추진하였고, 당대회
가 끝난 이후에는 7차 당대회에서 제기된 경제목표 완수를 목표로
2016년 6월 1일부터 '200일전투'를 전개하였다. 2016년 4월 3일에는
70층 규모의 고층아파트인 '려명거리'를 착공하여 그해 말까지 완
공할 예정이었으나, 북부지역 홍수피해 복구작업에 노동력이 투입돼

완공일이 지연되어, 2017년 4월 완공하였다. 그리고 2017년 4월 17일 김일성종합대학의 교원, 연구사들과 철거세대 주민들이 입사하였음을 보도하며 '인민'들에 대한 지도자의 배려를 선전하였다.

국제사회의 제재와 압박 속에 어떻게 이러한 대형 건설사업이 가능할까 하는 의문도 많다. 하지만 최근에 진행된 많은 건설사업에 군부대가 참여하기 때문에 인건비는 거의 들지 않는다. 건설을 주업무로 하는 101려단 7, 8 총국은 특각, 도로, 항만, 댐 등 북한의 대형 건설사업과 건축공사를 책임지고 있다.[3] 여기에 동원되는 군인들은 건설지식은 별로 없지만 북한군의 복무기간이 8-10년으로 길어 숙련된 노동력을 확보하고 있다는 점이 큰 장점이다. 또한 속도전으로 짧은 기간 안에 공사를 진행하는 것이 특징적이다.[4] 그런데 2016년 8월 태풍으로 두만강이 범람하는 바람에 계획한 건설사업이 차질을 빚었다.[5] 당중앙위는 9월 10일 평양에서 진행하던 '려명거리' 사업을 중단하고 모든 건설장비와 인력을 수해지역으로 보내 주택건설을 지원, 3천여 동 1만 1,900세대를 50여 일 만에 건설하며

....

[3] 길광혁, "평양건축", 서울대학교 통일평화연구원, 북한기초과학시리즈 4(2017).

[4] 이러한 대형 건축물을 설계하는 데는 1982년 7월 설립된 '백두산건축연구원'이 큰 역할을 하고 있다. 당창건기념탑, 김만유병원, 양각도호텔, 인민대학습당 등 북한을 대표하는 주요 건축물이 이곳에서 설계되었다. 2016년 7월 김정은은 마원춘 국무위원회 설계국장이 동행한 가운데 백두산건축연구원에 방문한 바 있다.

[5] 두만강 유역 관측 이래 가장 큰 홍수 피해가 발생하여 60여 명이 사망하고 25명이 행방불명되었으며, 농지 7,980여 정보가 침수되고, 2,100여 정보가 매몰되거나 유실되었다. 함경북도에서 8,670여 동에 1만 7,180여 세대의 주택이 파괴되어 4만 4천여 명의 이재민이 발생하였으며, 560동의 공공건물과 30동의 생산건물, 20동의 교육기관 건물이 파괴 및 침수되었다. 통일부, 『월간 북한 동향』, 2016년 9월, p.15, http://www.unikorea.go.kr/books/monthly/northkorea/?boardId=bbs_0000000000000045&mode=view&cntId=46824&category=&pageIdx=1.

2016년 11월 11일까지 완료했다.[6]

주민들의 생활수준 향상을 기초로 당대회라는 정치행사를 개최하기 위해 북한은 2015년 9월 당 창건 70주년을 맞아 전 주민에게 생활비의 100%를 특별상금으로 지급하였다. 이듬해에 개최한 당대회를 전 주민의 지지하에 성공적으로 추진하기 위해 경제적 인센티브를 제공한 것이다. 당이 국가를 이끄는 북한에서 36년 만에 개최한 제7차 당대회는 한 시대를 마무리하고 새 시대를 여는 역사적 사건이므로, 주민들의 호응을 얻기 위해서는 그만한 인센티브를 주지 않을 수 없었을 것이다. 또 인민봉사총국 주관으로 2015년 4월 전자상업봉사체계 '옥류'라는 시스템을 도입하는 등 주민생활을 증진하기 위한 서비스 체계를 개선하는 작업을 진행하였다. 국가망을 통해 전자결제카드로 운영되는 이 체계는 주민들이 컴퓨터와 핸드폰으로 구입하려는 상품을 검색하여 구입하고 상품을 전자카드로 결제하여 상품을 배송하는 시스템이다.[7] 또한 상업 부문의 서비스 강화를 위해 2015년 5월 6일 평남 안주시에서 전국 상업 부문 일꾼회의를 개최하였다.

대북제재가 국제적·전방위적으로 전개되고 있는 시점에서 경제를 살리고 주민생활을 향상시키는 것은 김정은 체제의 사활이 걸

....

[6] 함경북도 북부지역에 홍수피해가 심각하여 회령시, 무산군, 연사군, 온성군, 경원군, 경흥군의 3천여 동에 달하는 1만 1천 9백여 세대의 주택과 100여 동의 학교·유치원·탁아소·병원·진료소 등이 60여 일 만에 새로 건설되었다. 두만강지역 홍수피해가 심각해지자 200일전투의 화력을 북부 피해복구에 집중하여 빠른 시간 안에 건설을 마무리하였다. 2016년 11월 14일 조선중앙통신 보도. 수해복구 성과를 김정은의 치적으로 대대적으로 보도하였다. 「연합뉴스」, 2016.11.29.

[7] 통일부, 「월간 북한 동향」, 2015년 4월, p.10, https://www.unikorea.go.kr/books/monthly/northkorea/?boardId=bbs_0000000000000045&mode=view&cntId=45737&category=&pageIdx=2.

린 문제다. 국제사회의 대북제재로 외부환경이 악화되어 있는 상황에서 향후 3년간 어떻게 경제발전을 구가하느냐가 김정은 정권의 성패를 가르는 시험대가 되는 만큼 김정은 정권은 노력동원과 제한적 인센티브 부여를 통해 경제성장 전략을 시도해야 한다. 2016년에 제시한 '국가경제발전 5개년전략'은 이런 맥락에서 매우 중요하다. 그러나 북한은 이 경제발전 5개년전략에 대해 구체적인 목표수치를 제시하지 못하고 있다. 향후 몇 년의 청사진을 공개하지 못하는 것은 그만큼 목표달성이 불확실하고 경제전망에 대한 자신감이 결여되어 있음을 보여준다.

이처럼 전망이 어두운 상황에서 김정은의 지도력을 부각할 수 있는 국가정책사업을 선택과 집중을 통해 적극 추진해나갈 것으로 예상된다. 주택건설은 노력동원으로 가시성이 큰 부문인데다 주택난 해결로 민심도 얻을 수 있는 부문이어서 적극 추진될 것이다.[8] 70일전투와 200일전투로 이미 가시적 성과를 보여주었고 북부지역 수해 피해복구 건설로 지연된 '려명거리'가 2017년 4월 완공되었다. 또한 진행 중인 원산지구 건설이 마무리되면 미래과학자거리에 이은 또 하나의 경제치적으로 자리매김될 것이다. 에너지와 선행 부문에서 기본 생산을 유지하는 가운데 과학기술을 생산에 접목하여 생산력을 높이는 방향으로 노력할 것이다.

....
[8] 주택부족이 심각하여, 일반 아파트는 3,000~4,000달러에 거래되며 지방도시의 고급아파트는 3만 달러, 평양 중심 지역의 좋은 아파트는 10만 달러에서 25만 달러에 거래된다.

2. 과학과 교육, 문화·스포츠

"과학으로 비약하고 교육으로 미래를 담보하자!"라는 구호가 김정은 시대를 대표하는 통치 슬로건이다. 자력갱생으로 경제를 발전시키려면 과학기술 개발이 필요하고 이를 위해서는 교육개혁이 필수적이다. 이런 점에서 김정은 시대를 특징짓는 키워드는 과학과 교육이다.

김정일 시대에는 IT 등 정보산업과 첨단기술 등을 언급하며 '단번도약' 등의 담론으로 주민들에게 기대와 희망을 주려고 했다면, 김정은 시대에는 인공위성과 우주개발, 핵무기와 미사일에 집중하며 조금 다른 측면에서 과학기술에 선택적으로 접근하고 있다. 북한의 국가우주개발국은 지구관측위성 '광명성-4호'를 궤도에 진입시키는 데 성공했다고 보도(2016.2.7.)하였으며, 정지위성 운반로케트용 대출력 발동기 지상분출 시험도 성공했다고 주장하였다. 우주개발국은 제7차 당대회 이후 '국가우주개발 5개년계획'을 세우고 실행에 박차를 가하고 있다(2017.4.12.). '조선우주협회'는 '우주과학기술토론회 2017'을 개최하고, 평화적 우주개발 정책의 정당성, 우주과학기술 부문의 성과와 세계적인 발전 동향에 대한 강의 등을 진행하였다(2017.6.28.). 3대 혁명전시관이 김정일 시대를 상징하는 건축물이라면 2015년에 건설한 '과학기술전당'은 김정은 시대를 상징하는 대표적인 랜드마크라 할 수 있다.

김정은 후계시기 동안 자주 언급했던 CNC는 집권 이후에는 그다지 강조하지 않았다. 기술개발로서는 의미 있는 진전이 있었는지 모르나 그 결과를 상품화, 산업화로 연계하는 데까지는 발전하지 못한 것 같다. 북한의 젊은 학자들의 견해에 따르면 고도화된 CNC기술이 핵무기나 미사일, 인공위성 등 제한된 분야에서 활용되고 있으나 인민경제나 일반 주민을 위한 상품생산으로는 아직 활용되지 못하고 있는 것으로 평가된다.

2017년 1월, 대안중기계 련합기업소에서 CNC 9축 조종 종합 가공반을 개발·완성하기 위한 사업이 진행되고 있고 화력발전소용 미루 대치차(大齒車) 열처리 공정과 장비 직장의 여러 설비들의 CNC화가 추진 중이다. 대안 전기 공장에서도 45°철심 절단기를 CNC화하여 에너지 절약형 변압기들을 생산하기 위한 사업이 추진되고 있다. 김일성종합대학 평양의학대학은 『동의보감』 열람 프로그램인 '유산1.0'을 개발했다. 새로 개발한 『동의보감』 열람 프로그램 '유산1.0'에는 근 100만 자에 달하는 원문 한자들과 5권의 번역문들이 전자문서로 입력되어 있고 3,000여 개의 고려 의학용어, 1,000여 종의 고려 약 자료, 1만 자의 한자사전이 구축되어 있다.[9]

유엔과 국제사회의 대북제재로 노동력 송출과 무역이 어려워진 북한은 내부 자원 동원과 자체기술에 최대한 의존해야 하는 상황이다. 때문에 "국산화는 곧 사회주의 조국 수호"라며 강조하고 있고, 2015년 3월 31일 『로동신문』 논설에서는 향후 정세나 중국과의 관계도 불리하다고 판단하고 국산화를 더욱 강조하였다. 북한은 국산화가 "단순히 외화 몇 푼을 절약하고 생산을 활성화하기 위한 경제실무적 문제가 아니라 우리의 생활과 후대들의 미래, 북한 사회주의 운명이 달린 문제"라고 언급하며 절실함을 피력하였다.

교육부문에서도 김정은이 집권한 해인 2012년 9월 '11년 무상교육'에서 '12년 의무교육'으로 바꾸고 법령을 정비하였다. 최고인민회의 제12기 6차회의에서 법령을 발표, 새로운 교과서를 편찬하고 기술

....
[9] 『조선중앙통신』, 2017.7.18.

고급중학교를 신설하는 등 교육 부문의 개혁을 추진하였다. 이와 함께 '12월 6일 소년단 야영소(강원도 소재)'와 '만경대소년단야영소(룡악산 소재)'를 개건하는 등 교육시설의 현대화도 진행하였다. 2014년 9월 5일에는 제13차 전국 교육일군대회를 진행하였고, 김정일의 문건 『교육사업을 더욱 발전시킬데 대하여』(1984.7.)의 노작을 기초로 교육의 이론과 실천적 문제들을 토의하였다. 김일성이 '사회주의 교육에 관한 테제'를 발표한 지 40주년이 되는 2017년을 '과학교육의 해'로 지정하였으며, 2017년부터 전반적 12년제 의무교육을 실시하였다.

지난 7년 동안 북한은 교육수준을 세계적 기준에 맞게 발전시키기 위해 대대적인 교육개혁을 추진하였다. 2009년 12월 17일 김정일 위원장이 김일성종합대학에 보낸 "자기 땅에 발을 붙이고 눈은 세계를 보라"는 친필명제를 구호로 삼아 교육과 과학기술을 세계 최첨단 수준으로 발전시키기 위해 외국대학 및 연구기관과 적극적인 교류를 추진 중이다. 김일성종합대학 정문 건너편에 세워진 이 구호는 세계적 수준으로 발돋움하기 위해 국제화를 적극 추진하겠다는 김정은 시대의 정책방향을 제시하고 있다. 2010년부터 기존 학부와 학과, 강좌를 통합, 확대, 첨단화하는 작업을 추진하여 경제학부에서 재정대학을 분리, 단과대학으로 운영하며 세계적 추세에 맞게 사회학 과목을 강좌로 신설하는 등 변화를 모색하였다. 2014년에 학부개편을 마무리하였으며 세계적 저널에 논문을 게재하는 성과도 거두었다. 김정은 위원장은 2016년 9월 27일 김일성종합대학 70주년에 즈음하여 "주체혁명의 새 시대 김일성종합대학의 기본임무에 대하여"라는 서한을 통해 세계일류급 대학으로 발돋움하기 위한 여러 방안들을 지시하였다. 2015년과 2016년 국제학술회의에

참가한 북한 학자들이 북한 대학을 세계적 수준으로 높이기 위해
해외 연구기관과의 교류·협력 필요성을 거듭 강조한 데서도 국제화
에 대한 강렬한 의지와 태도가 확연히 드러났다.

〈그림 2〉 김일성종합대학 정문 건너편에 세워진 구호판

사진 출처: 최재영(http://cafe.daum.net/peace-way/M3Hq/11?q=%C0%DA%B1%E2%20
%B6%A5%BF%A1%20%B9%DF%C0%BB%20%BA%D9%C0%CC%B0%ED
%20%B4%AB%C0%BA%20%BC%BC%B0%E8%B8%A6%20%BA%B8%
B6%F3%202009%B3%E2%2012%BF%F9)

또한 표준시간 변경을 추진했다가 다시 원래대로 복원하였다.
북한은 '조국해방 70돌'을 맞은 2015년 8월 15일 기존의 시간에서
30분 늦춘 표준시간을 제정했다. 일본 동경으로 맞춰져 있는 현재
의 시간은 일제에 의한 것이라고 주장하며 광복 70주년을 맞아 시
간을 30분 늦춘 평양시간(동경 127°30′)을 사용하기 시작한 것이
다. 평양시간으로의 변경은 김정은 시대의 독창성을 부각하기 위해
취한 조치였으나, 2018년 4월 27일 남북정상회담을 계기로 남북의
시간부터 통일해야 한다는 의도에서 북한은 2018년 5월 1일부로 다
시 원래대로 표준시간을 재조정하였다.

문화적 측면에서의 사회 변화는 가장 먼저 여성들의 옷차림과 패션으로 나타나는 경향이 있다. 경제가 발전하고 생활수준이 높아짐에 따라 평양과 청진, 원산 등 주요 도시에서 옷차림이나 머리 모양을 화려하게 하고 하이힐이나 통굽을 신는 여성들이 많아졌다. 최근 방북자들의 관찰에 의하면 "평양의 어떤 여성들은 서울과 차이가 없다고 느껴질 만큼 세련되게 꾸미고 다니며 옷차림이 화려해지고 표정들도 밝아졌다"고 말한다.[10]

　　모란봉악단과 청봉악단의 활동은 김정은 시대의 도래를 알리는 중요한 역할을 하고 있다. 보천보악단이나 왕재산경음악단이 김정일 시대의 상징이라면, 새로운 김정은 시대를 상징적으로 보여주는 아이콘이 모란봉악단과 청봉악단이다. 음악을 사회주의 의식 고취와 주민결속 도모에 활용하는 이른바 음악정치를 구사하고 있는 북한은, 김정은 시대 들어 '모란봉악단'을 창단한데 이어 2015년 7월 김정은 위원장의 구상과 직접적 발기에 의해 '청봉악단'을 창단하였다. 모란봉악단이 전자악기를 위주로 공연을 하는 반면 청봉악단은 금관악기와 성악 앙상블 위주의 음악을 한다. 창단 직후 2015년 8월 31일 러시아를 방문하여 '북-러 친선의 해'를 기념하는 의미에서 러시아 차이코프스키명칭음악당에서 연주회를 하였으며 2015년 10월 11일에는 만수대인민극장에서 연주회를 진행하였다. 2012년 7월 발족하여 북한주민들에게 큰 인기를 끌고 있는 모란봉악단은 2015년 12월 12일 중국과 북한 사이에 연주 내용에 대한 시비가 붙어 결국 공연 당일 연주회가 무산되는 갈등이 빚어졌다. 그러나 그 이후에

....

[10]　전수진, "평양 3층 냉면집 입구 밖까지 줄서 … 7부 바지 등 여성 옷차림도 화려해", 『중앙일보』, 2015.8.11, http://news.jtbc.joins.com/article/article.aspx?news_id=NB10992405.

도 모란봉악단은 당 제7차대회 경축 공연과 공훈국가합창단 창립 70주년 등 여러 계기로 활발한 공연활동을 진행하고 있다.

북한은 김정은 시대에 들어 '체육강국'을 선언하고 체육을 대중화, 생활화, 과학화한다는 목표를 추진하고 있다. 2015년 신년사에서는 '6대강국'의 하나로 체육강국을 제시하며 체육을 김정은 시대의 아이콘으로 설정하였다. 물적 자원이 부족한 상황에서 인적 자원으로 승부할 수 있는 분야 중 하나가 바로 스포츠다. 이른바 사회문화정책의 '선택과 집중(북한은 '선택과 확대'라 한다.)'인 것이다. 2016년 10월 9일 김일성경기장을 웅장하고 화려하게 개보수하고 태권도 세계선수권대회(2017.9.), 국제마라톤(2017.4.) 세계청년유도선수권대회(2017.10.) 등 국제행사를 적극 개최하였다. 그러나 무엇보다 1966년 런던올림픽에서 8강에 진출한 북한 축구를 비롯하여 각종 세계대회에서 우승을 치지한 여자축구 등 전통적으로 유력한 종목에 집중적으로 투자하여 세계와 경쟁하는 전략을 취하고 있다. 특히 여자축구는 북한이 투자를 집중하는 분야다. 2015년 8월 8일 동아시아컵 경기대회에서 우승한 여자축구선수들에게 김정은이 직접 축하전문을 발송하며 격려하였고 귀국하는 선수들을 공항에서부터 평양체육관까지 평양시민 20만 명이 연도에서 환영하였다. 추락하는 북한의 국력과 대외적 위상에 자존심을 세워줄 수 있는 분야가 많지 않은 상황에서 가능성을 보이고 있는 여자축구에 북한 당국은 큰 기대를 걸고 있다.

3. 복지·의료와 산림녹화

젊은 김정은 위원장은 소년단과 어린이 등 새로운 세대에 특별히 관심을 갖는 모습이 발견된다. 집권 초반인 2013년 6월 6일 조선소년단 제7차대회에 이례적으로 김정은이 직접 참석하였고 2017년 6월 6일 제8차대회에도 직접 참석하였다. 집권한 후 새로운 세대에 관심을 피력하면서 소년단과 어린이들에게 관심을 갖는 것은 이들이 자신을 어버이로 진지하게 지지할 세대이기 때문일 것이다. 김일성 주석이 전쟁고아들을 혁명학원에 받아들여 '어버이'로 존경을 받았듯이, 김정은보다 나이가 어린 소년들과 아이들에게 진짜 어버이가 될 수 있기 때문이다. 2014년 2월 김정은은 평양시 육아원과 애육원을 방문하고 2016년 10월 10일에는 평성과 사리원, 청진 등 전국의 육아원과 애육원에 선물을 전달하였다. 김정은은 전국의 모든 육아원과 애육원을 혁명가 유자녀들을 키우는 혁명학원 수준으로 꾸려야 한다며 육아원과 애육원 사업을 강조하고 있다. 육아원 졸업자들을 위해 초등학원(2017.2.)과 중등학원(2016.7.) 등 교육시설을 평양에 새로 준공하고 각 도별로 이들을 위한 초등학원과 중등학원 건설을 추진하였다.

부모 없는 애육원 아이들이 많다는 것은 '고난의 행군'을 거쳐 온 지난 20년 동안 많은 인적 손실이 발생했음을 반영한다. 재정적, 물적 자원이 부족하여 북한의 복지의료는 여전히 열악하며 전염병이나 신종 바이러스에 매우 취약한 상황이다. 따라서 이러한 질병에 대한 사전 예방사업이 중요하다. 2016년 2월에는 세계적으로 급속히 전파되고 있는 '지카바이러스 감염증' 방역사업을 전개하였으며, 에볼라 바이러스 감염증과 조류독감, 결핵을 비롯한 전염성 질병 예방, 환경·공해 감시, 수질위생 안전성 보장을 위한 사업도 진행하였다. 2017년 1월 김일성종합대학 평양의학대학병원과 김만유병원, 고려의학 연구원, 평양산원, 옥류아동병원, 류경치과병원을 비롯한 중앙병원, 각 도 인민병원의 보건일군들에 대해 전염병 예방 선전사업을 실시했다.

장애인 문제에 대해서도 그간의 감춰왔던 입장을 벗어나, 국제기구에 도움을 요청하며 적극적으로 임하고 있다. 2012년 런던패럴림픽에 처음으로 대표단을 파견하였고 2016년 리우패럴림픽에도 연이어 참가하였다. 2013년 7월 3일 장애인 유엔협약에 서명하고 2014년 12월에는 조선장애인연맹이 영국국회에서 청문회를 열어 장애인정책을 설명하였다. 2016년 12월 북한의 농아축구팀이 호주 시드니를 방문하여 친선경기를 가졌고 신체장애인은 물론 정신지체장애인 문제를 해결하기 위해 호주와 뉴질랜드 등 국제장애인단체와 적극적인 교류와 협력을 진행하고 있다. 장애인 인구가 어느 정도인지 정확히 알 수 없지만, 76만 명으로 추산하기도 하고, 160만 명으로 평가하기도 한다. 유엔의 지원으로 실시하는 내년에 실시되는 '2018년 인구 일제조사'가 완료되면 구체적인 규모를 판단할 수 있을 것으로 기대된다.

북한의 황폐화된 산림을 복구하는 작업도 김정은 집권 이후 적극적으로 행해지고 있다. 김정은은 2015년 2월 26일, 『전당 전군 전민이 산림복구 전투를 힘있게 벌려 조국의 산들에 푸른 숲이 우거지게 하자』라는 저작을 발표하였고, 내각은 이에 근거하여 2015년 3월 '산림조성 10년 전망계획'의 실행방안을 만들었다. 매년 반복되는 홍수피해를 줄이고 식량증산을 위해서는 민둥산을 녹지로 전환하는 산림녹화 작업이 긴요하다. 2017년 3월 김일성종합대학 내에 '산림과학대학'이 설립될 정도로 산림녹화에 대한 김정은 정권의 관심은 대단히 높다. 세계적으로 기후변화와 녹색발전에 대한 관심이 고조되는 추세에서 북한은 이러한 국제적 이해관계에 적극적으로 편승하여 자신들의 필요를 채우고 있다. 2014년 10월에는 녹색에너지, 유기농법 등의 개발과 사회적 관심 제고를 통해 녹색발전에 기여하는 것을 목표로 '조선녹색후원기금'을 설립하였는데, 최근 세계적 관심을 끌고 있는 녹색발전에 북한도 참여한다는 홍보효과가 있어서 적극적으로 임하고 있다. 전국을 수림화, 원림화하는 것을 목표로 식수절(식목일) 행사에는 김정은 위원장이 만경대혁명학원 원아들과 함께 직접 참여하여 나무심기를 강조하였다. 2017년 1월에는 환경감시 지원 프로그램 '금수강산 3.1'을 개발하여 공해발생위험이 있는 지역과 명승지, 유원지, 하천에 대한 대기오염 등 측정자료를 분석하고 대책을 수립하는 작업을 전산화하였다.

4. 조직생활과 사회통제

북한은 사회통제의 근간조직을 이루는 청년동맹과 직업동맹, 여맹, 농업근로자동맹 등 사회단체와 조직을 정비하고, 제7차 당대회 이후 각 단체의 결속을 다지는 대회를 개최하였다. 젊은 세대의 사상무장을 담당하고 있는 청년동맹은 2016년 7월 27-28일 제9차대회를 개최하여 명칭을 변경하였다. 기존의 김일성사회주의청년동맹을 '김일성-김정일주의청년동맹'으로 개명한 것이다. 이 대회에 김정은이 직접 참석하여 "사회주의 강국 건설을 위한 총 돌격전에서 영웅청년의 슬기와 용맹을 남김없이 떨치자!"라는 구호를 제시하고 연설을 하였다. 2014년 9월 18일 제4차 김일성사회주의청년동맹 초급일군회의를 개최하고, 청년들 사이에서 사회주의 미풍양속을 강화하기 위해 2015년 5월 13-14일 제2차 전국청년미풍 선구자대회를 개최하였다.

직장인들의 조직활동과 사상무장을 위해 활동하는 직업동맹(직맹)도 개최했다. 제7차 당대회 개최 이후 2016년 10월 25-26일 제7차 직업총동맹 회의를 개최하여 주영길 위원장을 선출하였다. 제7차 직업총동맹회의는 1981년 10월 제6차대회가 개최된 후 35년 만의 일로 당대회와 마찬가지로 드물게 이루어진 회의였다. 조선민주여성동맹(여맹)은 제6차대회를 2016년 11월 17-18일 개최하여 조직 명칭을 '조선사회주의녀성동맹'으로 바꾸고 여맹 중앙위 위원장으로 김정순을 선출하였다. 이번 여성동맹의 명칭 변경은 1945년 11월 18일 '북조선민주여성동맹'으로 창립, 1951년 1월 20일 남북 여성동맹의 통합으로 '조선민주여성동맹'으로 명칭이 변경된 후 65년 만에 이루어졌다. 여맹 구성원은 초기 18세 이상의 여성으로 규정하였으나 1983년 제5차대회 이후에는 비당원으로 직장생활을 하지 않는 30세 이상 전업주부를 대상으로 규정하였다. 최근 개최된 여맹 제6차대회는 1983년 11월 개최된 제5차대회 이후 33년 만의 일로 김정은 정권 출범 이후 사회단체의 기강을 다잡고 있음을 보여준다.

'조선농업근로자동맹(농근맹)'도 2016년 12월 6-7일 제8차대회를 진행하여 리명길을 중앙위원장으로 선출하였다. 농근맹 8차대회 역시 1982년 12월 제7차대회 이후 34년 만에 다시 개최된 것으로 그 의미가 크다. 그만큼 농업부문에서 지난 34년 동안 이렇다 할 성과가 없었음을 시사하며 제8차 농근맹대회를 개최했다는 사실만으로도 농업 부문의 생산력 증대와 조직결속을 다지는 효과가 있었을 것이다. 130만 농민이 의무적으로 가입하여 농근맹 활동이 다소

형식적인 측면은 있으나, 34년 동안 개최하지 않던 대회를 열어 농민들이 결속을 다졌다는 점은 의미가 적지 않다.

청소년들을 조직적으로 관리하는 조선소년단은 김정은이 집권한 후 관심대상으로 재부상하였다. 김정은은 집권한 이후 2013년 6월 6일 제7차대회를 열고 직접 참석하여 소년단원을들 대상으로 연설을 하였다. 김정은이 새로운 세대에 관심을 피력하고 육아원과 애육원 방문에 이어 조선소년단 제7차대회에 참석한 것은 이례적인 일로 관심을 끌었다. 과거 김일성이 젊은 나이에 집권하면서 혁명유자녀들을 돌보며 '어버이' 이미지를 구축하였듯이, 상대적으로 젊은 나이에 권자에 오른 김정은이 아동들과 청소년들에게 관심을 기울임으로써 미래세대의 지지를 확보하려고 노력하고 있는 것이다. 2017년 6월 6일 제8차대회에도 김정은이 직접 참석하여 아동과 소년들에 대한 관심을 적극 표명하였다.

당 차원에서도 사회를 조직적으로 관리하고 통제하기 위한 활동을 진행하였다. 2016년 12월 23-25일까지 '제1차 전당 초급당 위원장 대회'를 개최하여 당 제7차대회 결정 관철을 위해 말단 단위 책임자들을 소집하여 대회를 진행하였다. 2017년 12월 23일에는 제5차 당세포위원장 대회를 개최하였고, 2017년 12월 12일에는 제8차 군수공업대회 개최하여 핵무력을 질량적으로 강화하겠다고 선언하였다. 이러한 정치행사가 끝난 후에는 모란봉악단·공훈국가합창단 합동공연을 관람하도록 조직함으로써 지지와 결속을 도모하고자 시도하였다.

한편, '강원도 정신'과 같은 김정은표 담론을 만들어내고, 대중동원을 통해 김정은의 지도력을 과시하며 지지기반을 구축하는 노력도 진행하였다. 북한은 '강원도 정신'을 김정은 동지의 믿음과 사랑의 결정체라고 하며 강원도 인민들의 투쟁기풍을 배워 수령의 유훈 관철과 당정책 옹위를 과감히 전개해나가야 한다고 주장하고 있다. 2017년 3월 7일과 9일에는 '강원도 정신'에 호응하는 평양시 군중대회(3.7.)와 평안남도, 평안북도, 황해남도, 남포시 군중대회(3.9.)를 각각 진행하였다. 또한 1960년대의 천리마선구자대회를 김정은 시대에 만리마선구자대회로 복원하여 경제건설의 기반을 다지기 위한 대중동원을 전개해나가고 있다.

이와 같은 조직과 단체 활동을 통해 실제로 사회통제가 어느 정도 이루어지고 있는지에 대한 경험조사를 보면, 김정은 정권 출범 이후 어느 정도 작동하고 있는 것으로 판단된다. 서울대학교 통일평화연구원의 탈북자 조사에 따르면 "사회통제가 유지되고 있다"는 응답이 2012년 이후 36.3%→45.1%→40.9%→50.0%→49.3%→38.6%로 변해왔다. 즉 느슨했던 사회통제가 김정은 정권 출범으로 상당한 힘을 회복되었다가 2017년에 다시 김정은 시대 이전 수준으로 되돌아간 것으로 평가된다.[11] 북한이 강원도 정신을 만리마선구자대회로 이어가기 위해 만리마선구자대회를 국가경제발전 5개년전략 수행의 돌파구와 사회주의 강국 건설의 분수령을 마련하기 위함으로 의미를 부각하였으나 2017년 12월로 예정된 만리마선구자대회 개최가 결국 무산됨으로써 경제전략에 차질을 빚고 있음을 노정하였다. 이러한 정황으로 볼 때 김정은 출범으로 강화되었던 사회통제가 2016년을 기점으로 이완되고 있는 것으로 보인다.

....

[11] 서울대학교 통일평화연구원이 연례적으로 발표하는 『북한주민 통일의식』 조사자료 참조.

Ⅲ. 시장화에 따른 사회구조와 주민의식 변화

1. 사회분화와 불평등

김정은 집권이후 시장이 더욱 활성화되고 화폐경제가 정착함으로써 주민생활의 양식과 질서가 크게 변화되었다. 2002년 7.1개혁 당시 300개로 출발했던 북한의 종합시장은 김정은 정권 등장 이후 200여 개 이상이 새로 생겨나 2018년 12월 현재 486개로 늘어났다. 시장의 성장에 따라 장사를 전업으로 하는 인구층도 늘었고 시장은 이제 북한주민의 생활 속에 꽤 깊이 파고들었다. 북한주민들의 생활수준은 1인당 국민소득 평균 1,200달러로 남한의 20분의 1 수준으로 평가된다. 북한 사회과학원의 경제학자 리기성에 의하면, 2017년 북한의 1인당 국민소득은 1,214달러로 평가된다. 북한의 공식환율은 1달러에 96원이지만, 실제 환율은 2016년 기준으로 8,800원에 이른다. 화폐개혁 직후 가파르게 오르던 환율은 최근 몇 년간 소폭 상승에 머물고 있다.

그러나 명목상의 수치와는 달리 북한주민의 월급은 3,000원-

6,000원, 즉 공식 환율로 계산하면 30-60달러로 낮다. 이 액수를 실제 환율로 계산하면 1달러에도 못 미치는 수준이다. 그뿐 아니라 직장에 출근하여 일을 하지만 월급을 받지 못하는 경우도 많다. 따라서 이 빈곤층은 어떻게든 가족의 생계를 위해 시장 거래를 통하거나 돈이 되는 부업을 함으로써 생활비를 마련해야 하는 상황이다. 서울대학교 통일평화연구원의 탈북자 면접조사 결과에 의하면 장사의 경험이 있는 탈북자가 지난 7년 동안 69.3%(2012년)→74.4%(2013년)→69.8%(2014년)→76.7%(2015년)→68.8%(2016년)→69.7%(2017년)→60.9%(2018년)로 2018년에 60%로 줄었으나 지난 수년 동안 70%대를 꾸준히 유지했다. 일반 직장인부터 학교 교사에 이르기까지 대부분의 사람들이 사적 경제활동을 해야 하는 상황임을 의미한다.

장사를 하는 사람들은 노동자, 농민, 사무원, 전문가, 학생, 군인 등 직업을 막론하고 대부분 부업형태로 장사를 하고 있다. 2011-2016년의 데이터를 통합적으로 보면 노동자 67.8%, 농민 55.4%, 사무원 68.8%, 전문가 66.0%, 학생 40.4%, 군인 57.5%, 외화벌이 82.4%, 가정부인 87.3%로 나타났다. 가정주부와 외화벌이 직종은 장사에 적극적으로 참여하고 있는 반면, 학생과 농민, 군인의 경우에는 장사에 적극적으로 참여하기 어려운 환경에 있음을 보여준다.

시장이 확대되면서 장사를 전문적으로 하는 상인계층도 상당 규모로 형성되고 있다. 새로운 상인계급이 어느 정도 규모를 형성하고 있는가를 파악하기 위해 장사를 전업으로 하는 사람들을 살펴보았다. 서울대의 2011-2017년 조사에 의하면 〈표 1〉에서 보는 바와 같이 장사를 전업으로 하고 있는 사람들이 2011년 10.5%, 2012년 11.1%, 2013년 13.5%, 2014년 4.8%, 2015년 20.5%, 2016년 12.3%,

2017년 9.1% 등으로 나타났다. 최근 7년을 통합적으로 보면 전체 조사대상자 총 928명 중 108명이 전업으로 장사에 참여하여 평균 11.6%를 차지하였다. 북한의 내부 통신원이 전하는 자료에 의하면, 권력자들을 포함하여 시장체제를 통해 새롭게 형성된 북한 사회의 부유층을 7%로 추정하기도 하고, 장사인구를 60만 명으로 어림잡는다. 서울대학교의 탈북자 자료를 통해서 볼 때 시장체제의 등장으로 북한에 약 10%의 새로운 상인계급이 형성된 것으로 보인다. 탈북자 샘플이 북한주민의 인구사회학적 구성비를 정확히 반영하는 것은 아니지만, 탈북자 샘플을 기준으로 보면, 적어도 북한주민의 약 10%가 장사를 전업으로 하는 새로운 상인계급으로 자리 잡았을 것으로 판단된다.

〈표 1〉 국내 입국 탈북자의 전업 상인 비율

연도	2011	2012	2013	2014	2015	2016	2017	2018
전업 상인 비율(%)	10.5	11.1	13.5	4.8	20.5	12.3	9.1	0.0

사적 경제활동이 정치적 신분과 관련이 있는지 알아보기 위해 장사경험의 유무가 당원과 비당원의 변수에 따라 차이가 있는지 살펴보았다. 2011-2017년 조사대상자 총 928명 가운데 당원이 143명 (15.4%), 후보당원이 4명, 비당원이 769명(83.3%)이었는데, 장사경험이 있는 사람은 당원가운데 65.7%(94명), 비당원 가운데 72.8%(560명)로 전체의 평균과 큰 차이가 없었다. 그러나 장사를 전문적으로 하는 사람들 중에 당원은 2013년 1명, 2014년 1명, 2015년 2명으로 총 4명에 불과하였다. 장사를 전업으로 하는 107명 중 3.7%(4명)만이 당원이었으며, 96.3%(103명)는 비당원이었다. 여기서 알 수 있는 사실

은 북한의 기존 정치적 계층구조에서 기득권을 차지하고 있는 당원은 장사를 전문적으로 하는 상인계급으로 직접 진입하지는 않는다는 것이다. 대신 시장 기제를 관리·통제하는 권력을 행사하며 상인집단을 착취하는 방식으로 사적 이익을 확보한다.

사적 경제활동을 통해 재산을 어느 정도 축적할 수 있는가? 서울대 2016년 조사에서 국가로부터 생활비를 지급받지 못하는 주민이 58.0%를 차지한 반면, 필요한 생활비의 대부분을 장사와 개인사업 등 부업(더벌이)으로 충당하는 것으로 나타났다. 장사나 부업으로 벌어들인 총수입은 1만 원 미만이 26.1%지만, 1만 원-10만 원이 8.0%, 10만원-50만 원이 26.8%, 50만 원-1백만 원이 23.9%, 1백만 원 이상이 15.2%를 각각 차지했다. 서울대의 지난 7년간 탈북자 면접조사에서 최근 2-3년 사이에 주민 생활수준의 양극화가 심화되고 소득에서 빈부격차가 벌어지고 있음이 드러난다. 이러한 사실들은 시장화가 사회계층의 변화에 영향을 중대한 영향을 미치고 있음을 보여준다.

시장이 급속도로 발달하고 있는 북한의 현실에서 사회주의 계획경제와 민족적 자립경제 유지라는 체제의 정당성이 유지될 수 있는가? 시장의 발달로 초래되는 소득의 양극화 현상은 심각한 사회문제가 되고 있다. 탈북자 조사를 기준으로 분석하면 공식소득과 부업을 포함하여 실질소득이 전혀 없는 인구층이 24.6%(2013년)→23.2%(2014년)→16.4%(2015년)→23.2%(2016년)→17.4%(2017년)→20.6%(2018년)로 극빈층이 심각한 수준으로 많다. 소득이 전혀 없는 사람들이 20% 정도이고, 그 다음 25%도 소득만으로는 생활이 불가능한 사람들로, 탈북주민의 45%는 정상적인 경제생활을 유지하기 어려운 상황에 놓여 있다. 시장이 활기를 띠면서 전체적인 국가의 부는 늘었지만 빈부격차가 점차 확대되고 있고, 이러한 소득의 양극화는 사회갈등을 야기할 소지가 있고 사회주의 체제 정당성에 훼손을 가져올 가능성이 높다.

　시장이 확대됨에 따라 주민들은 국가적 복지혜택으로부터 점차 시장으로 행동과 사고를 전환하고 있다. 상인계급이 10% 정도로 성장했으며, 신흥자본가 '돈주'의 활약으로 국가적 복지혜택에 대한 기대감이 사라지고 시장에 대한 중요성을 인식해가고 있다. 종합시장 안에서 장사하는 상인들은 매대의 크기에 따라 세금을 내야 하는 상황이어서 돈의 위력을 실감하고 있고, '장사해야 산다.'는 의식이 생겨났다. 그럼에도 여전히 국가소유와 계획경제라는 사회주의 경제체제의 틀을 유지하고 있고 주민들의 머릿속에는 국가의 배급과 국가주도의 복지제도가 잔존하고 있는 반면, 자본주의와 시장경제 개념은 부족한 상황이다. 이런 점에서 보면 체제전환이나 통일과정에서 북한은 상당한 어려움을 겪을 것으로 예상된다.

2. 개방과 의식·가치관 변화

휴대전화의 사용이 눈에 띄게 증가한 것도 지난 7년간의 중요한 사회변화 중 하나다. 북한은 2008년 12월 이집트의 오라스콤 텔레콤과 합작으로 이동통신회사 '고려링크'가 출범하여 휴대전화 사업을 시작한 이래 기하급수적으로 가입자 수가 증가하였다. "2017 디지털: 국제현황(Digital in 2017: Global Overview)" 보고서에 따르면 2017년 1월 현재 377만 3천 420명의 북한주민이 휴대전화 서비스에 가입하였다.[12] 2014년 1월 170만 명, 2015년 1월 280만 명, 2016년 1월 330만 명 등 가파른 증가세를 보였다. 북한에서 사용하는 휴대전화에는 번호에 따라 신분의 구별이 있다. 일반 시민의 번호는 191이나 193으로 시작하는 반면, 엘리트 계급의 '특별 가입자' 번호는 195로 시작된다. 이러한 특별 가입자 수가 30만 명에 이르는데 대부분 노동당 당원이거나 군 장교, 정부 관료이며, 이 번호는 고려링크와는 완전히 분리된 통신망으로 운영된다.[13]

휴대전화는 장사를 하는 상인들에게 필수 불가결한 사업도구임은 물론 지리적 이동이 철저히 통제된 북한에서 주민유동성을 촉진하는 매우 중요한 수단으로 작용한다. 서울대학교 통일평화연구원의 『2015년 북한주민 통일의식 조사』에 따르면 북한주민들은 집전화(47.3%)보다 핸드폰(65.5%)을 소유하고 있다는 응답이 많았고, 소유한 정보통신기기는 컴퓨터(27.4%), 노트텔(41.8%), 녹화기(66.4%), DVD플레이어(45.2%) 등으로 조사되었다. 그러나 인트라넷 이용경험이 '있다'는 사람은 10.3%에 불과하고 컴퓨터 보급률도 27.4%로 적어, 탈북자를 기준으로 볼 때 북한 사회의 정보화 실태는 아직 낮은 수준으로 분석된다. 이러한 추세로 미루어볼 때 향후 북한에서는 낙후된 기술이 점진적으로 발전하는 것이 아니라 최첨단 기술로 바로 진입하는 현상이 나타날 것으로 생각된다.

남한의 방송과 영화, 드라마, 노래(음악) 등 '한류' 접촉도 상당한 수준으로 진행 중이다. 서울대학교 통일평화연구원의 조사에 따

....

[12] 이연철, "북한 휴대전화 가입자 370만 명 돌파", 『VOA 뉴스』, 2017.1.18, https://www.voakorea.com/a/3695689.html.

[13] 다니엘 튜더·제임스 피어슨(전병근 역), 『조선자본주의공화국』(서울: 비아북, 2017), pp.215-216.

르면, '한류'를 '자주 접해보았다'는 응답자가 2011-2018년 사이에 32.1%→46.2%→44.4→39.6%→57.5%→52.2%→43.2%→40.2%로 상당히 많은 사람들이 남한의 음악과 영화, 드라마를 접하고 있는 것으로 나타났다. 남한 물건을 사용한 경험이 있는 사람들도 65%, 70% 등으로 조사되고 있다. 남한의 소식과 상품이 도시지역을 중심으로 확산되어 있음을 알 수 있다.

북한의 개방과 의식·가치관 변화에 화교와 탈북자의 역할도 커지고 있다. 중국, 한국 등 제3국에 거주하는 탈북자들이 북한에 송금하는 액수가 연 1,000만-1,500만 달러로 추산되며,[14] 북중무역에서 화교의 역할이 크다. 화교의 숫자에 대해 6,000명 정도로 추산하는 사람들도 있고, 8,000-1만 명으로 보는 사람도 있다.[15] 화교들은 북한주민들이 필수적으로 참가해야 하는 생활총화에 출석하지 않아도 되며 북한학교에 자녀들을 보내지 않아도 된다. 외부 문물을 접할 수 있는 자유가 북한주민들에 비해 상대적으로 자유로운 화교들은 개방의 공간을 먼저 이용하여 사업을 하며 문화접변의 첨병 역할을 한다.

국제적 제재와 압박이 진행 중인 가운데서도 북중 간 인적 교류는 큰 변화 없이 지속되고 있다. 정부의 허가를 받고 중국을 합법적으로 방문하는 북한주민들은 지속적으로 증가하였다. 중국을 방문하는 북한주민 수는 2010년까지 10만 명에서 12만 명 사이에 머물다 2011년 15만 명, 2012년 180,600명, 2013년 206,600명으로 급증한 후, 2014년 184,400명, 2015년 188,300명 등으로 소강상태를

....

[14] 다니엘 튜더·제임스 피어슨(2017), p.33.
[15] 다니엘 튜더·제임스 피어슨(2017), p.244.

보였다.[16] 2016-2018년에는 유엔 등 국제사회의 대북제재가 추가로 진행되면서 북한주민의 중국·러시아 신규 진출이 어려움을 겪고 있으나 인적 왕래는 부족한 재원을 확보하려는 차원에서 오히려 빈번해지는 경향이 나타나고 있다.

　문화접촉과 개방이 진행되면서 북한이 오랫동안 지켜왔던 '집단주의'도 조금씩 약화되고 있다. 북한은 헌법 제63조에 "공민의 권리와 의무는 〈하나는 전체를 위하여, 전체는 하나를 위하여〉라는 집단주의 원칙에 기초한다"고 밝히고 있다. 주변국가와 비교하면 대체로 단결을 잘하는 편으로 평가되나, 과거보다는 집단주의 의식이 많이 약해지고 개인주의 선호도가 높아졌다. 이러한 흐름 속에서 북한은 1998년 개정헌법에서 "집단주의는 사회주의사회생활의 기초이다. 공민은 조직과 집단을 귀중히 여기며 사회와 인민을 위하여 몸바쳐 일하는 기풍을 높이 발휘하여야 한다"라는 조항을 삭제하였다. 2009년 헌법에서는 공식적으로 공산주의 폐기를 선언하였다. 집단주의가 여전히 작동하고 있다는 다른 증거도 있으나 시장의 발달과 외부 문화의 접촉으로 개인주의가 발달하고 있는 상황에서 북한헌법이 공식적으로 내걸고 있는 '집단주의'는 점점 약해질 수밖에 없는 추세에 있다.

　우리가 눈여겨보아야 할 부분은 이러한 문화접촉과 개방의 증대가 장유유서, 충효사상 등 북한의 전통문화를 어느 정도 바꾸고 있는가 하는 점이다. 문화접촉과 개방으로 전통적인 성윤리, 돈에 대한 가치, 집단주의 의식, 시간개념과 생활템포 등 문화변동이 진

....

[16] 이교덕·김병로·박병광, 『북·중 간 인적 교류 및 네트워크 연구』(서울: 통일연구원, 2014), p.63.

행 중이지만 남한과 비교하면 여전히 집단적, 권위주의적 전통문화 특성이 강하다. 제노포비아(xenophobia) 같은 외세에 대한 두려움과 거부, 세계화에 대한 부정적 태도, 다문화 사회에 대한 거센 비판 등이 여전히 작동하고 있는 상황이다. 이런 점에서 시장 확대와 문화접촉으로 변하고 있는 부분과 그렇지 않은 부분들을 종합적으로 판단해보아야 할 것이다.

3. 통합과 정당성

북한이 공식적으로 내걸고 있는 정책들이 주민들에게 어느 정도로 정당하게 받아들여지고 있는가 하는 문제가 북한의 향후 변화와 관련하여 중요한 주제가 될 것이다. 당 제7기 3차 전원회의에서 병진노선을 마감하고 경제발전으로 국가노선을 전환했으나 핵무기 보유에 대한 자부심으로 볼 때 핵무기 보유를 포기한다는 것은 쉽지 않을 것이다. 최근 탈북자를 대상으로 실시한 서울대학교 통일평화연구원의 조사에서 북한의 핵무기 보유에 대한 찬성의견이 2016-2018년 사이에 50.0%→53.8%→56.3%로 높아졌으며, 특히 북한체제의 지지 세력인 당원들은 87.5%가 핵보유에 찬성하고 있어 핵무기 보유는 상당한 지지를 받고 있는 것으로 평가되었다.[17]

주민들이 내면화하고 있는 주체사상의 자부심을 근거로 판단한다면 북한체제는 70% 정도의 지지를 받고 있다. 아래의 〈그림 3〉에서 볼 수 있듯이, 2018년 북한주민 70.3%가 주체사상에 대한 자

....

[17] 서울대학교 통일평화연구원, 『2017 북한 사회변동과 주민의식 변화: "병진노선"의 두 얼굴』(2017.8.30, 서울대학교 호암교수회관 목련홀), p.51.

부심을 갖고 있는 것으로 조사되었으며, 그중 42.7%는 매우 큰 자부심을 갖고 있는 것으로 나타났다.

〈그림 3〉 주체사상에 대한 자부심

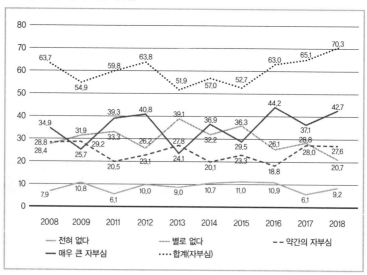

한 가지 흥미로운 점은 주민의식 변화에서 세대 간 차이가 드러나고 있다는 측면이다. 아래의 〈표 2〉에서 보이는 바와 같이, 주체사상에 대한 자부심에서 소위 '고난의 행군 세대'로 불리는 40대가 가장 낮고 40대를 기점으로 포물선 모양으로 의식이 달라지고 있음을 볼 수 있다. 김정은 위원장에 대한 지지도 역시 40대에서 가장 낮고 20대로 내려갈수록, 그리고 60대로 올라갈수록 높아지는 것을 볼 수 있다. '고난의 행군 세대'는 남한의 386세대와 견줄 만한 의식구조를 갖고 있다. 즉 정치적 비판의식이 강하고 민족적 선호가 높은 세대라 할 수 있다.

<표 2> 2011-2015년 세대별 주체사상 자부심(%)

구분	20대	30대	40대	50대	60대
있다	59.0	56.1	53.5	60.5	62.5
없다	41.0	43.9	46.5	39.7	37.5

$x2=36.858$, p=0.017

<표 3> 2011-2015년 세대별 지지도(%)

구분	20대	30대	40대	50대	60대
지지율	71.2	66.2	55.3	59.8	60.2

$x2=79.419$, p=0.021

　김정은 위원장의 주민지지도는 70%대를 기록했다. 김정일 집권 이후 대주민 지지도는 61.7%→64.4%→58.1%→63.0%→63.4%→73.4%로 나타났는데, 서구의 기준으로 보면 결코 낮지 않은 지지율이다. 김정은은 2017년 신년사에서 "언제나 늘 마음뿐이었고 능력이 따라서지 못하는 안타까움과 자책 속에 지난해를 보냈다"고 회고했다. "티 없이 맑고 깨끗한 마음으로 우리 인민을 충직하게 받들어나가는 인민의 참된 충복, 충실한 심부름꾼이 될 것을 새해의 이 아침에 엄숙히 맹약하는 바입니다"라고 언급한 대목은 파격 그 자체다. 북한지도자 덕목 가운데 인민들 속으로 들어가 인민을 받들어 섬겨야 한다는 부분이 있기는 하지만, 신년사에 이처럼 자신의 심정을 솔직히 드러낸 것은 파격이 아닐 수 없다. 기존에는 대체로 당과 나라의 일꾼들은 '인민의 참된 심부름꾼'으로 살며 일해야 한다고 언급하였다. 그러나 김정은이 자신을 일꾼의 한 사람으로 동일시하며 파격적 방식으로 주민들에게 다가갔다는 것은 권력에 대한 자신감이 생겼다는 반증이 아닌가 싶다.

　그러나 심각한 문제는 북한 사회가 전반적으로 안고 있는 경직성과 수동성, 자폐성이다. 대대적인 국가정책과 시장 확대로 경제가 조금씩 살아나고 있고 문화접변으로 의식과 가치관이 변화하고 있으나, 시민사회의 획일성과 수동성은 심각한 문제로 지적된다. 겉으로는 심각하게 드러나지 않지만 국가와 정부가 지시하는 정책을 무조건 집행하고 전체를 위해 개인의 희생을 요구하는 인간형을 강조하고 있다. 이러한 인간형은 긍정적으로 보면 집단과 조직을 위해 개인을 과감히 희생하는 정신이라 말할 수 있겠지만, 부정적 측면에서 보면 수동적이며 자율성이 없고 위에서 시키는 대로 하는 기계적인 인간형으로 비판받을 수 있다.

특히 핵보유와 주체사상 등 국가정책과 이념에 대한 지지는 상당히 높으나, 민주주의와 시민의식이 전혀 형성되어 있지 않다는 점에서 우려가 크다. 청년동맹과 직맹, 농근맹 등 여러 사회단체가 존재하고 직장에서도 우리의 노동조합 같은 단체가 조직되어 있어 근로자들의 고충과 복지를 개선하는 역할을 담당하고 있으나, 실질적으로는 국가가 관장하는 조직이며 자율적인 시민사회나 단체는 존재하지 않는다. 시민사회의 역량은 턱없이 부족하다. 전지구화 시대의 새로운 환경에 적응할 수 있는 역량이 축적되고 있지 않다는 점에서 북한의 미래는 비관적이다. 다원주의에 대한 이해가 부족하여 다당제·민주주의를 혼란으로 인식하고 있다는 점에서 문제는 심각하다. 집단자폐, 경직성, 수동성을 특징으로 하고 있는 북한 사회 심층구조는 내부 통합은 어느 정도 가능하나, 변화를 추동하는 능력은 없다. 창의적 아이디어를 적극적으로 제기하는 의식이 없고 주어진 목표들을 실천하는 데만 익숙해져 있는 사람들이다. 그러한 자발적 의식을 지닌 시민사회가 존재하지 않는다는 점이 가장 심각하다. 이러한 정치의식은 권위주의, 독재체제로 민주주의와 상반되는 의식이며 통일과정에서 통합적 정치문화를 형성하는 데 심각한 어려움이 예상된다.

2013년 10월 31일, 몽골 엘벡도르지 대통령은 평양을 방문하여 김일성종합대학에서 민주주의와 자유의 필요성에 대해 역설했다. 그는 "어떤 폭정도 영원히 지속할 수 없다", 민주체제는 한 번 실수를 한 사람에게 새로운 기회를 주는 것이고, 그런 민주체제라야만 나라가 발전할 수 있다"는 등의 폭탄발언을 하였다. 몽골 대통령의 이 연설은 원래 원고에 없었던 것으로 함께 동행한 수행대표들도 깜짝 놀랐다고 한다. 북한 사회의 폐쇄성과 경직성, 수동성이 북한의 발전과 미래에 심각한 장애요인임을 지적하며 변화와 개혁을 촉구하였던 것이다.

공산주의 시기에 형성된 이러한 사회현실은 구소련과 동유럽 사회주의 국가의 체제전환 과정에서 사회발전과 성장에 심각한 장애요인으로 남아 있다. 특히 사회주의 체제하에서 시민사회가 전혀 발달하지 못했고 기업가정신이나 경영마인드, 자유에 대한 의식이나 환경보호의식 같은 선진적 사유를 거의 형성하지 못하여, 새로운 체제와 사회 건설 과정에서 많은 어려움을 겪었다. 이러한 공산주의의 유산은 경제나 복지 등의 통계수치로는 드러나지 않는 심각한 문제가 되었다.[18] 사회주의 통치기간이 길면 길수록 이러한 질적인 부분들이 훨씬 더 많은 걸림돌이 된다는 점에서 북한에 시민사회를 발전시키고 개방적이고 적극적이고 탄력성이 높은 사회역량을 갖추는 작업은 시급하다.

....

[18] Laszlo Casaba, "Comparative Transition Studies: Past, Present, Future". *Conflict and Integration as Conditions and Processes in Transitioning Societies of Eastern Europe and East Asia*, Organized by The Institute of Korean Studies(IKS) and the Institute for Peace and Unification Studies(IPUS), November 8-9, 2017, Berlin.

Ⅳ. 결론을 대신하여 – 한국의 대책

2019년 김정은 위원장의 서울답방과 김정은-트럼프의 2차 북미정상 회담이 논의되고 있는 상황에서 비핵화에 대한 북한의 입장이 초미의 관심으로 떠올라 있다. 유엔의 대북제재는 좀처럼 해제의 기미가 보이지 않고 미국의 완강한 입장에 대응하여 북한도 비핵화의 추가 조치를 취할 여지를 보이지 않고 있다. 이런 상황에서 태영호 공사 망명에 이어 2018년 11월 북한의 이탈리아 대리대사 조성길의 잠적 으로 북한의 미래에 대한 관심이 높아지고 있다.

사회적 측면에서 시장의 확대로 빈부격차가 심화되어 장사·외화벌이로 돈을 번 신흥부유 계층과 빈곤층의 격차가 크게 벌어짐에 따라 계층갈등이 형성되고 있다. 또한 무역활동과 해외 근로자, 친척방문자, 유학생, 외교관, 남북 간 인적·물적 왕래, 금강산 관광, 탈북자 등을 통해 북한의 문화접촉은 지속적으로 증가하고 있다. 시장화와 개방화는 계속될 것이고 그에 따른 구조적 변화는 가속화될 것이며 문화개방과 탈북자의 발생도 지속적으로 이루어질 것이다. 현재의 정보통신 발달과 중국의 개혁개방 추세로 미루어볼 때, 문화접촉으로 인한 북한의 변화는 지금까지의 속도보다 훨씬 빠르게 진행될 것이다.

그럼에도 현재 북한 사회의 변화와 민심의 수준이 정권붕괴나 체제붕괴를 촉발할 정도는 아니다. 체제의 불안요인이 증가하고 있는 것은 사실이지만, 주체사상에 대한 자긍심과 김정일 위원장의 지지도 또한 어느 정도 유지되고 있는 상황을 종합적으로 고려해볼 때, 가까운 시일 내에 북한체제가 붕괴할 가능성은 그리 높지 않다.

북한경제를 지탱해주는 중요한 변수 중 하나는 중국이다. 북한이 유엔과 미국의 강력한 봉쇄에도 불구하고 최근 몇 년 동안 경제가 성장한 이유에 대해 중국의 요인이 큰 것이 사실이다. 이 때문에 미국은 북한과의 대화를 거부하고 중국에게 대북압박을 더 강화하라고 주문하며 버티고 있는 것이다. 시진핑 정부가 북한을 압박하고 있고 장성택 사건 이후 2014년에는 북중관계가 매우 악화되었으나, 2018년 김정은-시진핑 간 세 차례 정상회담으로 관계복원이 이루어졌다. 중국의 대한반도 개입정책은 이미 2009년 7월 이후 진행되고 있는 것으로서 큰 틀에서의 변화는 기대하기 어려우며, 향후 한반도 평화체제 구축 과정에서 중국의 이익을 확보하기 위한 북중동맹 강화를 적극 시도할 것이다.

이러한 상황에서 핵보유를 전제로 경제발전을 추구하려는 북한의 정책을 돌파할 수 있는 전략과 방안에 대한 고민이 깊어진다. 봉쇄와 압박을 유지해야 하느냐, 아니면 시장화가 이미 형성한 파워엘리트 내부의 권력갈등을 촉진하고 북한의 변화를 촉발하기 위해 정치외교 대화와 경제협력을 추진해야 하느냐의 사이에서 남한과 미국, 일본은 고민하고 있다. 중국의 대북한 정책이 달라지지 않는 조건에서 북한의 미래는 남한 정부와 미국이 대북정책에 대한 전략적 유연성을 어떻게 발휘하느냐에 따라 좌우될 것이다.

이런 점에서 북한의 시장화와 개방 촉진을 위해서는 그 사회 안에서 시장개혁과 개방정책을 책임질 수 있는 역량 있는 인적 자원을 구축해야 한다. 이러한 인적 역량을 강화하려면 북한 내부의 자원으로는 한계가 있다. 한국이 보다 적극적으로 북한 인적 역량 강화를 위한 지식협력사업(knowledge sharing program)을 추진하고 인적교류와 문화협력 사업을 확대해야 한다. 이 경제적, 문화적 자산은 통일 이후에도 지속적으로 개발해나가야 한다. 이런 점에서 개발지원의 개념을 적극 도입하여 선진국이 개도국에 지원하는 공적개발지원(ODA) 차원에서 북한의 인적 자원 개발에 대한 지원을 실시해야 한다. GNI의 1%는 아니더라도 정부예산의 1%를 할애하여 취약계층 지원과 함께 북한의 시장개혁을 담당할 인적 역량 강화를 위한 지식협력사업을 확대해나가야 한다. 또한 남한과 중국·미국 등 주변국과의 인적교류와 문화교류를 통해 국가적 부와 사회문화적 자산 축적이 시급하다.

통일이라는 측면에서 보면 한반도 구성원들의 통일의지와 열망이 매우 중요하다. 그중에서도 북한주민들의 대남의식이 매우 중요하다. 통일을 하기 위해서는 남한주민의 통일의지도 중요하지만 북한주민들이 한국과 통일을 하려는 마음을 가지고 있는가 하는 문제가 매우 중요하다. 동독주민들이 서독체제를 선택했듯이 통일은 결국 북한주민이 한국을 선택하는 과정이 될 것이기 때문이다. 이런 측면에서 보면, 현재 북한주민들의 대남의식은 매우 낮다고 할 수 있다. 북한주민들은 '대한민국'을 모른 채 '남조선' 의식만 갖고 있다. 남한주민들도 이런 점에서 크게 다르지 않다. 더 큰 문제는 서로에 대한 분노와 불신, 두려움이 크다는 점이다. 북한에서는 한국

전쟁의 적대성이 계층질서로 자리 잡고 있으며 남한에서도 전쟁의 피해로 형성된 적대감과 분노가 전혀 해결되지 않은 채 응어리져 있다. 정상회담을 세 번씩이나 진행한 2018년의 국면에서도 남과 북의 20-30%의 구성원들은 서로에 대한 적대의식에 휩싸여 있다. 한국전쟁과 지난 수십 년간의 무장침투(무장남파뿐 아니라 북파공작원도 포함), 납치, 테러 등으로 남북 간에는 두려움과 불신과 분노가 여전히 해소되지 않고 있다. 남북한은 서로 상대의 무력도발 가능성을 높게(남 66.1%, 북 57.2%) 보고 있고, 불신과 적대감이 매우 크다. 흥미로운 점은 이러한 분노와 적개심은 남과 북에서 유사한 트렌드로 형성, 변화하고 있다는 것이다. 남한과 북한 사람들의 마음속에 고착되어 있는 이 전쟁 트라우마를 어떻게 치유할 것인가 하는 문제는 통일준비를 위해 선결해야 할 매우 중요한 과제다.

다행스러운 점은 남북한 구성원들이 국가 차원의 대립과 갈등에도 불구하고 상대를 협력의 대상으로 바라보고 있다는 사실이다. 2016년 7월 조사에서 남한주민들 중 43.7%가 북한을 협력해야 할 대상으로 인식하고 있고 북한주민들(탈북자 조사)은 53.3%가 남한을 협력대상으로 보고 있는 것으로 나타났다. 상대가 '우리의 안보를 위협하는 적'이라는 인식은 양쪽에서 적게는 11%, 많게는 22% 정도 있고, 상대를 '경계'해야 할 대상으로 인식하는 사람들은 남한 21.6%, 북한 10.2%로 각각 형성되어 있다. 1990년대와 비교하면 적이나 경계라는 의식이 크게 줄어든 반면 상대가 협력해야 할 대상이라는 의식은 높아졌다. 이러한 변화는 희망을 주는 부분이다.

70년 동안 분리되고 분단된 체제의 사람들을 통일하고 통합하려면 남과 북의 복잡한 요구사항과 갈등을 한꺼번에 만족시킬 수 있는 창조적 대안을 필요로 한다. 양측을 만족시키려면 양측의 의

견과 요구를 타협하거나 협상하는 정도의 범상한 방법으로는 해결하기 어렵다. 평화학자 요한 갈퉁(Johan Galtung)이 제시하듯 트랜센트(transcend), 즉 초월적 방법이 아니고서는 불가능하다. 통일을 이룬 독일 사람들도 경탄해 마지않는 개성공단과 같은 창의적 방식을 통해 해결책을 강구해야 한다. 이러한 해법의 기저에는 사회학적 상상력과 민주적·도덕적 상상력이 필요하며, 남북한 사람들의 마음속 깊이 자리 잡고 있는 상처와 트라우마를 치유하는 과정이 있어야 한다.

참고문헌

경남대 극동문제연구소 편, 『북한 청년들은 "세 세대" 인가?』(서울: 경남대 극동문제연구소, 2015).

김병로, "북한의 분절화된 시장화와 정치사회적 함의", 『북한연구학회보』, 제16권 제1호 (2012.8).

_____, "북한의 시장화와 계층구조의 변화", 『현대북한연구』, 제16권 제1호(2013.4), pp.171-213.

_____, "탈북자 면접조사를 통해 본 최근 북한사회의 변화", 『북한연구학회보』, 제18권 제2호(2014년 겨울), pp.147-172.

_____, "탈북자 면접조사를 통해 본 최근 북한주민의 대남인식 변화", 『통일과평화』, 제6집 제2호(2014), pp.39-65.

_____, "Social Conflict and Identity Crisis in Unified Korea", International Journal of Korean Unification Studies., Vol. 24, No. 1(2015).

_____, 『북한, 조선으로 다시 읽다』(서울: 서울대학교출판문화원, 2016).

김병로·김병연·박명규 외, 『개성공단: 공간평화의 기획과 한반도형 통일프로젝트』(서울: 진인진, 2015).

김병로·김성철, 『북한사회의 불평등 구조와 정치사회적 함의』(서울: 민족통일연구원, 1998).

김병연·양문수, 『북한 경제에서의 시장과 정부』(서울: 서울대학교출판문화원, 2012).

김병로·정동준·정근식·천경효·최규빈·황창현, 『북한주민 통일의식 2016』(서울: 서울대학교 통일평화연구원, 2017).

김수암 외, 『북한주민의 삶의 질: 실태와 인식』(서울: 통일연구원, 2011).

다니엘 튜더·제임스 피어슨(전병근 역), 『조선자본주의공화국』(서울: 비아북, 2017).

대북협력민간단체협의회, 『대북지원 20년 백서』(서울: 대북협력민간단체협의회, 2015).

라종일, 『장성택의 길: 신정의 불온한 경계인』(서울: 알마, 2016).

박명규·전재성·김병연·장용석·송영훈, 『북한국제화 2017』(서울: 서울대학교평화통일연구원, 2013).

박승민·배진영, "북한사회안전부 주민등록사업참고서", 『월간조선』, 2007.7.

박재규 편, 『새로운 북한읽기를 위하여(개정증보판)』(서울: 법문사, 2007).

박형중, "북한에서 1990년대 정권기관의 상업적 활동과 시장 확대", 『통일정책연구』, 제20권 제1호(2011).

박형중·조한범·장용석, 『북한 '변화'의 재평가와 대북정책 방향』(서울: 통일연구원, 2009).

서울대학교 통일평화연구원, 『다가오는 평화, 달라지는 통일의식』(서울대학교 통일평화연구원 2018 북한사회변동과 주민의식 학술회의, 2018.10.30, 서울대학교 인문대 신양관).

서재진, 『또 하나의 북한사회』(서울: 나남, 1995).

_____, 『7.1조치 이후 북한의 체제 변화: 아래로부터의 시장사회주의화 개혁』(서울: 통일연구원, 2004).

_____, "북한사회의 계급구조와 계급갈등", 북한연구학회 편, 『북한의 사회』(서울: 경인문화사, 2006), pp.65-107.

윤영관·양운철, 『7·1 경제관리개선조치 이후 북한경제와 사회: 계획에서 시장으로?』(파주: 한울, 2009).

이교덕·임순희·조정아·이기동·이영훈, 『새터민의 증언으로 본 북한의 변화』(서울: 통일연구원, 2007).

이영환, "북한 체제의 특성과 인권문제의 근원". 그리스도대학교 남북통합지원센터 편, 『북한이탈주민의 이해』(서울: 그리스도대학교 남북통합지원센터, 2009).
이우영, "2000년대 이후 북한사회의 변화: 특징과 전망", 『KDI 북한경제리뷰』, 제13권 제11호 (2011.11.), pp.21-34.
_____ 엮음, 『북한 도시주민의 사적 영역 연구』(파주: 한울아카데미, 2008).
임강택, "사회주의 국가에서의 제2경제와 계획경제(제1경제)의 관계성 연구", 『KDI 북한 경제리뷰』(2009.10.), pp.12-14.
이승훈·홍두승, 『북한의 사회경제적 변화: 비공식 부문의 대두와 계층구조 변화』(서울: 서울대학교출판부, 2007).
이영형, 『러시아의 극동개발과 북한 노동자』(서울: 통일연구원, 2012).
이영훈, 『탈북자를 통한 북한경제 변화상황 조사』(서울: 금융경제연구원, 2007).
장용석·정은미·박명규·김경민, 『북한사회변동 2015』(서울: 서울대학교 통일평화연구원, 2016).
장용석·정은미·정근식·김경민, 『북한사회변동 2016』(서울: 서울대학교 통일평화연구원, 2017).
전영선, 『글과 사진으로 보는 북한의 사회와 문화』(서울: 경진출판, 2016).
전현준·안인해·이우영, 『북한의 권력엘리트 연구』(서울: 민족통일연구원, 1992).
전현준·허문영·김병로·배진수, 『북한체제의 내구력 평가』(서울: 통일연구원, 2006).
정영태 외, 『북한의 부문별 조직 실태 및 조직문화 변화 종합연구: 당·정·군 및 경제·사회 부문 기간조직 내의 당 기관 실태를 중심으로』(서울: 통일연구원, 2011).
정우권, "1990년대 북한 주민생활보장제도와 도시 계층구조 재편", 『현대북한연구』, 제7권 제2호(2004).
정은미·김병로·박명규·최규빈, 『북한주민 통일의식 2015』(서울: 서울대학교 통일평화연구원, 2016).
정은미·김병로·박명규·송영훈, 『북한주민 통일의식 2014』(서울: 서울대학교 통일평화연구원, 2015).
조정아·김영윤·박영자, 『북한 시장 진화에 관한 복잡계 시뮬레이션』(서울: 통일연구원, 2010).
조정아 외, 『북한주민의 일상생활』(서울: 통일연구원, 2008).
조한범, 『NGOs를 통한 남북 사회문화 교류협력 증진방안 연구』(서울: 통일연구원, 1998).
송영훈·김병로·박명규, 『북한주민통일의식조사 2008-2013: 북한이탈주민에게 묻다』(서울: 서울대학교 통일평화연구원, 2014).
최대석·박희진, "비사회주의적 행위유형으로 본 북한사회 변화", 『통일문제연구』, 제23권 제2호(2011), pp.69-105.
통계청, 『2013 북한의 주요통계지표』(서울: 통계청, 2013).
홍민, "북한경제 연구에 대한 위상학적 검토: 수령경제와 시장세력을 중심으로," 『KDI북한 경제리뷰』, 2012년 1월호.
DPRK Central Bureau of Statistics, "Pyongyang: Central Bureau of Statistics". Tabulation on the Population Census of the Democratic People's Republic of Korea(31 December 1993), DPRK, 1995.
_____, "Pyongyang: Central Bureau of Statistics". DPR Korea 2008 Population Census National Report, DPRK, 2009.

Thomas Spoorenberg and Daniel Schwekendiek, "Demographic Changes in North Korea: 1993~2008", Population and Development Review, Vol. 38, No. 1(March 2012), pp.133-158.

5

김정은 시대 북한의 군사와 핵

전봉근

I. 서론

1991년 12월 소련의 붕괴로 초래된 세계적 탈냉전은 미소 냉전의 최전선에 있었던 한반도에 큰 충격을 주었다. 특히 90년대 들어 북한은 공산진영이 제공했던 안보적·정치적·경제적 안전망이 사라지자 극심한 안보위기, 체제위기, 경제위기 등 총체적인 국가위기에 빠졌다. 북한과 적대관계에 있는 미국과 한국이 냉전의 승자로 부상하면서 북한의 위기감은 더욱 커졌다. 남북 간 경제력과 군사력 격차가 계속 벌어지고, 유일 초강대국인 미국의 압박이 거세어지자 북한은 안전보장과 체제생존을 위한 극단적인 조치로써 핵무장을 선택했다. 북한은 국제사회의 제재압박에서 벗어나기 위해 종종 비핵화 협상과 남북대화에 나서고 핵합의도 체결했지만, 결코 핵개발을 포기하지는 않았다.

2011년 12월 김정일 국방위원장의 사망으로 통치자 자리를 물려받은 김정은은 대외관계를 단절한 채 내부의 권력 장악과 핵개발에 집중했다. 김정은 국무위원장은 핵과 미사일 개발을 가속화하고, 마침내 2017년 11월 대륙간 탄도미사일 '화성-15' 시험발사를 계기로 "국가 핵무력 완성"을 선언하였다. 한·미 정부는 임박한 북한의 핵무장을 저지하기 위해 제재압박을 더욱 강화했고, 북한은 핵무장 가속화와 전쟁위협으로 맞대응했다. 도널드 트럼프 미 대통령의 강경 발언도 전쟁 위험을 크게 고조시켰다. 따라서 2017년 우리의 최대 외교안보 관심사는 전쟁 방지였다.

필자가 보기에는 북한이건 미국이건 실제 예방공격이나 전면전에 나설 가능성은 낮았다. 왜냐하면 김정은 위원장이 한국과 한미동맹을 상대로 북한과 자신의 파멸위험을 무릅쓰고 전면전에 나설 가능성은 낮았기 때문이다. 또한 트럼프 행정부도 군사조치를 포함하는 '모든 옵션'을 테이블 위에 두었지만, 군사조치가 동북아 지역전쟁으로 확전될 가능성이 높은데다 문재인 정부의 강한 반대를 무릅쓰고 공격을 감행할 가능성도 낮았다.[1] 하지만 평소 북한의 공격적이고 모험주의적인 행동, 그리고 미국의 평소 강력한 안보의지와 트럼프 대통령의 예측불가성을 감안할 때 안이한 전망은 금물이었다.

설사 계획된 전쟁 발발 가능성은 낮다고 하더라도, 고도의 군사적 긴장 속에서 의도치 않은 군사적 행동과 사소한 군사충돌도 한반도 전면전, 심지어 동북아 지역전쟁으로 확전될 가능성은 높기 때문이다. 이런 상황에서 우리는 전쟁 방지, 비핵화와 평화정착의 최

....

[1] 문재인 대통령은 2017년 11월 1일 국회 시정연설에서 대북정책 5원칙을 제시하면서, 그 첫 번째로 '한반도 평화정착'을 제시하면서 "우리가 이루려는 것은 한반도 평화입니다. 따라서 어떠한 경우에도 한반도에서 무력충돌은 안 됩니다. 한반도에서 대한민국의 사전 동의 없는 군사적 행동은 있을 수 없습니다"라고 발언했다. 여기서 "대한민국의 사전 동의 없는 군사적 행동"을 반대한 것은 미국의 대북 예방공격 가능성을 염두에 둔 발언으로 해석된다. 대북정책 5원칙은 한반도 평화정착, 한반도 비핵화, 남북문제 주도적 해결, 북핵문제 평화적 해결, 북한도발에 단호한 대응 등을 포함한다.

고 국가안보 이익을 지키기 위해 무엇보다 김정은 정권의 핵·군사 정책 의도와 동향을 파악해야 한다. 그동안 우리 대북정책과 비핵화정책은 북한의 실체보다는 우리의 선입견과 기대에 기반하는 경향이 있었다. 또한 북한의 실제 행동보다는 발언에 주목했다. 그 결과 대북 포용정책은 북한의 선의와 변화 가능성에 큰 기대를 걸었지만, 북한 비핵화와 군사적 긴장 완화를 유도하는 데 실패했다. 또한 대북 제재압박과 '전략적 인내' 정책을 통해 북한의 굴복 또는 붕괴를 기대했지만, 정반대의 결과가 나타나 실패하고 말았다. 이는 북한의 실체를 제대로 읽지 못한 결과이다.

2018년 들어 북한이 돌연 평창 동계올림픽에 참가하고, 남북대화와 북미대화에 나섰다. 2018년 한 해 동안 남북정상회담 3회 개최, 그리고 초유의 북미정상회담 개최 기록을 세웠다. 김정은 북한은 '완전한 비핵화' 목표에 합의하고, 핵·미사일 실험활동을 동결했다. 남북정상이 4.27 판문점선언과 9.19 평양공동선언에 합의했다. 또한 군사분계선 일대에서 적대행위 중단과 일부 감시초소 철수 등 군사적 긴장완화 조치를 취하기 시작하면서 전쟁위험은 크게 낮아졌다.

이런 북한의 돌변은 또 우리에게 큰 혼돈을 주었다. 전문가들 사이에서 북한의 태도가 왜 돌변했는지, 그런 변화가 진정한지, 과연 핵을 포기할 것인지 등에 대한 논쟁이 계속되었다. 사실 이런 합의에도 불구하고, 북한이 기존 핵정책과 군사정책을 급격히 수정할 것으로 기대하기 어렵다. 남북 간 정치적 화해의 제스처에도 불구하고, 충분한 상호 신뢰를 쌓기 이전까지 상대방을 겨냥한 군사정책과 군사력을 변경한 가능성은 매우 낮다. 또한 미국과 북한이 상호 신뢰를 충분히 구축하고 관계정상화를 하기 이전에 북한이 핵무기와 핵분열물질을 포기할 것으로 기대하기 어렵다. 남북분단이 존재하는 한, 남북 모두 본질적으로 발생하는 영합적인 안보경쟁을 피할 수 없기 때문이다. 또한 북한이 사회주의 일인지배체제와 정치범수용소를 유지하는 한 인권과 시장경제 가치를 확산시키려는 미국과의 충돌을 피하기 어렵기 때문이다.

여기서는 북한의 군사·핵정책과 동향을 객관적으로 분석하여 북한에 대한 이해를 높이고, 나아가 현실적인 대북정책의 근거를 제시하고자 한다. 북한을 제대로 이해하고 예측하기 위해서, 북한도 국가이자 정치집단으로서 자신의 존망을 좌우하는 군사정책을 결정하고 집행하는 데 있어 합리적이며 전략적으로 행동한다고 전제해야 한다. 여기에 북한 특유의 수령제 국가체제, 저항적 사회주의 국제정치관, 지정학적 선입견 등도 고려해야 한다.

구체적으로 이글은 다음과 같은 질문에 답하고자 한다. 첫째, 북한 군사정책을 결정짓는 안팎의 환경은 무엇이며, 북한의 국가목표와 국가안보전략은 무엇인가. 둘째, 북한의 군사전략은 무엇이며, 군사조직과 태세는 어떤가. 셋째, 북한의 핵무장 배경은 무엇이며, 핵개발 동향은 어떤가. 넷째, 북한의 핵전략은 무엇이며, 안보전략에서의 위상과 역할은 무엇인가.

Ⅱ. 탈냉전기 북한의 안보환경과 국가전략

한 국가의 군사정책과 군사전략은 정치적 수준에서 결정되는 국가전략과 국가안보전략의 하위 개념이다. 군사는 국익을 보호하고, 국가안보 목표를 달성하는 핵심 수단 중 하나이다. 북한도 마찬가지다. 다만 북한의 경우, 독특한 체제적 특성과 안보환경에 따라, 다른 나라와 차별화되는 국익과 국가목표를 갖고 있으며, 이는 북한 군사정책에도 반영되었다. 따라서 아래에서는 국가전략의 틀 속에서 북한의 안보환경, 국가목표와 안보국익, 그리고 북한의 국가안보전략을 분석하고 토론한다. 특히 북한의 군사정책을 이해하기 위해서 이에 영향을 미치는 북한 안팎의 주요 정치·안보적 변수에 주목한다. 북한식 수령유일지배체제와 공산체제의 특성, 지도부의 안보관, 남한과 영합적 안보경쟁과 체제경쟁 관계에 있는 분단국의 특성, 지정학적으로 주변 강대국에 둘러싸인 중소국가의 안보적 취약성, 체제적 경직성으로 인해 발생한 체제위기와 경제위기 등이 그런 주요 변수이다.

1. 북한의 총체적 국가위기

1990년대 들어 소련의 해체로 인해 급속히 진전된 탈냉전과 세계화
는 대부분 국가들에게 평화와 번영의 기회를 제공했다. 그러나 공
산체제국가이자 분단국가인 북한은 남북경쟁과 체제적 이유로 탈
냉전과 세계화를 거부하며 고립과 위기를 자초하였다. 90년대 들어
한소수교, 한중수교, 소련 해체, 독일통일 등 변혁적 사건들이 급속
히 진전되면서, 북한의 전통적인 외교공간이 크게 축소되어 극심한
안보위기가 발생했다. 또한, 공산진영의 붕괴는 공산진영 경제권의
소멸을 가져왔으며, 북한의 경제위기로 이어졌다.

냉전기 북한 경제는 '주체경제'의 구호에도 불구하고 내부 생산
력과 자원의 부족으로 대외의존도가 높았다. 따라서 공산 경제권의
붕괴는 즉각 경제위기로 나타났다. 북한은 전통적으로 사회주의대
국과의 교역에 있어 다양한 혜택을 얻었으나, 탈냉전기 들어 이들이
경화결제를 요구하고 우호가격제를 폐기하면서 교역량도 급감했다.
지속된 경제침체의 결과, 90년대 들어 북한의 공장가동률과 설비용
량 대비 전력생산율은 30%를 밑돌았다. 연료부족으로 남벌이 횡행
하면서 산이 급속히 황폐화되고, 양수시설의 노후화와 전기부족으
로 치수능력을 상실하면서, 북한은 매년 가뭄과 홍수에 시달리게
되었다. 그 결과 식량위기도 심화되었다. 자연재해로 큰 피해를 입었
던 1996년의 경우, 연간 곡물 소요량 500-600만 톤에 비해 생산량
은 300만 톤에도 미치지 못했다. 북한 경제를 지탱하던 배급체계마
저 마비되어, 90년대 중반, 일명 '고난의 행군' 시대에 100만여 명 이
상의 대량 아사사태가 발생했다.

김정은 위원장은 2016년 7차 당대회에서 90년대 중반 위기상황
을 돌이켜보며 "적들의 반공화국 고립압살 책동이 극도에 달하고
온 나라가 허리띠를 졸라매야 했던 엄혹한 시기"라고 규정하며 다
음과 같이 술회했다.

> "민족의 대국상(김일성 사망) 후 우리를 압살하려는 제국주
> 의자들과 그 추종세력들의 정치·군사적 압력과 전쟁도발 책동,
> 경제적 봉쇄는 극도에 이르렀으며 여기에 혹심한 자연재해까지
> 겹치어 경제건설과 인민생활에서 형언할 수 없는 시련과 난관
> 을 겪게 되었습니다. 우리 조국의 안전과 사회주의의 운명은 위
> 험에 처하게 되었으며 우리 인민은 역사에 유례없는 고난의 행
> 군, 강행군을 하지 않으면 안 되었습니다."[2]

그런데 북한에서 안보위기와 경제위기는 독특하게도 북한 국가,
공산체제, 김정은 정권 등을 동시에 위협하는 중층적인 성격을 갖
는다. 이는 북한이 분단국가이자, 일인 유일지배체제이며, 공산주의
정치경제체제이기 때문이다. 90년대 들어 공산국가 대부분은 정권
교체를 겪었고, 정치경제체제도 변혁되었다. 그렇다고 국가가 붕괴되
고 소멸된 경우는 동서독 통일의 예외적인 사례 말고는 없다. 북한
의 경우도, 경제위기와 외교적 고립으로 인해 체제붕괴와 정권교체
가 불가피하다는 전망이 많았다. 그런데 북한은 분단국이므로 만
약 체제 붕괴 또는 정권교체가 발생하면, 국가가 붕괴되고 남한에

....

[2] "김정은 제1비서 7차 당대회 중앙위원회 사업총화보고" 전문, 2016.5.7, http://www.
ohmynews.com/NWS_Web/View/at_pg.aspx?CNTN_CD=A0002207576.

흡수되어 소멸될 가능성이 높다.

　이런 절체절명의 국가위기에 처한 북한은 극단적인 대응조치로서 큰 도박에 나선다. 생존전략의 핵심은 핵무장과 북미수교였다. 이에 따라 90년대 내내 북한은 한국을 배제한 채 미국과 대화를 추구하는 소위 '통미봉남' 전술을 일관되게 추진하였다. 동시에 북한은 핵확산금지조약(NPT)을 탈퇴하고 핵개발에 나섰다. 북한은 핵개발을 협상 레버리지로 활용하여 1993년 6월 미국과 고위급협상을 갖고, 마침내 1994년 10월 미국의 경수로와 중유 제공 및 북미수교를 대가로 핵을 포기하는 제네바 북미 기본합의문(Agreed Framework)을 체결하는 데 성공했다. 북미수교전략은 2000년 10월 조명록 차수의 클린턴 대통령 방문과 북미 공동 코뮈니케 발표, 2002년 12월 올브라이트 국무장관의 방북과 김정일 면담으로 정점에 달했다. 그러나 북미관계 개선의 마지막 관문인 클린턴 대통령의 방북과 북미정상회담을 추진하다가 부시 대통령의 당선으로 좌절되고 말았다.

　북한은 강한 체제 내구력으로 인해 동구권과 같은 체제붕괴나 체제전환을 모면할 수 있었다. 북한 지도부는 경제위기와 정권위기를 국가위기와 안보위기로 포장하면서, 내부적으로 일인지배와 주민통제를 더욱 강화하는 기회로 활용했다. 그리고 북한은 총합적인 위기 타개책으로 선군정치와 핵무장을 제시하고 이에 국력을 집중하였다.

　탈냉전기 북한 지도부는 구공산국가의 체제변혁을 목도하면서 미래 시나리오를 점검하고 국가전략을 수립하였을 것이다. 북한에게는 아래 표와 같이 4개의 미래가 있었다. 첫째, 중국과 베트남식의 경제적 개혁개방 시나리오이다. 중국과 한국 정부가 북한에 계속 권유하였지만, 북한은 개혁개방의 정치적 부작용에 대한 두려움 때문에 이를 거부하였다. 둘째, 동유럽의 구 공산국가가 일반적으로 경험한 선 정치변혁, 후 경제개혁 경로가 있다. 물론 북한의 김 씨 유일지배체제는 이를 단호히 거부했을 것이다. 셋째, 차우셰스쿠 치하의 루마니아와 호네크 치하의 동독 사례와 같이 정치개혁을 거부하다가 국민주도의 체제변혁이 발생하고 지도자가 제거되는 경로가 있다. 김 씨 일가와 집권층이 가장 싫어하고 방지하려는 시나리오이다. 넷째, 북한이 체제위기와 경제위기를 감수하면서 현재와 같이 구체제를 유지하는 '북한형' 시나리오가 있다.

〈그림 1〉 탈냉전기 구 공산체제 국가 체제 전환

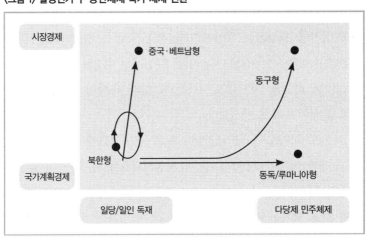

북한 지도부는 어떤 시나리오를 선택할까. 북한이 가장 선호하는 '북한형' 경로는 과연 지속 가능할까. 이런 상황에서 북한과 주변국 간 격차는 더욱 벌어지고, 북한의 정치경제적 위기는 더욱 깊어질 가능성이 높다. 또한 이때 북한은 안팎으로 중국형, 동구형, 루마니아형으로 변화를 압박받을 것이다. 김 씨 북한은 '북한형'을 선

호하지만, 이로 인한 모순이 축적된다면 역사가 말해주듯이 '루마니아형'으로 급진전할 가능성도 배제할 수 없다. 북한 지도부는 이런 북한의 미래 시나리오를 항상 염두에 두고, 최악의 상황을 피하기 위한 국가안보전략을 수립할 것이다. 이때 북한 지도부가 선택한 핵심 국가전략은 바로 핵무장과 선군정치, 그리고 경제·핵 건설의 병진노선이다.

2. 탈냉전기 국가전략으로서 선군정치와 병진노선

동서고금을 막론하고 국가의 최고 목표는 국민안전과 영토보전을 통해 국가를 보위하는 것이며, 이를 가능케 하는 가장 보편적인 국가전략이 바로 '부국강병'이다. 이런 차원에서 김정일은 국가목표로 '강성대국 건설'을 제시했고, 김정은도 이와 유사한 '사회주의강국 건설'을 국가목표로 제시했다.

북한도 국가로서 '국가안전'이 최고 국가목표이다. 그런데 북한은 국가와 체제와 정권의 이익이 동일시되거나, 후자가 더 앞서는 특수한 나라이다. 북한 특유의 수령유일지배체제를 감안할 때, 북한의 최고 국가안보 목표와 국익은 김 씨 일가의 정권안보이며, 체제안보와 국가안보가 뒤따른다. 이런 인식은 북한 헌법에도 반영되어 있고, 통치와 정치문화 전반에도 뿌리내리고 있다.[3]

....

[3] 2012년 사회주의헌법 서문의 첫 문장은 "조선민주주의인민공화국은 위대한 수령 김일성 동지와 위대한 영도자 김정일 동지의 사상과 영도를 구현한 주체의 사회주의조국이다"로 시작한다. 이에 따르면, 북한 국가가 있고 김 씨가 있는 것이 아니라, 김 씨가 있고 북한 국가가 있다.

    김정은 북한의 국가목표인 '사회주의강국'을 건설하는 데 필요
한 국가전략과 전략목표는 무엇인가. 김일성, 김정일, 김정은의 3대
권력세습을 거치면서, 각 정권은 각각 국가 건설의 시대적 요구에 따
라 주체사상, 선군정치, 경제·핵무력 건설 병진노선을 제시했다. 오
늘 북한의 국가전략 중에서도 선군정치와 병진노선은 핵심 국가안
보전략이자 군사전략이므로 그 의미와 내용을 아래에서 토론한다.

〈북한 국가안보전략의 변천〉

	김일성	김정일	김정은
국가 목표	사회주의 완전 승리	강성대국 건설	사회주의강국 건설
국가· 군사 전략	– 주체사상(1955) – 국방·경제 병진노선 (1962) – 국방자위원칙(1962): 자위 4대 군사노선 (헌법 60조)	– 선군정치(1995) – 선군경제노선(2002)	– 경제·핵무력 건설 병진노선(2013) – 군사력 강화 4대 전략적 노선(2015)
특징	– 선 국방, 후 경제건설 – 대남 화전양면전술 (70년대), 테러(80년대)	– 군 중심 위기관리 (국방위) – 핵개발 본격화(2003)	– 당중임 국가운영 – 핵무장 완선단계 – 전략군 조직(2014)
내부 환경	– 유일지배체제· 세습체제 – 김일성 사망(1994.7.)	– 고난의 행군, 대량 아사, 국가계획경제 붕괴 (1995–) – 김정일 뇌졸중(2008)	– 김정일 사망 (2011.12.) – 장성택 국방위 부위원장 처형(2013)
외부 환경	– 중소분쟁 – 미 괌 독트린(1969), 월남 패망(1975) – 남북 7.4공동성명 (1972) – 남, 중화학공업, 자주국방 – 미중수교(1979)	– 한소수교(1990), 한중수교(1992) – 미북 기본합의(1994); 부시 행정부 파기 (2003) – 김대중 햇볕정책 (1998–) – 6자회담(2003–2008)	– 이명박·박근혜·오바마 전략적 인내(2008–) – 개성공단 중단(2016) – 문재인 화해협력정책 복귀(2017)

	김일성	김정일	김정은
주요 도발	- 6.25전쟁(1950) - 1.21사태, 프에블로 피납, 울진삼척 무장공비(1968), - 아웅산테러(1983), KAL 폭파(1987) - NPT 탈퇴(1993)	- 1차 연평해전(1999) - 2차 북핵위기.핵보유 선언(2005), · 1차(2006)·2차(2009) 핵실험 - 천안함폭침·연평도 포격(2010)	- 3-6차 핵실험 (2013-2017) - 목함지뢰사건(2015) - 화성중·장거리미사일 시험발사(2017)

    1995년부터 본격적으로 전파된 '선군정치'에 대해, 북한은 "총대 중시, 군사선행의 원칙에서 군사를 모든 사업에 앞세우며, 인민군 대를 핵심으로, 주력군으로 하여 혁명의 주체를 강화하고, 그에 의거하여 사회주의위업을 승리적으로 전진시켜 나가는 김정일 동지식 사회주의 기본정치방식"으로 규정했다.[4] 북한은 선군정치를 실천하기 위해 "선군혁명의 주력군인 인민군대를 백방으로 강화하면서, 국방 위주의 국가기구체제를 확립하고 모든 분야를 선군의 원칙과 요구에 맞게 개조하고 정비"하였다.[5] 다시 말해 선군정치는 군을 이용한 국가 위기 관리방안이다.

    김정은은 2013년 신년사에서 "군력이 국력이며 군력을 백방으로 강화"할 것을 강조한 데 이어, 3월 31일 노동당중앙위원회 전원회의에서 '경제건설 및 핵무력 건설 병진노선'을 채택했다. 병진노선에 대해, 김정은은 "핵무력을 중추로 하는 나라의 방위력을 철벽으로 다지면서 경제건설에 더욱 박차를 가하여 번영하는 사회주의강국을 하루빨리 건설하기 위한 가장 정당하고 혁명적인 노선"이라고 규정

....

[4] "김정은 제1비서 7차 당대회 중앙위원회 사업총화보고".

[5] 상동.

했다.[6]

이로써 핵무장은 한국의 흡수통일을 거부하거나, 한미동맹의 대북공격 가능성을 저지하는 군사안보적 용도에 그치지 않고, '사회주의강국'을 건설하는 국가전략의 핵심 축이 되었다. 김정은은 주민에게 '핵보유국'으로서 자긍심을 고취하고, 내부 정치세력에 대해 자신의 세력우위를 보장하는 정치적 용도로 핵무장을 활용하고 있다.[7]

북한은 병진노선의 타당성을 설명하면서, 핵무장하게 되면 재래식 군비에 대한 투입을 절감할 수 있게 되어, 그 여력을 경제건설과 인민생활 향상에 집중할 수 있다는 경제적 이유도 들고 있다. 이런 주장은 일견 타당하다고 볼 수 있지만, 아래와 같은 이유로 병진노선의 기대효과가 발생하지 않을 가능성이 높다.

첫째, 북한 핵무장이 증강될수록 이에 대한 제재압박이 강화되어, 북한 경제는 더욱 고립되고 위축된다. 왜냐하면 초기 유엔안보리 대북제재 결의안이 대량살상무기의 획득과 개발을 방지하는데 한정되었으나, 5차 핵실험 이후 채택된 안보리제재결의 2321호(2016.11.30.)부터는 북한 무역과 외화수입 일체를 타깃으로 통제하

....

[6] 상동.

[7] 스캇 세이건 스탠포드대 교수는 보편적인 핵무장 동기로서 안보, 국내정치, 규범을 제시하였는데, 이는 북한의 핵무장 동기에도 그대로 적용된다. Scott D. Sagan, "Why Do States Build Nuclear Weapons?: Three Models in Search of a Bomb", *International Security*, Vol. 21, No. 3(1996). 한편 자크 하이만스 남가주대 교수는 국가지도자 중에서도 적국에 대해 영합적 안보관을 갖고, 또한 자국의 능력에 대한 강한 자부심을 보이는 '적대적 민족주의자(oppositional nationalist)' 성향을 갖는 정치지도자들이 핵무장을 결정하는 경향이 있다고 분석하였는데, 이도 북한의 핵무장 결정을 잘 설명하고 있다. Jacques E. C. Hymans, *The Psychology of Nuclear Proliferation: Identity, Emotions and Foreign Policy*, Cambridge University Press, 2006; 핵 확산 이론과 북한에 대한 적용에 대해서는 전봉근, "문재인 정부 출범 이후 북핵환경 평가와 비핵화 전략구상 모색", 국립외교원, 『주요국제문제분석』(2017.7.) 참조.

기 때문이다.[8] 둘째, 북한이 필요 충분한 핵 억제력을 갖추기 위해서는 핵과 미사일의 추가 생산, 운반수단 다원화, 핵 지휘통제체제 구축, 핵무기 성능 유지, 핵무기 방호 등에서 계속하여 많은 물적 투입이 필요하다. 셋째, 핵무기는 현실적으로 소규모 재래식 군사충돌에서 사용하기 어렵다. 따라서 핵무장을 하더라도, 당초 계획과 달리 재래식 군비를 충분히 갖추지 않으면 안 된다. 북한은 이런 딜레마에 빠지지 않도록 재래식 전투에도 핵무기로 대응하는 '비대칭 확전' 전략을 구사할 것으로 예상되지만, 여전히 재래식 군비에 대한 투자를 줄이기는 어려울 것이다.

....

[8] 전봉근, "새로운 유엔 대북제재결의 2321호가 주목받는 이유", 조선일보 인터넷 칼럼, 2016.12.4.

Ⅲ. 김정은의 군사정책과 군사 동향

1. 북한군의 성격과 임무

북한에서 군 또는 군사력의 임무와 역할은 무엇일까. 공산주의자들이 보는 군사력의 의미를 상징하는 말로 일찍이 모택동이 1938년 중국내전 중에 한 발언이 주목받았다. 모택동은 "정치권력이 총구에서 나온다"는 발언을 통해 정치권력의 원천으로서 무력의 절대적 중요성을 강조했다.

이런 군에 대한 인식은 김정일의 발언에서도 찾을 수 있다. "내 힘은 군력에서 나옵니다. 내 힘의 원천에는 두 가지가 있습니다. 첫 번째가 모두가 일심단결하는 것이고, 두 번째가 군력입니다. 외국과 잘되려고 해도 군력이 있어야 하고, 외국과의 관계에서 힘도 군력에서 나오고, 내 힘도 군력에서 나오고 있습니다."[9] 김정일이 남한 언론

....
[9] 정영태, "핵을 가진 북한의 21세기 군사전략", 전현준 외, 『10.9 한반도와 핵』(서울:이룸, 2006), p.67.

사장단과 모임에서 한 이 발언은 국내정치에서 마키벨리아적 권력관을, 대외관계에서는 현실주의적 세력정치관을 여과 없이 잘 보여준다.

김정은도 "나라의 존엄과 인민의 운명은 혁명무력, 국방력에 의하여 담보"되며, "제국주의와 힘의 대결전의 시대인 오늘 반제 자주, 사회주의원칙은 말이나 글로써가 아니라 오직 강력한 총대에 의해서만 지켜지고 고수될 수 있다"고 발언하여, 소위 '총대사상'을 강조했다.[10] 나아가 김정은은 선군정치에 의해 위상이 강화된 군에 대해서 당 주도의 정치적 통제를 회복시켰다. 이런 군의 임무와 역할에 대한 인식은 북한정권 수립(1948.9.)보다 7개월 앞서 군을 창건한 (1948.2.) 북한의 역사적 경험에서도 찾을 수 있다.

북한군 창설은 해방 직후 소련군이 한반도에 진주하면서 최우선 과제의 하나로 추진되었다.[11] 북한에 주둔한 소련군사령부는 김일성을 내세워 정치조직을 먼저 결성한 후, 1945년 10월 12일 북한 내 모든 기성 무장세력을 해산시키고, 지역별로 소련군사령부가 인가하는 보안대를 새로 조직한다는 성명을 발표했다. 이에 따라 좌우의 각종 자위대와 치안대를 해산시키고 10월 21일 소련군 출신 한인 2,000여 명으로 구성된 적위대를 중심으로 북한군의 모체라 할 수 있는 보안대를 조직했다. 1947년 5월에 지역별 보안대를 통합하여 인민집단군 총사령부를 설치하고, 1948년 2월에 북조선인민위원회 내에 현재 인민무력성의 전신인 '민족보위국'을 신설하였다. 그

....

[10] "김정은 제1비서 7차 당대회 중앙위원회 사업총화보고".

[11] 북한군의 창설 경과는 통일부의 '북한정보포털'과 통일교육원이 발간한 『2017 북한이해』(서울: 통일부 통일교육원, 2017)를 참조.

리고 마침내 2월 8일 '인민집단군'을 '조선인민군'으로 개칭하고 정규군 창설을 선포하였다.

공산주의국가에서 군사와 정부에 대한 정치와 당의 우선원칙이 잘 알려져 있다. 역사적으로 볼 때, 공산주의국가는 무력으로 기존 정치경제체제를 타도하고 설립되었기 때문에 정치 우위와 무력 중시는 최고의 국정운영 원칙이 된다. 분단국이며 국가위기를 겪고 있는 북한이 상반된 정치경제체제와 월등한 국력을 가진 남한과 끊임없이 체제경쟁과 세력경쟁을 해야 하는 상황에서 군사력과 정치사상은 사실상 북한의 명운을 좌우한다고 해도 과언이 아니다.

당과 정치의 목적을 위해 북한군이 존재한다면 북한군이 지향하고 이행할 정치적 목적은 무엇인가. 개정 북한 사회주의헌법(2016)은 본문 제4장 국방편 제59조에서 "조선민주주의인민공화국 무장력의 사명은 선군혁명 노선을 관철하여 혁명의 수뇌부를 보위하고, 근로인민의 이익을 옹호하며, 외래침략으로부터 사회주의제도와 혁명의 전취물, 조국의 자유와 독립, 평화를 지키는데 있다"고 규정하고 있다. 여기서 북한군의 최우선적인 임무는 '선군혁명노선의 관철'을 통한 '수뇌부 보위'이며, 그 다음에 '인민의 이익 보호'와 '외부의 침략에 대한 대응'이다. 이렇게 수뇌부 보위를 최우선적 임무로 제시한 것은 북한군의 정치적 성격을 잘 보여준다.

이런 북한군의 성격과 임무는 대부분 근대국가에 보이는 군의 임무와 가치와 크게 대조된다. 한국의 경우, 군에 대한 유일한 헌법 조문인 5조 2항은 "국군은 국가의 안전보장과 국토방위의 신성한 의무를 수행함을 사명으로 하며, 그 정치적 중립성은 준수된다"고 기술하여, 국군의 '국가안전보장' 및 '국토방위' 임무와 '정치적 중립성' 원칙을 규정하고 있다.

2. 북한의 군사정책과 군사전략

북한은 시대변천에 따라 핵심 국가노선이자 국가안보전략으로 경제·국방 병진노선, 자위국방, 선군정치, 경제·핵 병진노선 등을 각각 제시하였다. 이는 북한 국가의 최고 목표인 수뇌부 보위, 외부침략으로부터 사회주의 보호, 전국 민족해방 혁명 등을 달성하기 위한 국가전략이다. 그렇다면 이런 국가목표와 국가안보전략의 틀 내에서 군사 분야에 해당되는 군사정책은 무엇인가.

북한은 공산주의 전쟁관과 6.25전쟁의 경험과 자신의 안보환경을 고려하여 일찍이 군사정책과 군사전략을 발전시켜왔다. 우선 북한은 인민군 창군 이래 소련식 정규전 군사전략을 답습한 채 대규모 기동전과 기습전으로 6.25 전쟁을 개전하였다. 전쟁 도중에 중공군이 개입하면서 모택동식 유격전 군사전략을 습득하였다. 하지만 미군과 유엔군의 개입으로 결국 전쟁목적 달성에 실패하면서 내부 검토와 반성을 거쳐, 독자적인 방위능력의 구축을 목표로 하는 '국방자위' 정책을 정립하게 된다.

이에 따라 김일성은 1962년 조선노동당 중앙위원회 주체사상에 입각한 '국방자위' 원칙을 제시했다. 주체사상을 국방 분야에 적용한 '국방자위' 원칙에 대해, 동 노동당 중앙위원회는 "자체의 힘으로 자기나라를 보위할 데 대한 국방사업의 지도원칙"이라고 규정했다.[12] 동 노동당 중앙위원회는 국방자위노선을 실현하기 위한 과제로서 '4대 군사노선'을 제시하였다. '4대 군사노선'은 헌법(60조)에도

....

[12] 박용환, 『김정은 체제의 북한전쟁 전략: 선군시대 북한 군사전략』(서울: 선인, 2012), p.77에서 재인용.

반영되어, "국가는 군대와 인민을 정치사상적으로 무장시키는 기초 위에서 전군 간부화, 전군 현대화, 전민 무장화, 전국 요새화를 기본내용으로 하는 자위적 군사노선을 관철한다"고 규정하였다.

구체적으로, 첫째, 전군 간부화는 모든 인민군 장병들이 한 등급 이상의 높은 지휘관 임무를 담당할 수 있도록 하여, 유사시에도 군 지휘체제가 항시 가동되도록 한다. 둘째, 전군 현대화는 인민군을 최신 과학기술을 이용한 무기로 무장시켜 전투력을 극대화하는 것이다. 셋째, 전민 무장화는 모든 노동자와 농민까지 무장시켜 유사시에 전투에 동원하는 것이다. 넷째, 전국 요새화는 전 국토에 군사적 방어시설을 구축하여 적의 후방 침투도 격퇴하도록 하는 것이다.

60년대 중소분쟁으로 인한 공산진영의 분열, 쿠바사태에서 소련의 후퇴, 남한에서 박정희 군사정권 등장 등으로 안보위기를 실감한 김일성 북한은 4대 군사노선의 실천을 통한 자위국방 건설에 매진하였다. 그 결과 1970년 11월 노동당 5차대회에서 김일성은 "4대 군사노선을 적극 추진한 결과, 전체 인민이 총을 쏠 줄 알며, 총을 쏘고 있다. 모든 지역에 철옹성 같은 방위시설을 쌓아 놓았으며 중요한 생산시설까지 요새화하였다. 자립적 국방공업기지가 창설되어 자체로 보위에 필요한 현대적 무기와 전투기재를 만들 수 있게 되었다"고 언급하면서 자위국방정책의 성과를 평가하였다.[13]

한편, 김정은 북한은 2014년 기존 '4대 군사노선'을 유지한 채 '북한군 강화를 위한 4대 전략적 노선'을 제시하고, '정치사상 강군화', '도덕 강군화', '전법(戰法) 강군화', '다병종 강군화' 등을 제시하였다

....
[13] 통일교육원, 『2017 통일문제 이해』(서울: 통일부 통일교육원, 2016), pp.114-115 재인용.

그렇다면 북한은 국토방위와 적화통일의 군사정책 목표를 달성하기 위해 어떤 군사전략을 사용하는가. 북한은 전통적으로 기습전, 배합전, 속전속결전을 핵심으로 하는 군사전략을 유지하면서, 국내외 정치군사 환경과 국방기술의 변화에 맞추어 전면전, 저강도 군사도발, 테러, 사이버전 등 다양한 공세적 전술을 구사하였다. 특히 현재 긴박한 체제위기와 경제위기에서 벗어난 김정은은 공세적이고 확장적인 군사전략을 모색할 전망이다. 특히 김정은 북한은 핵무장을 이용하여, 한미동맹의 억제와 대남 전면전 수행체제를 건설 중이다. 이를 위해 핵무기 증강뿐만 아니라, 다양한 과학기술을 이용한 잠수함전, 사이버전, 드론전 등 현대전 수행능력도 증강시키고 있다. 우리 국방부는 북한군이 유사시 "배합전, 기습전, 속전 속결전을 단행할 것으로 판단되며, 비대칭 전력을 위주로 제한된 목표에 대한 대규모 기습공격을 시도할 것"으로 판단하고 있다.[14] 아래에서는 북한의 핵심 군사전략의 양상을 토론한다.

첫째, 북한 군사전략 중에서 최고 핵심 전쟁전략은 '속전속결전략'이다. 이는 히틀러 독일의 유명한 '전격전(Blitzkrieg)'과 유사하다. '전격전'은 기동성 높은 기갑부대를 집중하여 적의 방어진을 뚫고 최단시간 내 적진 깊숙이 침투하여 적군을 궤멸시키는 군사전략이다. 사실 속전속결전은 역사적으로 가장 보편적인 전쟁 수행전략의 하나이며, 최근 미국의 이라크 침공에도 적용되었다.

북한은 속전속결전을 수행하는 데 필요한 물질적 기반을 갖추기 위해, 대부분 전력을 전진 배치하고, 전차, 기계화 부대로 기동성을 높이고, 타격능력을 높이기 위해 미사일과 해공군 무기의 현대

....
[14] 국방부, 『2016 국방백서』(서울: 대한민국 국방부, 2016).

화를 지속하고 있다. 특히 속도전과 돌파전을 위해 북한은 전차와 대포를 대량 전진 배치하여, 평양-원산 이남에 군사력의 70%를 배치하고 있다. 북한군 귀순자의 증언도 이런 북한의 속전속결전략을 뒷받침한다. 1996년 MIG-19기를 몰고 귀순한 북한군 공군 이철수 상위는 북한이 24시간 내 서울 점령, 7일 내 부산까지 점령하는 '7일 전쟁계획'을 갖고 있다고 증언하였다.[15] 북한은 이미 6.25전쟁에서 미군 개입으로 인해 속전속결전의 실패를 경험했기 때문에 이를 전략적으로, 물질적으로 보완하기 위해 노력하였다. 하지만 오늘날 북한 안팎의 정치군사경제 환경은 6·25 전쟁 당시보다 더욱 열악하기 때문에 속전속결전략이 그대로 실현될 가능성은 낮다.

둘째, '선제기습전략'은 북한의 가장 보편적인 군사전략이다. 사실 적이 가장 예상치 못한 시간과 장소에, 예상치 못한 방법으로 공격을 감행하는 것은 인류 전쟁사에 있어 가장 보편적인 군사전략이다. 6·25전쟁은 전면전이면서 북한의 선제기습전략이 적용되었고, 그 이후 오늘까지 크고 작은 북한의 빈번한 모든 군사도발에 기습선제전략이 적용되었다. 이는 북한의 공격효과를 극대화하고, 남한의 방어효과를 극소화하는데 요긴하게 이용되었다. 이런 북한의 선제기습공격은 남한에게 적지 않은 인적·물적 피해를 주었고, 일시적으로 군사공격의 정치적·군사적 효과를 거두는 데 성공했다. 그렇지만 전반적인 관점에서 보면, 이런 빈번한 기습공격으로 인해 북한은 국제사회에서 더욱 '불량국가'로 낙인찍혀 고립되고 있고, 한국의 대응 군사력은 더욱 증강되고, 한미동맹도 강화되고 있다. 북한이 단기적으로 군사공격의 목표를 달성했는지 모르지만, 장기적인

....
[15] 박용환(2012), p.116.

정치안보적 차원에서 본다면 오히려 북한의 국익을 크게 훼손하는 결과를 낳았다.

셋째, '배합전략'은 일명 북한식 '주체전략'의 하나이며, 정규전과 비정규전의 유격전을 배합하는 군사전략이다.[16] 배합전략은 김일성이 6.25 전쟁과 모택동의 게릴라전과 베트남전의 교훈을 감안하며 만들었으며, 정규전과 유격전의 배합, 대부대와 소부대의 배합, 전후방 전선의 배합을 핵심내용으로 한다. 북한은 이 전략의 실행을 위하여 20여만 명의 유례없는 대규모 특수전 병력을 유지하고, 대량 후방침투를 위해 AN-2기, 공기부양정, 잠수함 등 다양한 침투수단을 다량 보유하고 있다.

오늘날 북한의 '배합전략'은 사이버전도 포함하는 데까지 확장되었다. 사이버무기는 일명 '대량혼란무기(weapons of mass disruption)'로 불릴 정도로 현대의 경제사회활동에 미치는 충격이 크다. 2009년 한국 정부기관의 전산망을 일시 마비시킨 디도스 공격, 2013년 방송사와 금융기관 전산망 공격, 2014년 한국수력원자력의 원전 도면 해킹 공격, 2014년 미국 소니픽쳐스에 대한 해킹공격 등은 모두 북한의 사이버 공격으로 지목되었다. 특히 소니픽쳐스의 경우, 김정은의 암살을 소재로 한 '인터뷰' 영화의 개봉을 앞두고 사이버공격을 당했으며, 미 정부는 이를 북한의 소행으로 지목하고 대응조치까지 취했다. 북한에서 사이버전 조직은 대남 비정규전 작전을 담당하는 '정찰총국'에 소속된 것으로 알려져 있으며, 최근 한국 국방부는 북한의 사

....

[16] 『2017 북한 이해』, p.117, 김태현, "북한의 선군시대 군사전략 연구" 『국방정책연구』 제28권 제1호(2012). pp.193-194, 『2016 국방백서』, pp.22-23, 박용환(2012), pp.105-118.

이버전 인력이 6,800명에 달한다고 추정했다.[17]

마지막으로 북한에서 가장 최근에 발전된 군사전략으로 핵무기의 대량파괴 능력을 이용한 핵 선제공격과 핵 억제·핵 보복 전략이 있다. 이는 북핵에 대한 별도의 장에서 토론한다.

3. 북한의 군사조직과 태세

현재 김정은은 국무위원회 위원장, 인민군 최고사령관, 당 중앙군사위원회 위원장을 겸직하면서 무력 일체를 지휘통제하고 있다. 김정은은 김정일 시기 국방위원회를 대체한 국무위원회 위원장으로서 국방정책을 포함한 북한의 최고국정을 관장한다. 또한 김정은은 인민군 총사령관으로서 군정권과 군령권을 장악하고 있으며, 밑에 군사조직으로 총정치국, 총참모부, 인민무력성 등을 둔다. 총정치국은 군 내 당 조직과 정치사상 사업을 담당하고, 총참모부는 군령권을 갖고 군사작전을 지휘하며, 인민무력성은 군정권을 갖고 군사외교, 군수, 재정 등을 관장한다. 당 중앙군사위원회는 조선 노동당 규약에 따라 국방사업 전반을 당적으로 지도한다.

김정은은 김정일 생전 2010년 9월 당대표자회에서 당 중앙군사위원회 부위원장에 선출되어 군을 장악하는 토대를 구축했다. 김정일 사망 이후 김정은 가장 먼저 가진 공식직책은 군사를 장악하기 위한 '총사령관'이었다. 2011년 12월 30일 개최된 당 정치국 회의에서 김정은은 최고사령관에 오르고, 2012년 4월 11일 제4차 당대표자회에서 당 제1비서 및 당 중앙군사위원회 위원장, 4월 13일 최고인민회의에서 국방위원회 제1위원장으로 각각 추대되어, 군을 전면적으로 장악하였다. 마침내 김정은은 2016년 개정헌법에서 국방위원회를 폐지하고 국무위원회를 새로 설치하였으며, 스스로 국무위원장에 올랐다. 이로써 선군정치에 따라 국방위원회와 군을 통해 국정 전반을 위기관리하던 계엄통치 방식을 종식하고, 당 중심의 정상적인 국정체계로 복귀하였다. 따라서 김정은의 최고 국가 직책도 종래 국방위원회 제1위원장에서 국무위원장으로 바뀌었다.

북한군은 어려운 경제여건 속에서도 국방투입을 지속하면서 전면적인 전쟁수행체제를 계속하여 개선하고 있다. 북한군의 현 군사적 대비태세는 아래와 같다.[18] 북한은 정규군으로 128만 명을 보유하고 있다. 우선 육군은 총참모부 예하 10개의 정규 군단, 2개의 기계화 군단, 91수도방어군단, 11군단(일명 폭풍군단), 1개 기갑사단, 4개 기계화보병사단 등으로 편성되어 있다. 총참모부는 지휘정보국 신편 등 조직 개편과 통합전술지휘통제체계를 구축하여 지휘·통제·통신·정보체계인 C4I 능력을 강화하고 있으며, 사이버 인력과 조직을 보강하여 사이버전 수행 능력을 강화하고 있다.

북한은 육군전력의 약 70%를 평양-원산선 이남에 배치하여 언제든지 기습공격을 감행할 태세를 갖추고 있다. 전방에 배치된 170밀리 자주포와 240밀리 방사포는 수도권 지역에 대한 기습적 대량 집중 공격이 가능하며 최근 개발이 완료된 300밀리 방사포는 중부권 지역까지 공격이 가능하다. 서해 북방한계선 북측 해안 지역과 전선 지역에 122밀리 견인방사포 등 포병 전력을 증강하였으며 기계화

....
[18] 『2016 국방백서』 참조.

부대, 함정, 항공기와 특수전 부대를 전진 배치하는 등 서해 5도 및 주변 지역과 전선 지역에 대한 도발과 공격 능력을 강화하고 있다. 기갑부대와 기계화부대는 장비 현대화를 통해 작전능력을 향상시키고 있다. 특수전 병력은 현재 20만여 명에 달하는 것으로 평가된다. 특수전 부대는 전시 땅굴과 비무장지대를 이용하거나 잠수함, 공기부양정, AN-2기, 헬기 등 다양한 침투수단을 이용하여 전·후방지역에 침투하며, 배합전의 핵심수단이다.

북한 해군은 해군사령부 예하 동·서해 2개 함대사령부, 13개 전대, 2개의 해상저격여단으로 구성되어 있다. 해군은 전력의 약 60%를 평양~원산선 이남에 전진 배치하여 상시 기습할 수 있는 공격능력을 보유하고 있으나, 소형 고속함정 위주로 편성되어 원해 작전능력이 제한된다. 최근 신형 중대형 함정과 다양한 종류의 고속특수선박(VSV55)을 배치하여 수상공격능력을 향상시키고 있다. 수중전력은 로미오급 잠수함과 잠수정 등 70여 척을 보유하고 있으며 해상교통로 교란, 기뢰 부설, 수상함 공격, 특수전 부대 침투 지원 등의 임무를 수행한다. 최근 고래급 잠수함을 건조하여 수중 발사 탄도 미사일 시험을 지속하고 있다. 상륙전력은 공기부양정, 고속상륙정 등 250여 척으로 구성된다.

북한 공군은 기존 공군사령부가 항공 및 반항공사령부로 명칭이 변경되었으며 5개 비행사단, 1개 전술수송여단, 2개 공군저격여단, 방공부대 등으로 구성되어 있다. 북한 공군은 북한 전역을 4개 권역으로 나누어 전력을 배치하고, 총 1,630여 대의 공군기를 보유하고 있다. 전투임무기 810여 대 중 약 40%를 평양~원산선 이남에 전진 배치해놓고 있으며 최소의 준비로 신속하게 공격할 수 있는 태세를 갖추고 있다.

특히 북한은 미사일로 남한의 감시·정찰자산과 지휘통제시설, 방공자산, 산업시설 등을 기습 공격할 수 있는 능력을 보유하고 있다. AN-2기와 헬기를 이용한 대규모 특수전 부대의 침투 능력을 갖추고 있으며, 정찰 및 공격용 무인기와 경항공기도 생산·배치하고 있다. 방공체계는 항공 및 반항공사령부를 중심으로 항공기, 지대공 미사일, 고사포, 레이더 방공부대 등으로 통합 구축하여, 다중 대공방어망을 형성하고 있다.

북한 전략군은 육군·해군·항공 및 반항공사령부와 동격인 군종 사령부로 승격되었다. 전략군은 중국의 로켓군, 러시아의 전략미사일군과 유사한 기능을 수행한다. 북한은 전략적 공격능력을 보강하기 위해 핵, 탄도 미사일, 화생방무기를 지속적으로 개발하고 있다. 북한은 70년대부터 탄도미사일 개발에 착수하여 1980년대 중반 사거리 300km의 스커드-B와 500km의 스커드-C를 배치하였으며, 90년대 후반에 사거리 1,300km의 노동미사일을 배치하였고, 그 후 스커드 미사일의 사거리를 연장시킨 스커드-ER을 배치하였다. 2007년 사거리 3,000km 이상의 무수단 미사일을 시험발사 없이 배치하여 한반도를 포함한 주변국에 대한 직접적인 타격능력을 보유하고 있다. 또한 2017년 화성 12, 14호 시험발사에 성공하여 미 본토를 타격할 수 있는 장거리미사일 기술도 보유하고 있다. 북한군은 스커드 미사일 600여 기, 노동 미사일 200여 기, 기타 신형 미사일 등 등 총 1,000여 기 미사일과 200여 대의 발사대를 보유한 것으로 추정된다.

또한, 북한은 80년대부터 화학무기를 생산하기 시작하여 현재 약 2,500-5,000톤의 화학무기를 저장하고 있는 것으로 추정되며 탄저균, 천연두, 페스트 등 다양한 종류의 생물무기를 자체 배양하고 생산할 수 있는 능력도 보유하고 있는 것으로 보인다.

상기 북한의 군사적 대비태세에 대한 평가를 보면, 북한은 항상 전쟁에 돌입할 준비가 되어 있는 것으로 보인다. 실제 2013년과 2017년에 고도의 전쟁위기가 발생했다. 과연 북한은 전쟁수행능력이 있으며, 전쟁을 개시할 것인가. 일반적으로 전문가들은 북한에 의한 전면전 가능성을 낮게 본다. 현재 북한의 군사력과 한미동맹의 군사력을 비교할 때, 북한이 한미동맹의 전면적인 대규모 반격을 초래할 군사행동을 취할 가능성은 낮다. 왜냐하면 북한이 적화통일의 전쟁 목적을 달성하지 못할 뿐 아니라, 오히려 한미동맹의 반격으로 북한체제와 정권의 생존까지 크게 위협받을 것이기 때문이다.

특히 북한의 가장 큰 약점은 취약한 경제력과 국제적 고립으로 인해 지속적인 전쟁수행능력이 없다는 점이다. 물론 북한은 이런 약점을 보완하기 위해 경제난에도 불구하고, 자위국방노선과 병진노선에 따라 군수산업을 우선적으로 육성하고, 전시경제동원 체제를 유지하고, 전쟁물자도 비축도 하고 있다. 대부분의 전쟁물자는 갱도 비축시설에 저장하고 있으며, 약 1-3개월 분량을 확보하고 있는 것으로 추정된다. 그러나 여전히 약한 경제력과 외교적 고립으로 인해 전쟁물자의 제약은 극복하기 어렵다.[19] 한편, 북한의 전투장비가 크게 노후화되고 병참지원 능력이 부족하지만, 보유한 대규모 병력과 장비를 대거 전진 배치하고 있어 단시간 내 대규모 공격을 시작할 수 있다는 지적도 있다.

....

[19] 『2016 국방백서』 참조.

Ⅳ. 북한의 핵무장 동향과 핵전략

1. 핵무장 배경과 경과

북한은 왜 핵무장을 할까. 사실 안보위협이 있는 모든 국가들은 잠재적인 핵 확산국이다. 동북아에서는 한국, 일본, 대만 등이 이에 해당된다. 하지만 핵확산금지조약(NPT)을 중심으로 하는 강력한 비확산 국제 레짐이 가동하고 있고, 초강대국 미국이 양자·다자차원에서 핵 확산을 강력히 통제하기 때문에 실제 핵무장을 시도하거나 성공하는 국가는 극소수에 불과하다. NPT가 인정하는 5개 '핵보유국(nuclear weapon state)'과 NPT 비회원국으로서 핵무장한 인도·파키스탄·이스라엘 3국을 제외하면, 신규 핵무장국으로서는 북한이 유일하다.[20] 그렇다면 다른 나라들은 핵무장의 외교적·경제

....
[20] 여기서 '핵무장국'은 NPT가 인정한 5개 '핵보유국'과 다른 개념인데, 단지 핵무기를 보유했다는 객관적 사실을 서술하는 용어로 사용되었다. 따라서 북한을 '핵무장국'이라고 부른다고, 북한 핵무기의 합법성과 타당성이 제고되는 것은 결코 아니다.

적 비용 때문에 모두 포기하였는데, 왜 북한만이 이를 무릅쓰고 핵무장을 감행할까. 북한이 핵무장을 결정하고, 이를 강행하게 된 배경은 아래와 같다.

탈냉전기 들어 북한이 공산체제와 김 씨 정권의 존망을 동시에 위협하는 안보·정치·경제의 총체적 위기에 직면하게 되자, 북한 지도부는 핵무장을 유일한 총체적 타개책으로 간주하고 이에 전력을 기울였다. 북한 지도부는 대외적으로는 한국의 흡수통일과 미국의 정권교체와 군사공격 기도를 거부하며, 대내적으로는 일인지배를 지속하기 위해 핵무장을 결정한 것으로 보인다.

북한은 핵무장을 추진하면서, 혁명적 공산주의 국제관에 따라 기존의 핵 비확산 국제규범을 전적으로 무시하고 거부하였다. 사실 현 국제사회에서 어떤 국가도 단순히 심각한 안보위기와 경제위기에 빠졌다고 하여 핵무장을 추진할 명분과 실익을 갖지는 못한다. 그러나 북한 지도부는 국가생존과 정권유지를 위해 핵무장을 최고 국가목표로 결정하고 이를 위해 동원되는 모든 수단과 방법을 정당화하였다. 공산주의 외교관에 따르면, 외교는 전쟁과 투쟁의 연속이다. 북한에게 외교와 협상이란 핵무장 목표를 달성하기 위해 대미, 대남 투쟁에서 이용하는 수단에 불과한 셈이다. 또한 북한은 외교를 전쟁의 일부로 간주하고, 전통적 전략론의 지침에 따라 외교를 수행했다. 북한은 핵무장을 위한 시간을 벌거나, 양보를 압박하기 위해 기만, 협상, 벼랑끝 외교 등을 효과적으로 구사했다.[21]

....

[21] 북핵문제 해결을 위한 6자회담이 2003년 8월 개시되어, 2005년 9.19. 6자 합의, 2007년 2.13. 6자 공동성명, 10.17. 6자 공동성명 등 일련의 비핵화 합의에 성공하고, 북핵 시설의 폐쇄, 불능화, 신고 등 실제 일부 비핵화 진전이 있었다. 그러나 6자회담 기간 동안에도 북한은 대포동 2호 발사(2006.7.), 1차 북핵실험(2006.10.), 장거리 로켓 발사(2009.4.), 2차

북한의 핵개발은 일찍이 60년대 북한이 소련의 핵연구소에 핵물리학자를 파견하면서 시작되었다. 6.25전쟁 당시 미군의 대북 핵무기 사용 논란, 70년대 남한의 핵개발 시도, 80년대 남한 내 전술핵 배치 등도 북한 지도부에게 핵개발 필요성을 상기시켰을 것이다. 그런데 북한이 핵무장을 본격적으로 추진하기 시작한 것은 90년대 들어 북한의 체제위기가 심화되면서이다. 당시 김정일 정권의 선군정치와 핵무장 결정은 탈냉전기 들어 북한이 당면한 국가·체제·정권의 삼중 위기를 극복하기 위해 선택한 동전의 양면과 같다.

　90년대 후반 들어 제네바 북미 기본합의(1994)와 김대중 정부(1998-2002)의 햇볕정책에 힘입어 일시적으로 북한의 경제와 식량사정이 개선되었다. 하지만 북한의 비밀 핵 농축사건이 발생(2002)했고, 이에 따라 2003년 미 부시 행정부가 북미 기본합의를 무효화하였다. 북미 기본합의의 폐기는 북한의 국가전략에 큰 충격을 주었던 것으로 보인다. 김 씨 정권의 최대 외교목표인 미북관계 개선과 경제지원 가능성이 사라졌기 때문이다. 부시 행정부의 이라크 공격(2003)도 북한이 핵무장을 촉진하는 배경이 되었다.

　90년대 북한은 자신의 위축되는 재래식 군사력으로는 한반도 적화통일은 고사하고, 한미동맹을 억제하거나, 한국의 흡수통일을 거부하는 것조차도 힘들다고 보았을 것이다. 북한은 이후 한국에서 반복적으로 제기되는 '흡수통일론'과 '북한붕괴론'을 보면서, 핵무장 결정의 정당성을 재확인하였을 것이다. 김정은은 2017년 신년사에 수소폭탄과 ICBM 개발성과를 과시하면서, 핵무장을 함으로써 "조국과

....
북핵실험(2009.5.), 각종 중단거리 미사일 발사 등 일련의 핵개발과 무력시위 활동을 지속하였다.

민족의 운명을 수호하고 사회주의강국 건설 위업을 승리적으로 전진시켜나갈 수 있는 위력한 군사적 담보가 마련"되었다고 언급하며, 핵무장 결정의 정당성을 부각시켰다.

2. 북한의 핵정책과 핵능력

김정은 정권 들어 핵무기는 단순히 군사력의 일부가 아니라, 김정은 정권과 북한 국가의 정체성으로까지 부각되고 있다. 김정은은 북한의 핵무기가 한반도뿐만 아니라 동북아와 세계의 평화를 지키는데 기여하고 있다고 주장하고 있다.[22]

김정은 통치하의 북한은 2012년부터 국가노선과 법령을 통해서 핵무장을 기정사실화하고 제도화하였다. 첫째, 개정 사회주의헌법(2012) 서문은 "(김정일은) 우리 조국을 불패의 정치사상 강국, 핵보유국, 무적의 군사강국으로 전변시켰으며, 강성국가 건설의 휘황한 대통로를 열어놓았다"고 기술하였다. 둘째, 2013년 3월 31일 노동당 중앙위원회 전원회의에서 발표된 "경제건설과 핵무력건설을 병진시킬 데 대한 새로운 전략노선"은 핵보유의 합법화, 핵무력의 확대 강화, 핵무력의 전투준비태세 완비 등을 최고 수준의 국가정책으로

....

[22] 김정은 7차 당대회 중앙위원회 사업총화보고(2016) 참조, "당의 령도 밑에 우리 공화국은 불패의 정치군사강국의 위력으로 동북아시아와 세계의 평화와 안전을 수호하는데 커다란 공헌을 하였습니다. 미국의 끊임없는 새 전쟁도발책동으로 하여 항시적으로 핵전쟁위험이 떠도는 세계최대의 열점지역인 우리나라에서 전쟁을 방지하고 평화를 수호하는 것은 세계의 평화와 안전을 보장하는데서 초미의 문제로 나서게 되었습니다. 우리 당은 아시아태평양지역에 조성된 정세를 과학적으로 분석한데 기초하여 핵 억제력을 중추로 하는 자위적군사력을 마련하고 미국의 전쟁도발 책동을 걸음마다 짓부숴 버림으로써 조선반도와 세계의 평화와 안전을 믿음직하게 수호하였습니다."

채택하였다. 2016년 5월 7차 당대회에서 동 병진노선이 재확인되었다. 셋째, 북한은 2013년 4월 1일 최고인민회의에서 "자위적 핵보유국의 지위를 더욱 공고히 할 데 대하여" 법을 채택하여 핵무기 보유와 사용을 법제화하였다.

그렇다면 과연 북한의 핵능력과 핵무장 수준은 어떻게 될까. 김정은은 3차(2013.3.), 4차(2016.1.), 5차(2016.9.), 6차(2017.9.) 핵실험을 각각 실시하였고, 플루토늄 및 수소폭탄 핵탄두 모형 공개, 대륙간탄도미사일(ICBM) 및 중거리 미사일 시험발사, 수중 미사일 시험발사 등을 통해 연일 핵과 미사일능력을 증강하고 과시하였다. 북한이 1차 핵실험(2006.10.)을 실시한 지 이미 10년이 지났고 김정일과 김정은의 주도로 핵과 미사일능력의 증강에 국력을 집중하고 있다는 점을 감안할 때 2017년 말 현재 일부 핵무기를 실전 배치했을 가능성이 높다.

김정은은 2018년 신년사에서 "국가 핵무력 완성의 역사적 대업"을 이미 이루었으며, 그 결과 "강력하고 믿음직한 전쟁 억제력"을 보유하게 되었다고 선언했다.[23] 동 신년사는 이어서 "그 위력과 신뢰성이 확고히 담보된 핵탄두들과 탄도로켓들을 대량생산해 실전 배치하는 사업에 박차"를 가할 것을 촉구했다. 그런데 핵전략에서 '핵억제력'이란 상대의 제1차 핵공격이 있더라도 이를 흡수한 채 '제2차 타격(second-strike)'으로 보복할 수 있는 능력을 보유함으로써 상대의 1차 공격을 당초에 저지하는 능력이다. 2018년 신년사가 시사하듯이 앞으로 "(핵무기를) 대량생산하고 실전 배치"해야 한다면, 아직 충분한 핵무기가 배치되지 않았고, 따라서 핵 억제력도 아직

....

[23] 『2018년 김정은 신년사』, http://news.joins.com/article/22250044.

구축되지 않았다고 판단할 수도 있다. 이때 김정은의 "핵 단추가 내 사무실 위에 항상 놓여 있다는 것"도 과장된 표현일 수 있다.[24]

한편, 한국 정부는 『2016 국방백서』에서 북한의 핵능력에 대해 "플루토늄 50kg 보유(핵무기 6-12개 분량), 고농축우라늄 프로그램 상당 수준 진행, 핵탄두 소형화 능력 상당 수준 도달, 잠수함발사 미사일 및 장거리미사일 능력 보유, 1만 명 규모의 핵·미사일 전담 전략군 설치" 등으로 평가하여 북한의 핵무장을 기정사실화하였다. 한편, 대부분 국내외 전문가들은 북한이 2018년까지 10-30기 핵무기를 보유한 것으로 추정하며, 향후 핵물질의 생산능력이 증가함에 따라 2025년까지 최대 50-100기 수준까지 증가할 것으로 전망한다. 또한 북한은 단거리 스커드 미사일, 단중거리 노동미사일, 중거리 무수단 미사일, 장거리 화성미사일 등 1,000기 이상의 미사일을 운영 중이다. 북한은 핵미사일을 운영하기 위해 기존의 '미사일지도국' 또는 '전략로케트군'을 확대 개편하여, 2014년부터 독립된 '전략군'을 운영하고 있다. 이는 육해공군에 이어 "제4의 군대"로 불리기도 한다.

3. 북한 핵전략의 특징

북한은 핵보유국법(2013)에서 처음으로 핵무기의 역할과 사용 등에 대한 핵전략을 명시적으로 밝혔다. 특히 동 법의 2, 4, 5조는 각각

....
[24] 전봉근, "북한의 평창 동계올림픽 참가와 한국의 대응전략: 세력경쟁론과 전략론의 분석틀 적용", 국립외교원, 『주요국제문제분석』(2018.1.10.), http://www.ifans.go.kr/knda/ifans/kor/pblct/PblctList.do?menuCl=P01.

핵무기의 사용조건과 용도를 규정하고 있는데, 특히 '억제·격퇴·보복' 용도를 부각하였다. 핵무기의 용도를 명시한 2조에 따르면, "핵무장력은 (세계의 비핵화가 실현될 때까지) 우리 공화국에 대한 침략과 공격을 억제·격퇴하고, 침략의 본거지들에 대한 섬멸적인 보복타격을 가하는 데 복무"한다. 이 조항만을 본다면, 핵무기의 용도는 핵 선제공격 가능성을 배제한 채, 상대의 공격을 방지하기 위한 '억제용'이며, 억제 실패 시 '보복용'에 한정된다.

4조는 '핵국'에 대한 핵전략을 2조와 같은 맥락에서 재설명하고 있다. 4조에 따르면, "적대적인 다른 핵보유국이 우리 공화국을 침략하거나 공격하는 경우 그를 격퇴하고 보복타격을 가하기 위해 조선인민군 최고사령관의 최종명령에 의해서만 사용할 수 있다"고 하였다. 이 조문은 북한의 핵무기가 사용되는 상황을 핵국에 의한 침략 또는 공격의 경우에 격퇴 또는 보복을 위해, 최고사령관의 최종명령에 한한다고 제한하였다. 이를 엄격히 해석하면, 적국이 핵국이 아니거나, 적국의 선제 침략이 아닐 경우에는 핵무기를 사용치 않는다는 것이다. 그리고 핵통제권은 김정은 국무위원장에게 있음을 명확히 했다. 김정은 위원장이 핵무기 지휘통제권을 갖는 것은 군부통제가 아니라 민간통제라는 점에서는 긍정적인 면이 있다. 그런데 북한은 김정은 개인에 의한 유일지배체제이므로, 핵무기의 사용 결정도 다른 그룹의 정치적 견제가 없이 김정은 개인이 전적으로 하게 된다. 이렇게 단 한 명의 통치자가 어떤 견제장치와 점검장치도 없이 핵무기 지휘통제권을 갖는 것은 매우 위험하다.

'비핵국'에 대한 핵전략을 규정한 5조에서 북한은 "적대적인 핵보유국과 야합하여 우리 공화국을 반대하는 침략이나 공격행위에 가담하지 않는 한 비핵국가들에 대하여 핵무기를 사용하거나 핵무기로 위협하지 않는다." 다시 말해, 북한은 비핵국이 핵국과 연대하여 북한을 침략하거나 공격할 경우에 한해 핵무기를 사용 또는 사용 위협을 한다는 입장이다. 비핵국도 핵국과 연대할 경우, 북한의 핵공격 대상이 된다. 핵국인 미국과 동맹국인 한국과 일본에 이 범주에 해당된다.

한편, 북한은 유독 한국과 미국에 대해서는 '핵 선제공격'을 주장하고 있다. 3차 핵실험(2013.2.12.) 이후 북한에 대한 남한과 국제사회의 제재와 압박이 강화되자, 2013년 3월 27일 인민군최고사령부 명의 성명을 통해 "(대남) 군사적 행동은 우리의 자주권 수호를 위한 강력한 핵 선제 타격"을 포함한다고 위협했다. 북한 국방위원회는 2016년 3월 7일 성명에서도 "적들이 강행하는 합동군사연습이 우리 공화국의 자주권에 대한 가장 노골적인 핵전쟁 도발로 간주된 이상 그에 따른 우리의 군사적 대응조치도 보다 선제적이고 보다 공격적인 핵타격전으로 될 것"이라고 핵 선제공격 위협을 했다. 이 성명은 우리의 한·미연합 군사훈련을 "핵전쟁 도발"로 간주하여, 자신의 선제 핵사용을 정당화하였다.[25]

북한은 2016년 5월 열린 노동당 7차 당대회에서 "책임 있는 핵보유국으로서 침략적인 적대세력이 핵으로 우리의 자주권을 침해하지 않는 한 이미 천명한대로 먼저 핵무기를 사용하지 않을 것"이

....

[25] 동 국방위원회 성명은 핵태세에 대해서도 의미 있는 주장을 했다. 동 성명은 "존엄 높은 최고수뇌부가 비준한 남조선해방과 미국본토를 타격하기 위한 우리식의 군사작전계획"이 있고, "남조선 작전지대안의 주요 타격 대상들을 사정권 안에 둔 공격 수단들이 실전 배치되고 아시아태평양지역 미제침략군기지들과 미국본토를 과녁으로 삼은 강력한 핵타격수단들이 항시적인 발사 대기상태"에 있다고 주장했다. 이에 따르면, 핵무기가 매우 높은 수준의 발사준비 단계에 있어, 언제라도 작전계획에 따라 최단시간 내 발사될 수 있다.

라고 재천명하였다.[26] 여기서 나타난 북한 핵전략의 핵심은 '핵 일차 불사용(no-first-use)' 원칙이다. 즉, 상대가 핵을 사용하지 않은 한 핵을 사용하지 않는다고 주장하는 중국식의 '핵 일차 불사용' 원칙을 그대로 원용하였다. 이는 핵보유국법에 나타난 핵무기 사용 원칙보다 더욱 제한적인 핵전략을 제시한 것이다.[27] 이 조문을 엄격히 해석하면, 설사 적대국의 공격이 있더라도 재래식 무기만 사용한 비핵공격이라면 북한이 핵으로 대응하지 않겠다는 입장이다. 따라서 이 입장은 위에서 토론한 가장 공세적인 핵 선제공격 원칙과 큰 차이가 있다. 북한이 대외적으로 이렇게 신중한 핵전략인 '핵 일차 불사용' 원칙을 채용한 배경에는 '핵보유국'으로서 국제사회의 반감을 완화시킬 의도가 있다고 본다.

그런데 이 핵전략이 한국에게는 적용되지 않는다. 왜냐하면 미국은 핵국이고 한국은 핵국과 동맹국이기 때문이다. 또한 북한은 한국과 미국의 모든 대북 군사안보적 조치에 대해 "(한국과 미국이) 핵으로 북한의 자주권을 침해"한다고 해석함으로써, 핵무기 선제 사용과 핵공격의 명분을 이미 축적하였다.

....

[26] 이 결정서의 내용은 김정은 제1비서의 7차 당대회 사업총화보고(2016.5.7.)의 관련 내용을 재확인한 것인데, 관련 내용은 아래와 같다. "우리는 제국주의의 핵위협과 전횡이 계속되는 한 경제건설과 핵무력건설을 병진시킬 데 대한 전략적 노선을 항구적으로 틀어쥐고 자위적인 핵무력을 질량적으로 더욱 강화해나갈 것입니다. 우리 공화국은 책임 있는 핵보유국으로서 침략적인 적대세력이 핵으로 우리의 자주권을 침해하지 않는 한 이미 천명한 대로 먼저 핵무기를 사용하지 않을 것이며 국제사회 앞에 지닌 핵전파방지 의무를 성실히 이행하고 세계의 비핵화를 실현하기 위하여 노력할 것입니다."

[27] 참고로 핵보유국법 2조와 5조를 보면, 핵무기 사용 원칙에 대해 "우리공화국에 대한 침략과 공격을 억제, 격퇴하고 침략의 본거지들에 대한 섬멸적인 보복타격을 가하는 데 복무하고(2조)", "적대적인 핵보유국과 야합하여 우리 공화국을 반대하는 침략이나 공격행위에 가담하지 않는 한 비핵국가들에 대하여 핵무기를 사용하거나 핵무기로 위협하지 않는다(5조)"고 규정했다.

마지막으로, 북한이 공언한 핵교리와 이를 실현하기 위한 핵전력 간에는 큰 격차가 있다. 북한이 주장하듯이 일차 핵사용을 부정하고 핵 보복 전략을 채택한다면, 북한이 상대의 일차 핵공격을 흡수한 후 이차 핵공격을 하는 데 필요한 충분한 핵무기와 다양한 운반수단과 핵무기 방호체제를 구비하고 있어야 한다. 그런데 실제 북한이 미국의 일차 공격에서 생존할 수 있는 핵능력을 갖추었다고 보기 어렵다. 이런 핵전략과 핵태세의 불일치로 인해, 북한은 앞으로 핵능력을 더욱 증강시킬 필요성이 있다.

　　한편, 북한은 핵 보복력을 갖출 때까지 외부의 예방공격 또는 선제공격의 위험에 심각하게 노출된다. 따라서 그런 과도기 기간 동안 북한은 핵무장 완성을 위한 시간을 벌고 자신의 취약점을 보완하기 위해 매우 공세적인 핵전략, 즉 핵 선제공격 또는 '비대칭확전'을 추진하는 동시에 시간을 벌기 위한 대화공세에 나설 가능성이 높다.[28]

....

28 여기서 '비대칭확전' 핵전략은 비핀 나랑(Vipin Narang) MIT 교수가 중소 지역 핵무장국의 핵전략을 분석하면서, 촉매형, 확증보복형, 비대칭 확전형 등 3개 유형을 제시한 데서 나왔다. 그에 따르면, 첫째, 믿을 수 있는 후원 강대국이 있는 경우, 중소 지역 핵국은 후원국의 개입을 유도하는 '촉매형(catalytic)' 핵전략태세를 취한다. 둘째, 믿을 만한 후원 강대국이 없는 상황에서 재래식 무장력이 우세한 상대와 직면한 경우, 중소 지역 핵국은 '비대칭확전(asymmetric escalation)' 전략을 선택한다. 적대국의 어떤 소규모 재래식 공격에 대해서도 즉각 핵 보복을 가한다는 입장을 견지함으로써 상대의 공격을 억지하려고 한다. 셋째, 가상 적국의 재래식 무장력이 우세하지 않는다면 '확증보복(assured retaliation)' 태세를 선택한다. 동 유형을 북한에 적용하면, 북한이 대외적으로 '확증보복' 전략을 공언하였으나, 한국과 한미동맹에 한해서는 매우 공세적으로 핵무기를 사용하는 '비대칭확전' 전략을 구사하고 있다. Narang, Vipin, *Nuclear strategy in the modern era: regional powers and international conflict*, Princeton University Press, 2014, Narang, Vipin, "What does it take to deter? Regional power nuclear postures and international conflict", *Journal of Conflict Resolution*, Vol. 57, No. 3(2013), p. 488.

2018년 들어 북한이 돌연 일방적으로 핵·미사일 실험 중단을 선언하고, 남북대화와 남북대화에 나선 배경에는 이런 '시간 벌기' 동기가 일부 작동했다고 볼 수 있다. 그리고 2018년 열렸던 남북정상회담과 북미정상회담에서 김정은 국무위원장이 직접 "완전한 비핵화를 통한 핵무기 없는 한반도"에 합의했다. 김정은 국무위원장이 2018년 4월 노동당 제7기 제3차 전원회의에서 선언했듯이, 경제발전을 위해 병진노선을 포기했을 가능성도 배제할 수 없다.

　　2018년에 북한이 기존의 입장에서 크게 변화하여 비핵화를 선언했다고 하더라도, 실제 핵무기를 포기할 가능성은 매우 낮다. 남북 간 분단으로 인한 영합적 안보경쟁구도가 상당 기간 지속될 것이기 때문이다. 북미정상회담이 개최되었지만, 향후 수년 내 북미 간 구조적인 적대관계와 불신관계가 해소될 가능성은 낮다. 따라서 북한의 군사정책과 핵정책은 남북관계와 북미관계에서 근본적인 변화가 있을 때까지 기존 틀을 유지할 가능성이 높다.

V. 결론

북한 특유의 수령유일지배체제를 감안할 때, 북한의 최고 국가안보 목표와 국익은 김 씨 일가의 정권안보이며, 체제안보와 국가안보가 뒤따른다. 한 국가의 군사정책과 군사전략은 국가전략과 국가안보 전략의 하위 개념이다. 군사는 국익을 보호하고, 국가안보 목표를 달성하는 핵심수단 중 하나이다. 따라서 이 글은 국가안보전략의 틀 속에서 북한의 안보환경, 국가목표와 안보국익, 그리고 북한의 국가전략을 분석하고 토론하였다.

1990년대 초급속도로 진전된 탈냉전과 세계화는 대부분 국제사회 구성원에게 평화와 번영의 기회를 제공하였으나, 북한은 남북경쟁과 체제적 이유로 탈냉전과 세계화를 거부하며 고립과 위기를 자초했다. 그런데 북한의 안보위기와 경제위기는 북한 국가·체제·정권을 동시에 위협했다. 북한이 분단국가이며 유일지배체제이기 때문이었다. 북한은 분단국이므로 만약 체제가 붕괴하고 정권이 교체된다면 동독처럼 국가가 붕괴하고 흡수통일되어 소멸할 가능성이 높다. 이런 절체절명의 국가위기를 인식한 북한 지도부는 극단적인 대응조치로서 핵무장을 선택했다.

김정은 북한이 국가목표인 '사회주의강국'을 건설하는 데 필요한 국가전략과 군사전략은 무엇인가. 김일성, 김정일, 김정은 정권은 국가건설의 시대적 요구에 따라 주체사상, 선군정치, 병진노선을 각각 국가전략으로 내세웠다. 특히 2013년 김정은 체제가 제시한 '경제건설과 핵무력건설의 병진노선'은 "핵무력을 중추로 하는 나라의 방위력을 철벽으로 다지면서 경제건설에 더욱 박차를 가하여 번영하는 사회주의강국을 하루빨리 건설하기 위한 가장 정당하고 혁명적인 노선"이었다. 따라서 핵무장은 '사회주의강국' 건설을 위한 핵심 국가전략이자 군사전략이다. 북한은 핵무장을 통해 재래식 군사력을 대체하고 군비투입을 줄여, 그 여력을 경제건설과 인민생활 향상에 집중하고자 했다. 그렇지만 현 NPT체제하에서 그런 핵무장의 효과는 발생하지 않을 가능성이 높다.

북한에서 군의 임무와 역할은 무엇일까. 개정 북한 사회주의 헌법(2016)에 따르면, 북한군의 최우선 임무는 '선군혁명 노선의 관철'을 통한 '수뇌부 보위'이며, 그 다음이 '인민의 이익 보호'와 '외부의 침략에 대한 대응'이다. 이는 북한군의 정치적 성격을 잘 보여준다. 북한은 일찍이 60년대에 주체사상에 근거한 '국방자위' 정책을 제시하고, 실천과제로서 '4대 군사노선'을 제시했다. '4대 군사노선'은 헌법(60조)에도 반영되어, "국가는 군대와 인민을 정치사상적으로 무장시키는 기초위에서 전군 간부화, 전군 현대화, 전민 무장화, 전국 요새화를 기본내용으로 하는 자위적 군사노선을 관철한다"고 규정하였다. 김정은은 2014년 기존 '4대 군사노선'을 유지한 채 '북한군 강화를 위한 4대 전략전 노선'을 제시하고, 정치사상 강군화, 도덕 강군화, 전법(戰法) 강군화, 다병종 강군화 등을 제시하였다.

21세기 들어 북한 군사정책 변화 중에서 최대 특징은 '핵무력'을 국방정책에 포함한 것이었다. 김정일이 2006년 1차 핵실험을 실시하여 핵능력을 과시하였고, 김정은은 2013년 국가전략에서 핵무력의 중심적 역할을 부각시킨 '경제·핵무력건설 병진노선'을 제시하였다.

한편, 북한은 국토방위와 적화통일의 국방정책 목표를 달성하기 위해 속전속결전, 기습전, 배합전 등을 핵심으로 하는 군사전략을 채택하였다. 그리고 국내외 정치군사 환경과 국방기술의 변화에 맞추어 전면전, 저강도 군사도발, 테러, 사이버전 등 다양한 공세적 전술을 구사하였다. 이 중에서도 핵심 전쟁전략은 '속전속결전략'이다. 사실 속전속결전은 역사적으로 가장 보편적인 전쟁 수행전략의 하나이며, 최근 미국의 이라크 침공에도 적용되었다. 북한은 속전속결 전쟁을 수행하는데 필요한 물질적 기반을 갖추기 위해, 대부분 전력을 전진 배치하였다. 또한 전차와 기계화부대로 기동성을 높이고, 타격능력을 높이기 위해 미사일과 해공군 무기의 현대화를 지속하고 있다. 특히 속도전과 돌파전을 위해 북한은 전차와 대포를 대량 전진 배치하여, 평양-원산 이남에 군사력의 70%를 배치했다. 북한은 한미동맹에 따른 미군의 증원, 국제사회의 전쟁 반대 개입, 한국의 우세한 경제력에 따른 전쟁 지속능력 때문에 속전속결전략을 채택할 수밖에 없다.

반면, 오늘날 북한 군사력의 최대 약점은 재래식 무기의 노후화와 전쟁 지속능력의 부족이다. 북한은 이런 약점을 보완하기 위해 군사력의 주력을 탱크와 야포에서 점차 방사포, 미사일과 대량살상무기로 전환하였다. 북한은 내부적으로 핵무기 등 대량살상무기의 개발에 대한 명분으로 적은 경제력 투입으로 최대의 전투력 증강 효과를 낸다는 점을 강조했다. 따라서 북한은 한국과 한미동맹의 우세한 재래식 전력을 무효화하기 위해 핵·화학·생물무기 등 대량살상무기, 미사일, 특수전, 사이버전 등의 전력을 증강하는 데 집중하고 있다. 특히 대량살상무기 중에서도 중장거리 핵미사일은 미 본토와 서태평양지역 내 미군기지를 타격할 수 있는 능력을 구비함에 따라, 미군의 개입과 증원능력을 저지하는 효과를 노린다.

북한은 핵보유국법에서 상대의 공격에 대한 보복으로서만 핵무기를 사용하는 '핵억제보복전략'을 채택한다고 선언하였다. 하지만 북한은 한국과 미국에 대해서는 매우 공세적인 '핵 선제공격'으로 위협하고 있다. 북한은 한국이 핵국인 미국과 동맹국이고, 또한 "핵전쟁연습"으로 "자주권을 침해"하였다고 해석함으로써, 한국에 대한 핵 선제사용의 명분을 이미 축적하였다. 북한이 공언한 핵 보복억제전략과 이를 실현하기 위한 핵태세 간에는 격차가 있다. 현재 북한이 미국의 '일차 공격'에서 생존할 수 있는 다수 핵무기와 방호시스템을 갖추었다고 보기 어렵다. 따라서 북한은 그런 과도기 기간 동안에 미국의 예방공격을 방지하고 핵무장 완성을 위한 시간을 벌기 위해 매우 공세적인 핵 선제공격과 '비대칭확전' 전략을 채택할 것으로 평가한다. 2018년 들어 북한이 공개적으로 '완전한 비핵화'에 동의했지만, 남북관계 및 북미관계의 정상화와 충분한 신뢰구축 이전까지는 기존 핵전략과 군사전략을 지속할 가능성이 높다.

참고문헌

국가정보원, 『북한법령집』상, 하권(2017.11.), http://www.nis.go.kr.

김동엽, "경제·핵무력 병진노선과 북한의 군사 분야 변화", 『현대북한연구』, 제18권 제2호 (2015).

국방부, 『2016 국방백서』(서울: 대한민국 국방부, 2016), http://www.mnd.go.kr.

김태현, "북한의 공세적 군사전략: 지속과 변화", 국방정책연구 제33권 제1호(2017), pp.131-168.

"김정은 제1비서 7차 당대회 중앙위원회 사업총화보고" 전문, 2016.5.7, http://www.ohmynews.com/NWS_Web/View/at_pg.aspx?CNTN_CD=A0002207576.

김정은 2018년 신년사, http://news.joins.com/article/22250044.

박용환, 『김정은 체제의 북한전쟁 전략: 선군시대 북한 군사전략』(서울: 선인, 2012).

전봉근, "북한 핵 교리의 특징 평가와 시사점", 국립외교원, 『주요국제문제분석』, 2016-26 (2016.7.).

_____, "문재인 정부 출범 이후 북핵 환경 평가와 비핵화 전략구상 모색", 국립외교원, 『주요국제문제분석』, 2017-25(2017.7.)

_____, "북한의 평창 동계올림픽 참가와 한국의 대응전략: 세력경쟁론과 전략론의 분석틀 적용", 국립외교원, 『주요국제문제분석』, 2018-02(2018.1.10.).

정영태, "핵을 가진 북한의 21세기 군사전략", 전현준 외, 『10.9 한반도와 핵』(서울: 이룸, 2006).

통일교육원, 『2017 북한 이해』(서울: 통일부 통일교육원, 2017), http://www.unikorea.go.kr.

통일부, http://nkinfo.unikorea.go.kr.

홍민, "김정은 정권 핵무기 고도화의 정치경제", 통일연구원 온라인시리즈, 2015.9.21.

Hymans, Jacques EC, The psychology of nuclear proliferation: Identity, emotions and foreign policy, Cambridge University Press, 2006.

Narang, Vipin, Nuclear strategy in the modern era: regional powers and international conflict, Princeton University Press, 2014.

_____, "What does it take to deter? Regional power nuclear postures and international conflict", Journal of Conflict Resolution, Vol. 57, No. 3(2013).

Office of the Secretary of the State, "Military and Security Developments Involving the Democratic People's Republic of Korea 2015: A Report to Congress", 2016.1, https://www.state.gov/secretary.

Sagan, Scott D., "Why do states build nuclear weapons? Three models in search of a bomb", International security, Vol. 21, No. 3(1996).

6

김정은 시기 북한 외교

김흥규

I. 도입말

김정은 시기 북한 외교는 전환기적인 갈림길에 놓여 있다. 그것은 국제적인 고립 속에서 기존처럼 생존과 자주성을 추구하느냐 아니면 비핵화 과정을 통해 국제무대에 편입하면서 번영을 추구하느냐의 선택이다. 생존, 자주, 번영은 김정은 시기 북한이 모두 필요로 하는 가치이지만, 이 모든 것은 비핵화문제를 어떻게 처리하는가에 달려 있다.

우리가 북한 외교를 비합리적인 개인이 전횡하는 것으로 미리 전제하는 것은 좀 더 신중할 필요가 있다. 북한 정권의 생존과 관련된 대남사업 분야와 대외관계에는 아마도 북한 최고 수준의 인력들을 배치하고 양성해왔다고 평가하는 것이 더 합리적일 것이다. 국제관계의 중요성을 잘 인식하고 있는 북한 지도부로서는 나름의 대외관계에 대한 정세판단을 바탕으로 자신들의 입장에서 대단히 합목적적인 대외정책을 추진해왔다고 평가하는 것이 더 실체에 가깝다.

김정은 시기 이전 북한의 외교는 약소국이라는 국가정체성에 입각하여 변화하는 국제정세 속에서 기민하게 적응하려 노력을 하였다. 건국 초에서 1950년대 중반까지 시기를 제외하고는 대체로 강대국에 순응하거나 일방적으로 편승하는 정책보다는 시세(時勢)에 적응하면서 자신의 이익을 극대화하려는 외교정책을 추진하였다. 북한의 대외정책 추이를 분석해보면 북한은 강대국 국제관계의 변화가 스스로의 명운에 얼마나 큰 영향을 미칠 수 있는지를 잘 인식하고 있었던 것으로 평가된다. 따라서 주변 강대국 관계의 변화에 대단히 민감하고 기민하게 반응하였다.[1]

북한의 외교 수사를 살펴보자면, 이데올로기적인 성향이 강하며, 자주적이고 강한 국가를 지향하고 있다. 사회주의권의 붕괴 이후 최근까지도 국제정치와 외교정책을 계급투쟁이론에 의한 세계혁명의 과정으로 간주해왔다. 그러나 북한의 외교는 실제 약소국이라는 자의식을 바탕으로 점차 이념 지향에서 실리 지향으로 변모해왔다.[2] 사회주의권 국가 중심에서, 비사회주의적인 제3세계 국가들, 그리고 이후 서방국가들과의 관계 개선으로 그 시야를 확대해왔다. 그런 의미에서 북한의 외교는 그간 적대외교, 동맹외교, 비동맹외교, 협력외교 등의 스펙트럼을 비교적 유연하게 구사해왔다고 할 수 있다.[3] 그러나 1990년대 이후 혹독한 국내외 정치·안보적 환경은 북한으로 하여금 생존을 중심으로 한 외교전략, 즉, 선군 추진외교, '벼랑 끝' 줄타기 외교, 안보 우선주의 외교를 추진하도록 하였다. 2017년

....

[1] 김한권은 중소분쟁 시기 북한 외교의 사례를 들어 "시계추 외교"라 정의하고 있다. 김한권, "미중 사이 북한의 외교와 중국의 대응", 『IFANS 주요국제문제 분석 2018-45』(서울: 국립외교원 외교안보연구소, 2018).

[2] 이 분석은 박재규, 『북한의 신외교와 생존전략』(서울: 나남출판, 1997) 참조.

[3] 이 분석틀은 김계동, 『북한의 외교정책과 대외관계』(서울: 명인문화사, 2012), pp.7-20 참조.

핵무장에 성공했다고 선언한 북한은 보다 과감하게 남북관계를 개선하고 북중 및 북미정상회담에 나서는 등 생존 중심의 외교를 벗어나려 시도하고 있다.

북한은 정권 수립 이후 내내 미국이라는 압도적인 초강대국의 적대정책에 직면하였다. 냉전기간 중 대부분의 시기 동안 충분히 신뢰할 수 없었던 우방이었던 중국과 소련 사이에서 자신의 생존이익을 지켜내야 했다. 더구나 이들 북한의 우방들은 1960년대에 이르면 이미 상호 간에 깊은 적대감을 지닌 채 분열되고 있었다. 심지어 중국은 1970년대 초반 중대한 전략적 조정을 단행하여, 소련을 주적으로 인식하면서 소련을 견제하기 위해 오히려 친 서방정책으로 전환하고 있었다. 따라서 북한이 직면했던 대외환경은 결코 녹록치 않은 상황이었다. 북한의 외교행태 이면에는 국제정치무대에서 소외될 개연성과 안보에 대한 스스로의 불안감이 깊이 내재되어 있다.

북한이 지금까지 일관되게 공개적으로 추진해온 목표는 북한 주도의 한반도 통일이었다. 북한의 노동당 규약은 "전국적 범위에서 민족해방민주주의 혁명의 과업을 수행"하는 것이다. 그리고 최종목적으로 "온 사회를 주체사상화하여 인민대중의 자주성을 완전히 실현"하고, "남조선에서 미제의 침략무력을 몰아내고 온갖 외세의 지배와 간섭을 종식"시키며, "남조선 인민들의 투쟁을 적극 지지성원하며 자주, 평화통일, 민족 대단결의 원칙에서 조국을 통일하고" 등을 명시하고 있다. 이러한 통일전략은 1964년 3대 혁명역량 전략으로 체계화된 이후, 통일 달성이라는 목표를 이루기 위한 외교활동으로 구체화되어 왔다. 간과할 수 없는 점은 북한의 대외전략은 이러한 통일 달성 목표에 종속된다는 것이다. 그러나 1990년대 초 사회주의권의 몰락과 경제적 어려움으로 북한의 통일외교 전략은 점차 수세에 몰린 북한 정권의 생존을 우선적으로 담보하고자 하는 방어적 성격으로 전환되었다.

냉전시기 북한의 외교활동은 한반도의 공산화와 대남 우위 확보를 목표로 사회주의권 국가들과 비동맹 국가들에 치중해 있었다. 특히 중소 간에 분열과 분쟁이 가속화되는 상황에서 중소 양자 간의 갈등에 휘말리는 편승적인 태도를 지양하고 실리적인 태도를 취하려 노력했다. 강대국들과의 관계를 우호적으로 가져가려 노력하면서도, 강대국 간의 영향력을 서로 상쇄시켜 자국의 안전과 자주성을 확보하려는 노력을 취하였다.[4] 이는 약소국이 강대국 틈바구니에서 취할 수 있는 대외정책의 원칙들을 교묘히 잘 적용해온 사례라 할 수 있다.

탈냉전시기는 북한의 외교환경이 보다 더 열악하게 바뀌는 시기였다. 북한의 오랜 후원자였던 소련은 1990년에, 중국 역시 1992년에 한국과 국교 수교를 단행하였다. 북한은 이에 대한 균형을 맞추기 위해 미국 및 일본과의 국교 수교를 강력히 요구하였지만 이루지 못했고, 북한의 고립은 가속화되었다. 이에 북한은 한반도 공산화 목표를 추진하기 어렵다는 현실을 인지하고 보다 현상유지적인 태도를 보여주었고, 서방 국가들과도 관계 개선을 추진하는 등 외교를 다변화하려는 노력을 보여주었다. 특히 미국과의 관계 정상화를 체제 생존의 핵심적인 요소로 보고 그와 관계 개선을 다각적으로 시도하였다. 다만, 남북관계는 북미관계의 종속변수로 보고, 북미관계 개선을 위한 도구적인 관점에서 다루어왔던 경향이 강하였다. 그

....

[4] 이에 대해서는 김태운, 『북한의 한반도 주변 대4강 외교정책에 대한 이해』(서울: 한국학술정보, 2006), pp.36-39 참조.

러나 북미관계는 북한이 체제의 생존을 위해 추진한 핵개발로 인해 내내 교착상태에 빠져있었다.

21세기 들어 동북아와 한반도에서 미국과 중국은 협력적으로 현상유지 및 관리정책을 강화하려 하였다. 이에 대해 북한은 중국의 노력에 배치되는 벼랑 끝 전술을 통해 미국과 직접 대화를 시도하였고 어려운 국면을 타개하고자 하였다. 동시에 중국에 대해 전통적인 유대를 강조하고, 자신의 전략적 가치를 증명하려 노력하였다. 2010년 연평도 사태도 중국 후진타오 주석이 2011년 1월 임기 중 마지막으로 미국 방문을 앞두고 미국과의 관계를 우호적으로 강화하려는 상황에서 발생한 것이었다. 이러한 북한의 태도는 중국에 대해서도 일방적으로 편승하기보다는 자신의 전략적 이해를 달성하기 위해 모험을 불사하면서도 강대국을 견인하려는 적극적인 정책을 추진했다는 것을 말해준다.

북한의 김정일 국방위 위원장은 2008년 발병한 이후, 기존의 핵무장을 '협상의 카드로 활용하고 생존을 담보하는 전략'을 넘어서서 '핵무장을 확보한 이후 협상을 하는 전략'으로 전환하였다. 이러한 정책의 연장선상에서 고려할 때, 김정은 시기 북한의 외교는 약소국으로서의 입지를 고려하면서도 약소국 외교의 전형을 넘어서 스스로의 안보를 확보하고자 하는 "강성대국화" 전략을 추진한 것으로 보인다. 북한은 2017년 11월 29일 화성-15로 알려진 대륙간 탄도미사일의 발사실험 성공 직후에 "국가 핵무력 완성"을 선언하였다. 북한은 대내외적으로 핵을 보유한 강국의 반열에 올라섰음을 공식적으로 선언한 것이다. 김정은 위원장은 한국을 타격할 핵능력과 미국 본토를 공격할 수 있는 대륙간 탄도미사일(ICBM)의 개발에 거의 성공하였음을 증명하였다. 이는 한국과 미국에 대해 보다 적극적인 태도로 정책을 전환하는 데 밑받침이 되고 있다. 북한은 핵무장 완성 이후 일단 한국과의 관계를 개선하면서 미국과 관계 개선 협상을 시작하였고, 경제발전을 위해 개혁과 개방을 강화하는 정책을 추진하고 있다.

그러나 북한의 통일외교 전략은 자유민주주의와 시장경제체제에 입각한 평화통일을 주장하는 한국 측과 주도권 문제를 놓고 상호 충돌하고 있다. 남북한은 현재 명시적으로는 평화통일이라는 원칙에는 공통된 입장을 견지하고 있으나, 그 의도와 궁극적인 수단에 대한 상호 간 불신을 해소하기에는 여전히 어려운 상황에 놓여있다. 상호 신뢰가 형성되기 어려운 국제정치 환경과 남북한 관계 속에서 북한 외교는 스스로의 안보를 보장하고, 향후 한반도 문제의 주도권을 쥘 가장 핵심적인 군사역량으로서 핵무장을 확보하면서 국제적으로 이를 용인 받고자하는 노력을 경주할 것이다. 동시에 새로이 출범한 김정은 정권은 기존 정권과 차별화하고 정권의 정당성을 강화하기 위해서 경제발전과 민생안정을 위한 실익외교를 병진적으로 추진하여야 할 필요성을 인식하고 있다. 북한은 실제 2020년까지 핵개발과 경제발전을 모두 이룩한다는 야심찬 계획을 추진하고 있다.[5] 물론 이는 쉽지 않은 일일 것이다. 김정은 시기에 북한 외교는 한국을 포함한 국제사회와 아마 정권의 사활을 건 본격적인 게임에 진입하였다고 보아야 할 것이다. 북한에게 주변 환경은 최악이다. 그럼에도 주변 각국의 이해관계는 제각각이어서 그 최종

....

[5] 중국의 주요 한반도 전문가와의 인터뷰(2014.4.26.) 참조. 그에 따르면 북한은 대륙간 탄도미사일(ICBM)과 잠수함 발사 탄도미사일(SLBM) 능력을 2025년 전후로 완비하는 것으로 계획을 세웠으나 최근 그 개발속도가 빨라지고 있다.

결과는 여전히 속단하기 어렵다.

북한의 대외정책을 이해하는 데 주의할 점은 수령제로 표방되는 북한의 독특한 통치구조는 북한의 대외전략이나 정책이 국가 이익보다는 정권의 이해에 종속된다는 것을 말해준다. 북한은 외부에서 어떠한 경제적 지원을 약속한다고 할지라도 이를 정권의 생존 여부와 우선적으로 결부하여 판단할 것이다. 기존의 6자회담에서 미국은 핵 프로그램을 포기하는 대가로 한 경제지원을 지속적으로 제시해왔는데도 북한은 기아에 허덕이는 주민을 아랑곳하지 않고 핵개발을 지속해왔다. 미국의 경제지원 카드가 북핵문제 해결에 큰 영향을 주지 못한 이유는 경제난 극복보다 김정일·김정은의 정치적 생존을 우선시하는 구조 때문이다. 이는 결국 북한이 경제적인 지원의 대가로 정권 생존의 담보인 핵무기를 포기할 개연성은 그리 높지 않다는 것을 의미한다. 즉, 비핵화의 전제는 김정은 정권의 생존을 어떻게 담보해주느냐가 될 것이다. 북한은 정권 안보의 보루로서 국제사회로부터 어느 정도의 핵무장을 허용 받고, 명목적인 비핵화 선언을 통해 국제사회로 진입하면서, 민생문제와 경제를 해결하는 방안을 추진할 것으로 보인다.

II. 김정일 시대의 외교

1. 유훈통치기의 외교(1994-1998): 활로 외교

1994년 김일성 주석 사망 이후 김정일 위원장 전반기 시기의 북한은
전례 없이 고통스런 대내외 환경에 직면하였다. 한국과의 경쟁에서
경제력과 외교력은 열세가 심화되었고, 재래식 군사력은 역전이 불
가능한 질적 열세상황으로 본격화되었다. 식량난과 에너지난은 극
에 달했고, 안보 상황 역시 대단히 어려웠다. 북한은 경제력과 외교
력의 압도적인 열세 상황을 단기적으로 극복하기 어렵다고 판단하
였다. 이 시기는 정권과 체제의 생존 그 자체를 위해 분투하는 시기
로 규정할 수 있다.

북한은 미국과의 관계를 안정화시켜 안보를 확보하고자 하는
전략을 취하였다. 유훈통치기간 동안 북한 외교에서 주목할 것은
1993년 3월 국제 비핵확산조약(NPT)를 탈퇴한 이후 불거진 위기
상황을 해결하고자 1994년 10월 미국과 양자 협상에 임했다는 점이
다. 북한은 미국과 '제네바 기본합의문'을 채택하여 핵개발의 동결

대가로 경수로 및 중유 지원이라는 경제적 이익과 북미관계 개선의 발판을 마련하였다. 과거 핵 규명시한을 연장함으로써 미국에 대한 협상카드를 계속 보유할 수도 있게 되었다.

김일성 사후 1995년부터 시작된 수재와 냉해 등은 북한 내 식량난을 악화시켰고, 곧 북한은 최악의 경제난을 맞이하게 되었다. 이러한 상황은 1996년 신년공동사설에서 '고난의 행군정신'이라는 구호로 드러났다. 북한은 우선 체제안정성 확보에 주력할 수밖에 없었다. 정권유지에 불가결한 물리적 강제력을 장악하기 위해 군사우선정책인 선군정치를 적극 추진하면서, 새로운 정책방향을 제시하기보다는 '유훈통치'로 알려진 김일성 시대 정립된 정책을 고수하였다.

그럼에도 외교활동이 전혀 없었던 것은 아니었다. 일본과는 1992년 8월 이후 중단된 수교회담을 재개할 수 있는 근거를 마련하기 위해 1997년 11월 일본인 처 고향방문을 처음 허용하기도 하였다. 그러나 일본과 관계 개선을 이루지는 못했다. 중국과는 김일성 사후 지속적인 방중 외교를 통해 정치·군사·경제 등 제 분야에서의 교류·협력을 유지하려 노력하였다.[6]

동 기간 양국 간 최고위급 지도자 간 교류가 전혀 없었던 것에서 알 수 있듯이, 한중 수교 이후 북중관계는 냉랭해졌다. 그러나 중국은 북한 정권의 생존에 필요한 대북한 식량·원유의 무상원조는 계속 제공하였다. 북러관계에도 큰 전환이 있었다. 1995년 9월, 러시아가 북한과의 동맹조약을 연장하지 않는다고 발표함으로써 러시아와 이념적 유대 및 군사적 동맹관계를 재조정할 수밖에 없게

....
[6] 이에 대해 잘 정리한 글은 이기현 외, "한중수교 이후 북중관계의 발전: 추세분석과 평가", 『KINU 연구총서 2016-16』(서울: 통일연구원, 2016).

되었다. 그럼에도 북한은 러시아와 무역·과학기술 등 다른 분야에서 협력을 확대하고자 노력하면서 실리를 추구하는 실용주의적인 태도를 취하였다.

1993년 11월 새로이 출범한 유럽연합의 회원국들에게 북한은 대표단을 파견하여 관계 개선에 적극적인 태도를 보였다. 1995년 8월 북한이 유엔에 수재 긴급지원 요청을 한 이후 EU는 대북 인도적 지원을 제공하기 시작하였으며, 1995년 12월에는 한반도 에너지개발지구(KEDO)의 공식회원으로 참여하였다. 이후 북한은 EU로부터 인도적 차원의 지원 획득은 물론 이들과 경제관계를 확대하려고 주력하였다.

대아시아 외교 역시 지속적인 노력을 기울였다. 1995년 신년공동사설을 통해 김정일 위원장은 "남남협력를 발전시키기 위해 적극 노력할 것"이라고 강조한 바가 있다. 동남아시아 국가들에 대한 초청·방문외교도 지속적으로 전개하였다. 동남아시아 국가들에 대한 북한의 초청·방문외교는 주로 경제 분야에 관련된 것이었지만, 1995년 11월 최광을 단장으로 하는 군사대표단이 파키스탄 방문하기도 하였다. 북한이 파키스탄의 칸 박사와 핵관련 협력을 하였던 것이 우연은 아닌 듯하다. 또한 북한은 1990년대에도 외교적인 고립을 탈피하고자 인도네시아·태국·베트남·라오스·말레이시아 등 동남아 국가들에 대한 외교활동을 적극 추진하는 한편 미얀마, 필리핀과의 외교관계를 정상화하였다.

2. 강성대국 추진 외교(1998-2012)

김정일 총비서의 공식 집권 초반기 북한 외교는 국제사회에 대한 접근을 보다 과감하게 시도하였다. 점차 주변국과는 물론 한국과의 관계 개선을 통해 경제적인 상황의 개선을 시도하였다. 다른 한편으로는 미국과의 우호적인 협상을 기대하기보다는 자체 핵무장을 통해 협상능력을 제고하면서 동시에 군사적 역량을 우선적으로 구축하는 전략으로 전환하였다. 6자회담을 통해 비핵화 협상을 진행하면서도 핵무장과 대륙간 탄도미사일 개발은 지속적으로 추진해 나갔다.

김정일 정권이 공식적으로 출범한 것은 1998년 9월 개정헌법을 공표하면서부터이다. 김정일은 공식적인 북한의 최고지도자로서 1998년 8월 22일자 노동당 기관지 『로동신문』 정론을 통해 처음으로 '강성대국' 건설을 추진하기 위한 새로운 대외정책의 방향을 제시하였다. 당시 정론은 강성대국이란 "사상의 강국을 만드는 것부터 시작하여 군대를 혁명의 기둥으로 튼튼히 세우고 그 위력으로 경제건설의 눈부신 비약을 일으키는 것이 주체적인 강성대국 건설 방식"이라고 밝힌 바 있다. 북한은 강성대국의 추진의 선언과 동시에 1998년 8월 대포동 로켓을 발사하였다. 그리고 2002년 금창리 지하핵시설과 우라늄탄 개발에 대한 의혹을 미국이 제기하자 북한은 강력히 반발하면서 미국과 다시 위기 상황에 빠지게 되었다.

강성대국 건설을 뒷받침하기 위한 새로운 외교적 노력은 1999년 6월 김영남 최고인민회의 상임위원회 위원장이 홍성남 내각총리, 백남순 외상, 김일철 인민무력상 등 북한 고위층을 대거 대동하고 방중하면서 본격화되었다. 김정일 자신도 2000년 5월과 2001년 1월 중국 방문으로 대중 관계 긴밀화, 대일 수교 협상 재개, 2001년 김정일의 러시아 방문으로 대러 관계 재정립 등 활발한 방문외교를 전개하였다. 조명록 차수를 2000년에는 미국에, 2003년에는 중국에 파견하여 북미 및 북중 우호관계를 동시에 강화하려는 노력을 기울였다. 그리고 남북한 관계에 있어서도 2000년 6월 드디어 최초로 남북정상회담 및 6.15선언이 성사되는 결과를 낳았다.

북한의 대포동 로켓 발사로 촉발된 위기 상황에서 당시 대북정책 조정관에 임명된 윌리엄 페리 전 미국 국방장관은 북한에 대한 강공책 대신 협상을 택하였다. 1999년 5월 북한을 방문하여 조명록 제1부위원장 등과 만나 양국 현안을 논의한 뒤, 같은 해 10월 "페리 프로세스"를 내놓았다. 대북 포용정책을 기조로 한 페리 보고서는 북한과 미국 등 동맹국들이 상호위협을 줄이면서 호혜관계를 구축하기 위한 3단계 접근방식을 제시하였다.[7]

북한은 이에 호응하여 미국과 관계 개선을 추진하였다. 클린턴 행정부 말기 북미 양자대화를 통해 진전을 보이자 북한은 2000년 10월 조명록 차수를 워싱턴에 파견하였다. '적대관계 종식' 등의 내용이 담긴 '조미 공동 코뮤니케'와 '반테러 공동성명'을 채택하는 등 미국과의 관계 정상화를 시도하였다. 미국 역시 당시 클린턴 대통령의 방북을 심각히 고려하였다.

2000년대 초 남북정상회담 이후 개선된 한반도 분위기에 힘입어 김정일 정권은 고립을 탈피하기 위해 중국·러시아·일본과의 정상회

....

[7] 1단계로 북한의 미사일 발사 중지와 미국의 대북 경제제재 해제, 2단계로 북한의 핵과 미사일 개발 중단, 마지막으로 북미, 북일관계 정상화와 한반도 평화체제 구축 등을 권고하는 내용이다. 이에 대해서는 https://www.ncnk.org/sites/default/files/Perry_Report.pdf(검색일: 2018.9.12.) 참조.

담은 물론이고 적극적으로 유럽연합 국가들과 수교하였다. 이탈리아(2000.1.)를 포함한 영국(2000.12.), 독일(2001.3.) 등과 수교하였으며, 2010년까지 유럽연합 25개 회원국들과 외교관계를 수립하였다. 당시 오랜 고립에서 탈피하기 위한 외교적 노력은 필리핀·홍콩 등 아시아 국가들과 관계 강화 등으로 나타났다.

북한은 이처럼 전방위적으로 대외관계 개선을 위한 외교를 추진하였으나, 2001년 1월 출범한 부시 미 행정부가 북한을 "악의 축"으로 규정하고, 강경한 입장을 보임으로써 심각한 좌절을 겪게 되었다. 북미 간의 갈등과 대립은 크게 강화되었다. 이러한 갈등 과정에서 북한은 2002년 10월 협상 상대인 미국의 켈리 국무부 차관보에게 북한이 고농축 우라늄 프로그램 추진하고 있다고 언급하면서 새로운 제2차 북핵 위기의 시기를 맞이하게 되었다.[8]

김정일 위원장이 일본과의 관계 개선을 위한 노력의 일환으로 2002년 9월 고이즈미 총리와의 회담에서 일본인 납치문제를 인정하고 사과한 것이 일본 내 비판적 여론을 더욱 확산시키는 결과를 초래했다. 북한이 국가적 차원에서 국제법을 무시한 범죄를 저질렀다는 점을 공식 시인한 것이다. 그에 따른 국제적인 명성은 물론이고, 일본과의 관계가 김정일 총비서의 희망과는 반대로 흘러갔다. 이러한 상황들은 그간 김정일 정권이 추진해온 대외관계 활성화 정책에 심각한 타격을 주었으며, 북한 외교안보 정책의 축은 핵개발로 전환되었다.

....
[8] 이 위기 과정을 다룬 글은 후나바시 요이치(오영환 외 역), 『김정일 최후의 도박』(서울: 중앙일보 시사미디어, 2007), 김근식, 『대북포용정책의 진화를 위하여』(파주: 한울, 2011), pp.147-148.

2002년부터 시작된 김정일 중반기 시대의 외교는 핵 위기 외교를 중심으로 전개되었다고 해도 과언이 아니다. 제2차 핵외교 시기는 북한이 "선군외교"를 본격적으로 발전시켜 나간 시기이기도 하다. 선군외교는 서훈의 정리에 따르면, '악명 유지전략,' '모호성 유지전략,' 그리고 '벼랑 끝 대응'과 '위기관리 능력'을 그 내용으로 한다.[9] 김정일 시대 선군외교는 북한 정권의 안보 확보를 최우선의 목표로 놓고, 북한 자신들이 지닌 체제적인 장점과 미국의 약점을 결합한 비대칭적 수단의 개발, 북한의 지정학적 이점의 활용, 북한 지도부의 적절한 전략구사능력, 중국 활용전략 등을 결합하여 결국은 핵무장화의 단계로 진전시켰다.

북한은 핵개발을 시인한 이후, 미국과의 갈등이 고조되는 가운데 중국의 중재를 받아들였다. 북한 핵관련 대화기제로서 기존의 3자 혹은 4자회담 체제를 포기하고, 러시아를 회원으로 추가하는 조건으로 6자회담이라는 새로운 다자협의체를 받아들였다. 북한은 줄곧 러시아와는 전통적인 우호협력관계를 유지하기 위해 노력하였다. 러시아에서는 2000년 7월 푸틴 대통령이 방북하였고, 김정일은 2001년 7월, 2002년 8월 러시아를 방문한 바 있다. 당시 북한이 6자회담에 동의한 것은 미국과의 관계를 파국으로 끌고 가지 않기 위한 고육책이기도 하였다. 북한의 비핵화를 중재할 6자회담은 2003년부터 2007년까지 여섯 차례 개최되었다.[10]

북한은 북미 간의 일관타결 방식을 제안하고, 동시행동 원칙에

....

[9] 서훈, 『북한의 선군외교』(서울: 명인문화사, 2008), 특히 제6장 참조.

[10] 이와 관련한 자료는 한반도 평화교섭본부, 『북핵 관련 주요 문서』(서울: 한반도 평화교섭본부, 2018.6.).

따라 단계별 이행을 추진하였다. 미국이 북한의 요구를 무시하거나 타협안을 제시하지 않고 강경책을 구사하는 경우, 상황을 더욱 악화시키는 압박전략을 구사하였다. 김근식에 의하면 이 기간 북미는 상호 간의 불신과 적대의식을 증폭시키고, 군사적 관점에서 단순화하여 상호를 바라보는 "거울영상효과(mirror-image effect)"를 더욱 강화시켰다.[11] 북한은 2005년 북핵 폐기에 합의한 9.19 공동성명, 그 구체적인 이행 계획을 담은 2007년 2.13 합의에 도달하기는 하였으나 결국 이는 지켜지지 못했다. 9.19 공동성명 직후 나온 미국 재무부의 방코델타 은행에 대한 자금 동결 조치, 핵동결검증을 둘러싼 마찰 등으로 북핵 협상은 파국으로 치달았다.

결국 북핵문제는 해결책을 찾지 못하는 상황에서, 북한은 2006년 10월 제1차 핵실험을 단행하여 보다 강도 높은 압박전략을 채택하였다. 그리고 2009년 5월에 두 번째의 핵실험을 강행하였다. 북한은 2009년 제2차 핵실험을 전후하여 '비핵화 정책 포기'를 공개적으로 선언하였으며, 관련된 정책 논리도 그에 부합되게 수정하였다. 이후 북한은 일관되게 핵능력 및 탄도미사일 능력을 증강시키는 정책을 추진하였다. 미국 오바마 대통령의 관계 개선 제의를 거절하는 한편, "이제까지의 핵정책을 재검토", "평화협정 체결과 핵보유국으로서 북미관계 정상화 제안", "북미 간 차원의 핵 군축" 등을 요구하였다. 2009년 4월 북한의 미사일 발사를 규탄하는 유엔 안전보장이사회 의장 성명이 발표되자 북한은 이를 빌미로 6자회담 불참을 선언하면서 지금까지 공전되고 있다.

북한의 일본 및 EU와의 관계는 핵·미사일 위기와 더불어 악화

....
[11] 김근식(2011), 제5장.

되었다. 일본인 납치문제는 북한의 대일 접근을 저해하는 요인이었다. 또한 북한의 인권문제는 EU와의 관계 진전을 저해하였다. 북한은 핵 위기의 와중에 국제적인 고립을 탈피하기 위한 수단으로서 비동맹운동, 아세안지역안보포럼(ARF) 등에는 적극 참여하고, 제3세계국가들에 대한 초청·방문외교를 지속하였다. 국제적 지지 및 지원 확보를 도모하였지만 그 성과는 미진하였다.

김정일 시기 말년의 외교는 북중관계에 집중하고 있었는데, 이는 김정은 후계 체계를 구축하기 위한 노력과 깊은 관련이 있다. 김정은을 후계자로 내부적으로 결정하고 준비 작업에 들어간 시기는 대체로 2007년부터로 추정된다. 이 기간의 김정일 체제는 불안정성과 불확실성이 동시에 공존하는 북한이 나아가야 할 방향을 찾는 데, 그리고 김정일 정권과 세습에 대한 정통성을 세우는 데 열중했던 시기였다.

김정일 총비서가 2008년 8월 뇌졸중으로 쓰러진 것으로 알려진 이후, 북한은 김정은 후계구도 구축을 위해 속도를 내기 시작하였다. 북한 김정일 위원장은 2006년 방중 이후 한동안 뜸했던 중국을 2011년 12월 17일 사망하기 직전 시기인 2010년 5월 3일부터 7일까지 방문하였고, 다시 방중한 지 4개월도 안 돼 8월 26일 4박 5일의 일정으로 중국을 방문하였다. 그리고 사망한 해인 2011년 5월과 8월에도 방중을 단행하였다. 김정일의 방중에 대한 다양한 설명이 존재하겠지만, 가장 중요한 것은 김정은 후계체제를 구축하고 중국의 지지를 획득하기 위한 김정일의 지난한 노력의 일환으로 볼 수 있다. 김정일은 사망해인 2011년 8월 러시아도 방문하여 후계구도에 대한 러시아의 지지를 받아내고자 하였다.

북한이 2009년 5월 제2차 핵실험을 단행한 이후 당시 북중 간의 관계는 역설적으로 더 호전된 것으로 알려져 있다. 당시 중국은 북한이 핵무기를 단기간에 포기할 개연성이 적어짐에 따라 북한문제와 북핵문제를 분리하여 처리한다는 방침을 정하고 북한에 대해 유연한 접근전략을 더 강화하였다. 이에 따라 2009년 10월 중국의 총리 원자바오가 북한을 방문하였고, 그 이후 북·중 사이에는 다양한 경제협력 논의가 진행되었다. 그러나 실제 북중관계가 표면상 드러난 것처럼 그리 우호적인 것은 아니었다. 중국은 북한이 요구한 현금성 경협자금의 제공과 북한군 현대화 지원요구를 지속적으로 거부하였다.[12] 동시에 북한에 대한 경제협력 역시 상호간의 '시장경제 원칙', 국가보다는 '민간주도', '공영'의 입장에서 진행한다는 원칙을 세우고 과거와 같이 일방적인 정치적 지원은 하지 않겠다는 입장을 분명히 하였다.

특히 후진타오는 2010년 3월 천안함 사태로 한반도의 전쟁 위험이 고조된 위기 상황에서, 북한 김정은 총비서가 5월 방중을 하였을 때, 5개 항의 합의 사항을 요구하였다. 그중 주목할 만한 것은 '내정에 대한 전략적 소통을 하기로 한 합의'였다. 중국의 대외정책의 주요 원칙이 내정불간섭인 것을 감안하면 중국의 이러한 요구는 대단히 의외의 일이었으며, 주체사상을 정권의 정당성 기조로 여기는 북한의 입장에서는 대단히 굴욕적인 요구였다고 할 수 있다. 북한의 김정일이 그럼에도 불구하고 이를 수락한 것은 김정은 후계체제 구축을 위한 중국의 지지를 획득하기 위해 북한 외교는 상당한

....

[12] 2010년 5월 북중정상회담 당시 김정일이 요구한 내용은 대략 최신형 전폭기 30대, 300억 달러 수준의 경협, 매년 50만 톤 지원하는 원유를 100만 톤으로 늘리고, 여기에다 100만 톤 상당의 식량 지원을 먼저 해달라는 것으로 알려졌다. http://www.polinews.co.kr/news/article.html?no=79995(검색일: 2013.9.12.).

대가를 치른 것이라 할 수 있다.

북·중 간 전략적 소통에 대한 합의에 입각하여 2011년 6월 리웬 차오 정치국원의 방북 시, 북한의 노동당과 중국의 공산당 사이에 정례/필요에 따라 "북 노동당-중 공산당 전략대화"를 갖기로 합의 하였고 평양에서 제1차 전략대화를 개최하였다. 이러한 합의에 근거 하여 북·중은 북한의 위성 발사 실패 직후인 2012년 4월 21일에도 북경에서 전략대화를 개최하였다. 북한 김정일은 중국 측과 대화의 기회가 있을 때마다 중국의 입장을 반영해 한반도 비핵화가 김일성 의 유훈이며, 북한은 한반도 비핵화를 분명한 목표로 하고 있다는 입장을 지속적으로 천명하였다. 김정일의 외교는 어떤 형태로든 불 안정한 한반도 안보정세 속에서 북중관계를 잘 관리하면서 중국을 끌어안고 가야겠다는 의지를 지속적으로 드러내 보였다.

중국 측은 2011년 12월 19일 북한 김정일 총비서의 사망소식이 알려진 이후, 정치국 상무위원회 9인의 모든 구성원이 조의를 표하 면서 최대한의 예를 갖추었다. 동시에 발생할 수 있는 새로운 북한 정권의 불안정성을 방지하기 위해 가장 먼저 19일자 조문에서 김정 은 조선노동당 중앙군사위원회 부위원장을 차기 지도자로서 인정 하는 문구를 포함시켜, 북한의 새로운 정권에 대한 지지를 표명하 였다.

김정일 총비서의 사망소식이 알려진 당일 장즈쥔 중국 외교부 부부장은 주중 미국, 한국, 일본, 러시아 대사를 불러들여, 북한 의 안정을 해치는 어떠한 조치도 취하지 말아 줄 것을 요구하였다. 또한 중국의 관영 매체인 『환구시보(環球時報)』는 20일 사설에서 "중국이 과도기의 북한에 믿을만한 지지국가가 돼야 하며 외풍을 막아줘야 한다"고까지 주장하고 나섰다. 이는 한편으로는 중국의 북한 관련 위기관리체제가 작동한 것으로 볼 수도 있으나, 동시에 김정일 총비서의 사후 북한 김정은 체제의 조기정착과 북한 정권의 안위를 위해 안배한 대중외교가 성과를 거두었다고 평가할 수 있을 것이다.

Ⅲ. 김정은 시대의 핵무장 추진 외교(2012-2017)

1. 김정은 시대 새로운 대외정책의 모색(2012)

김정은 체제가 들어선 지 이미 7년여의 시간이 흘러가고 있다. 중국의 부상, 미국의 상대적 쇠퇴, 한국 보수정부의 등장이라는 새로운 대외요인들을 바탕으로 이 시기 북한은 대단히 중요한 대외정책과 핵정책의 전환을 추진하였다. 우선, 외교안보적으로는 보다 공세적이고 대결적인 정책을 추진하였다. 여기에는 세 가지의 전략적 판단이 존재하였다. "우선, 중국을 결코 신뢰할 수는 없지만, 중국은 지정학적·지전략적 가치 때문에 북한을 포기하지는 못한다. 둘째, 미국은 현 경제적 어려움과 중국의 부상으로 북한을 군사적으로 공격할 수 없다. 셋째, 한국의 보수정부로부터 기대할 것은 없다." 따라서 북한은 한국을 무시(passing) 혹은 공세적 주도권을 추진하면서, 미중의 반대에도 불구하고 보다 노골적이고 과감하게 핵무력 완성을 추진하였다.

　김정은 시기 북한의 외교는 정권의 공고화와 핵무장의 기정사실화와 국제적 인준이라는 두 가지 목표를 위해 봉사하였다고 할 수 있다. 이 시기를 보다 세분하자면, 김정은 정권 수립시기인 2012년 새 정권 안정화 외교 단계, 2013년 제3차 핵실험 이후 고립돌파 외교와 병진노선의 채택, 핵·미사일 보유를 위한 준비와 탐색 외교 단계, 2016년 1월 제4차 핵실험이후 북한의 핵무장을 기정사실화하는 대외 압박 외교 단계로 크게 대별할 수 있다. 그리고 2017년 11월 29일 "국가 핵무력의 완성"을 선언한 이후 핵무기 협상에 나서는 한편, 정상적인 국가로서 국제적인 인정을 획득하기 위한 새로운 외교적 노력을 시작하였다.

김정은은 핵무장 및 핵무기 보유를 헌법에 규정하여, 핵무장이 북한 정권의 정당성과 영속성을 담보하는 핵심요소라는 것을 분명히 하였다. 이미 2009년 제2차 핵실험을 전후로 설정된 핵무장 방침을 지속적으로 추진하면서 대내정치, 경제정책, 대남정책을 재정립하고자 하였다. 핵무장 노력을 통해 대내정치의 정당성을 담보하면서, 핵보유에 맞춰 보다 대담하게 군사체계를 개편하고, 통일을 추진하기 위한 "통일전쟁론"을 제기하였다. 그리고 핵무기의 실전화를 위해 경량화, 다종화, 소형화, 표준화를 추진하였다.

그간 선군외교의 성과를 극대화하였던 전략적 모호성을 포기하는 대신, 핵무장을 정책의 최우선순위로 놓고, 외교는 이러한 목표의 하위단위로 자리매김하게 하였다. 북한은 미국은 물론이고, 심지어 중국 및 러시아와도 마찰을 불사하면서 핵무장을 추진하였다. 그리고 북한은 미국을 포함한 국제사회에 핵보유 군사강국임을 인정하는 전제 위에서 새로운 관계를 설정하자고 요구하였다. 그에 기반하여 북한에 유리한 일방적인 협상조건을 제시하면서 상대방의 반응을 실험하거나 유인하는 외교를 하였다.

새로이 출범한 김정은 정권은 2012년 신년공동사설에서 군대를 중심으로 한 선군체제를 더 강화할 것을 표명하였다. 김정은 체제는 우선, 국내 권력의 공고화를 위해 군부와 당의 권력 재편을 본격적으로 시행하였다. 2012년 7월 15일 그간 김정은의 군사적 멘토 역할을 하던 총참모장 이영호를 전격 숙청하면서 군부 고위 장령들을 점차 교체하였다.

다음으로 김정은은 위성 발사와 핵실험을 통해 자신의 지도력과 역량을 대내외에 과시하고자 하였다. 북한은 핵·미사일 실험 중지와 식량 지원 및 관계 개선을 교환하기로 미국과 합의(2.29.) 했음에도 불구하고, 김일성 탄생 100주년 기념일 직전인 2012년 4월 13일 광명성 3호 위성 발사를 단행하였다. 실패로 끝나기는 했지만 이는 "북한은 탄도미사일 기술을 이용한 발사를 해서는 안 된다"는 2009년 유엔결의 1874를 명백히 위반한 것이었다. 미국은 물론 일본, 러시아, 중국 등 국제사회가 다 반대했음에도 단행한 것이다. 특히 중국은 이전에는 북한의 평화적 우주공간 이용권리가 있다는 입장이었으나, 이 시점부터 북한의 위성 발사가 UN결의 위반이므로 반대한다는 입장을 분명히 하였다. 중국의 시진핑 신임 당 총서기는 신 지도체제 출범(2012년 11월 제18차 당대회) 이후 정치국원인 리젠궈(李建國) 전 인대 상무위 부위원장(부총리급)을 11월 29-30일간 대북 특사로 파견하여 김정은이 위성 발사를 포기할 것을 종용하였다. 그러나 김정은은 중국의 특사 귀환 다음날인 12월 1일, 북한의 장거리로켓 은하 3호의 재발사(10-22일 사이)를 공표하였다. 이상과 같은 김정은의 태도는 본인이 중국에 대해서도 자주적인 입장을 견지할 것임을 분명히 한 것이었다.

김정은의 예상보다 빠른 권력 장악과 대내 경제정책의 변화조짐은 그간 선군외교로 특징지어지는 대외정책의 변화가능성에 대한 기대치도 동시에 불러일으켰다. 2012년 북한의 외교는 실제 전방위적으로 주요 국가들과 관계 개선에 나섰다. 북한식 외교의 세계화가 시작되고 있다고 해석할 수 있을 정도였다. 주변 4강과 접촉 및 관계 증진 노력은 물론 국제적인 고립을 탈피하기 위해 동남아시아 외교를 크게 강화하였고, 동시에 다양한 국제기구와의 협력 등 국제사회와의 접촉을 강화하였다. 동시에 대 아프리카 외교 역시 진전시켰다.

김정일의 사망에도 불구하고 북한은 2011년 10월 태국에서 개최된 북미회담에서 합의한 바대로 2012년 4차례에 걸친 북한 내 미군 유해 발굴 작업을 계속 추진하기로 하였다. 동시에 2월에는 중국 베이징에서 미국 글렌 데이비스 6자회담 대표와 북한의 김계관 제1부외상이 제3차 북미 고위급 회담을 개최하였고 북한은 3월 1일자 조선신보에서 외무성 대변인의 말을 인용하여 북미 간에 신뢰조성을 위한 조치들을 동시에 취하기로 합의했다고 보도하였다.

3월에는 이용호 외무성 부상을 미국 시라큐스 대학에서 개최한 안보토론회에 파견하였고, 김정은의 의지임을 밝히면서 미국에 연락사무소 설치를 제안하였다. 또 3월 30일 리근 외무성 미주국장은 독일 베를린에 가서 미국 측 대표와 양국의 관심사를 논의하였다. 북한은 동시에 민간 교류도 추진하여 북한의 태권도 대표단이 미국을 방문하고, 미국의 친선 농구단이 북한을 방문하도록 하였다. 미국의 민간인 20여 명을 초청하여 북한의 산업시설을 시찰하게도 하였다. 이처럼 북한은 2012년 미국과의 접촉을 다방면으로 강화하면서 미국과의 관계 증진을 시도한 것으로 보인다.

중국과는 김정은의 방중조건 문제로 일정 정도 긴장을 유지하면서도 경제협력, 관광, 국경보안 등의 영역에 있어서 상당한 협력 증진을 가져왔다. 2012년 4월 북한 노동당 국제담당 비서인 김영일이 중국을 방문하여 후진타오 주석과 회담을 갖고, 또 이에 대한 답방으로 중국의 정협부주석 류웨이가 북한을 방문하여, 김영남 최고인민회의 상임위원회 위원장과 회동하였다. 7월에는 중국의 대외연락부장인 왕자루이가 방북하여 김정일과 접견하고, 김영일과도 회담을 하였고, 8월에는 김정은의 후견인으로 알려진 장성택 당 행정부장이 중국을 방문하여 후진타오 주석 및 원자바오 총리와 회담을 하였다.

북한 김정은은 집권하자마자 일본과의 관계를 개선하려는 의지 역시 보여주었다. 일본이 2월 조총련계에 대한 압수수색을 하였고, 3월에는 대북제재 연장방침을 정하였음에도 불구하고, 북한은 일본과의 공식·비공식 접촉을 강화하였다. 김일성 생일에 60여 명의 일본 정치인 및 민간단체 인사들을 초청하였고, 납북자 문제와 관련한 비공식회담, 일본인 유족의 북한 성묘 허용, 성묘를 위한 직항 허용 등 전향적인 조치를 취하였다. 특히 북일 간 2002년 9월 17일에 합의했던 평양선언을 논의하기 위해 국장급 회담을 추진하였고, 실제 2012년 기간 동안 두 차례의 회담을 개최하였다. 북·일은 향후에도 정부 간 국장급 협상기제를 지속할 것을 합의한 것으로 보인다.

북한은 러시아와도 경제협력을 중심으로 교류를 강화하였다. 그중에서도 가장 주목할 만한 일은 2012년 북러 간 110억 달러에 달하는 북한의 구소련과의 채무문제를 탕감하는 데 합의한 사실이다. 이로써 그간 북러 간 경제협력에 가장 큰 장애를 형성한 요인이 사라짐으로써 향후 협력이 크게 활성화될 기반을 마련하였다. 이후에 러시아와 북한의 외무성은 2013-2014년 교류계획서에 합의하였고, 2014-2016년 북러 경제공동위원회를 개최하였다.

북한은 김영남 최고인민회의 상임위원장이 2012년 5월 싱가포르와 인도네시아를, 김영일 당 국제비서가 6월 캄보디아, 라오스, 베트남, 미얀마를 방문하게 하면서 동남아 지역에 대한 외교를 강화하였다. 7월에는 다시 김완수 최고인민회의 부의장이 베트남과 라오스를 방문하고, 박의춘 북한 외무상이 아세안안보지역포럼에 참석하여 캄보디아, 중국, 베트남, 싱가폴 외무상들과 만났다. 그리고 김영남 상임위원장은 다시 8월 베트남과 라오스를 방문하였고, 9월에는 말레이시아와 협력 강화에 합의하였고, 북한의 군사대표단은 인도네시아를 방문하였다. 그리고 필리핀과는 2013년 2월 이후 북한 관광을 시작하기로 합의했다. 이처럼 북한은 동남아시아와의 관계 증진을 위해 상당한 노력을 기울였다.

그 밖에도 북한은 UN, 세계식량계획(WFP) 및 서구의 NGO 기구들과 접촉을 강화하면서 필요한 협력과 지원을 얻고, 나이지리아, 피지, 이집트, 쿠바, 쿠웨이트 등 다양한 국가들과 교류와 협력을 강화하는 조치를 취했다. 캐나다, 스위스 등에도 자본주의 경영 수업을 위한 교육지원을 받도록 하는 조치를 취하였다. 이러한 전방위적인 대외정책은 새로운 정권의 이미지 제고를 시도하는 것이었다.

2. 북한의 제3차 핵실험 이후 고립돌파 외교와 병진노선의 채택(2013.3.7.–2015)

북한 김정은 정권 초기 활발한 외교활동은 실제 김정은 정권의 안정성을 대내외에 공표하는 수단으로 활용하였다. 보다 다면적이고 유연한 대외정책의 채택을 통해 경제발전을 도모하려는 입장을 피력하였다. 그러나 이러한 계획은 지난 김정일 시기부터 지속적으로 추진해온 핵과 미사일 개발 계획과 상호 충돌하는 사안이었다. 북한의 연이은 위성 발사는 국제사회의 반대와 제재국면을 강화하였다. 유엔 안전보장이사회는 북한의 12월 위성 발사에 대해 2013년 1월 22일 대북제재 결의안 2087호를 만장일치로 채택했다. 안보리는 기존 결의 1718호(2006년)와 1874호(2009년)를 위반한 북한의 로켓 발사를 규탄하면서 탄도미사일 기술을 이용한 추가 발사와 관련 활동을 전면 중단하고 로켓 발사 모라토리엄에 관한 과거 약속을 재확립할 것을 요구했다. 후속조치로 북한에 대한 제재대상(기관, 개인)을 확대하고 핵·미사일 개발 관련 통제대상품목을 대폭 확대하며 현금·금융거래를 포함한 북한 금융기관 관련 모든 활동에 대한 감시강화를 촉구하였다.

김정은 체제의 북한은 이에 대해 강하게 반발하였다. 대북제재 결의안이 채택된 지 2시간 만에 외무성 명의의 성명을 내고 한반도 비핵화 노력의 종말을 선언했다. 북한은 2013년 1월 23일 조선중앙통신을 통해 "미국의 가중되는 대조선 적대시정책으로 6자회담, 9·19공동성명은 사멸되고 조선반도 비핵화는 종말을 고했다. 앞으로 조선반도 지역의 평화와 안정을 보장하기 위한 대화는 있어도 조선반도 비핵화를 논의하는 대화는 없을 것이다. 미국의 제재압박 책동에 대처해 핵 억제력을 포함한 자위적인 군사력을 질량적으로 확대 강화하는 임의의 물리적 대응조치들을 취하게 될 것"이라고 밝혀 3차 핵실험을 예고하였다.

북한은 실제 2006년 7월 대포동 2호 발사, 2009년 4월 은하 2호의 발사 이후 단기간 내에 핵실험을 단행한 바 있다. 이는 핵무기 능력과 대륙간 탄도탄 능력을 결합시켜야 미국에 가장 강력한 위협이 될 수 있고, 외교적인 카드로서도 유용하기 때문이다. 또 핵무기의 소형화 및 우라늄탄 핵기술의 제고를 위해서라도 핵실험을 단행해 야 할 기술적 필요성도 존재하였다. 북한은 유엔제재 결의에 강력히 반발하면서 일촉즉발의 위기 상황으로 한반도 정세를 이끌어갔다.

북한은 미국과 중국 등의 강력한 반대에도 불구하고 유엔제재 를 빌미로 결국 2013년 2월 12일 핵실험을 단행하였다. 북한 당국 은 〈조선중앙통신〉 보도를 통해 3차 핵실험 성공 사실을 공식 발 표했다. 이 통신은 "이전과 달리 폭발력이 크면서 소형화, 경량화된 원자탄을 사용해 높은 수준에서 안전하고 완벽하게 진행된 이번 핵실험은 주위 생태환경에 그 어떤 부정적 영향도 주지 않았다는 것이 확인됐다"고 주장했다. 북핵문제는 9.19 공동성명이나 6자회담 의 방식으로 풀어내기에는 보다 복합적인 방정식의 세계로 들어가 게 되었다. 북핵문제는 더 이상 한반도 문제가 아니라 현 국제질서 를 지탱하는 핵 확산 방지체제 자체를 위협하는 국제체제적인 문제 로 전환하였다. 북한 역시 북핵문제가 체제적인 문제임을 숨기지 않 았고, 이 문제를 강대국 간, 특히 북미 간에 해결해야 할 문제로 규 정하였다.

북한은 2월 12일 제3차 핵실험 직후, 미국이 적대적인 태도를 보 이면 2, 3차 대응조치를 취할 것이라고 위협하였다. 또한 3월 5일에 는 최고사령부 대변인 성명으로 정전협정의 백지화와 키 리졸브 등 한미합동훈련에 맞선 '강력한 실제적인 2차, 3차 대응조치'를 경고 했다. 유엔의 제재 결의에 대응하는 군사적 조치가 이어질 것임을 경고한 것이다. 북한 노동당 기관지 로동신문은 더 나아가 3월 6일 1면 기사에서 미국이 핵무기를 휘두르면 핵 타격 수단으로 서울뿐 만 아니라 워싱턴까지 불바다로 만들겠다고 위협하기도 했다. 북한 외무성 대변인은 7일 유엔 안보리의 대북제재 결의를 앞두고 '핵선제 공격권'을 행사할 것이라며 '제2의 조선전쟁'을 언급하며 압박을 더 강화했다.

북한은 핵문제와 관련하여 공세적 수사를 강화하면서도 동시에 2013년 3월 조선 노동당 중앙위원회 전원회의에서 경제건설과 핵무력을 병진시키는 노선의 채택을 대내외에 공식화했다. 북한은 핵무장으로 자위의 능력을 갖추는 것과 동시에 인민경제를 발전시키기 위해 더 많은 노력을 기울이겠다는 선언이다. 2013년 3월 북한의 제3차 핵실험으로 한반도는 물론 동북아 지역에 다시 긴장과 갈등이 크게 고조되는 가운데에서도 북한은 선군정책과 핵개발 우선주의에서 벗어나 북한 정권의 궁극적인 안정에 필요한 경제발전을 동시에 병행하여 추진하겠다는 의지를 드러낸 것이었다.[13] 국방비를 늘리지 않고 적은 비용으로 경제건설에 집중할 수 있다는 점이 핵개발의 이유 중 하나라고도 말했다.

북한이 한반도 긴장을 고조시키는 전략의 이면에는 미국은 물론이고 중국에 대한 압박의 측면도 분명히 존재하였다. 후진타오 시기에는 발전도상국이라는 국가정체성에 입각해 경제발전에 더 집중하기 위해서 주변지역 특히 한반도 지역에서의 안정을 중국의 대한반도 정책의 최우선순위로 설정하였다. 2009년의 제2차 북핵실험이나 2010년 천안함 및 연평도 사태에 중국이 보여준 안정 중심의 대응이 그 중요한 예이다. 북한은 그간 중국의 이러한 방침에 가장

....

[13] 북한의 병진노선은 새로운 것은 아니었다. 1962년 노동당 중앙위원회 회의에서 최초로 제안되었고, 1966년에 공식적인 정책으로 채택되어 북한의 주요 정책방향이 되었다. 이는 1990년대 초 동구 사회주의 몰락과 안보위기 속에 중단되었다.

강력한 비용을 안겨줄 수 있는 국가라는 것을 증명해보임으로써 대중국 레버리지를 극대화하고 양보를 이끌어내려는 목적으로 벼랑 끝 전술을 채택하곤 했다. 그리고 중국은 결코 북한을 방기하지 못할 것이라는 나름의 전략적 판단이 존재하였던 것 같다. 북한은 미국의 대북 입장이 강경할 때, 중국이 북한의 이해에 긍정적인 역할을 담당해주기를 기대했다.

시진핑 시기 중국의 외교정책은 북한의 이러한 기대와는 거리가 먼 것이었다. 북한의 긴장고조 전략에 대하여 중국은 전례 없이 북한에 대한 반감과 대응방침을 노골적으로 드러내었다. 중국은 민간 차원에서 반북 항의나 시위를 허용하였고, 인터넷이나 사회인터넷망(SNS)에서 대북 반감이 고조되는 것을 방치하였다. 과거에 북·중 간에 관계가 악화되었을 때, 간혹 학계나 싱크탱크의 인사들을 통해 간접적으로 대북 경고를 한 적은 있으나 민간 차원에서 대북 반감을 공개적으로 드러내도록 허용한 예는 드물었다. 더구나 흥미로운 것은 소위 말하는 북한의 지정학적 중요성이나 "순망치한"류의 사고를 강조하는 "전통적 지정학"파의 주요 담지자인 중국 군부인사들까지 나서서 북한을 비난하기 시작한 것이다. 인민해방군 퇴역 소장인 뤄웬 장군은 2013년 5월 다롄에서 개최된 한중 민간전략대화에서 시진핑 시기 대북정책의 우선순위가 바뀌어 비핵화를 가장 우선시하면서 전쟁 방지, 혼란 방지 순이라고 발표하였다. 중국은 이후 북한 금융기관들의 불법적인 중국 내 활동 억제, 국경지대 검역 강화 등을 조치하기 시작하였다.

김정은은 북한 외교의 최후 보루일 수 있는 중국과의 관계를 복원하기 위한 노력을 시도하였다. 2013년 4월 24일 조선중앙통신은 김정은이 한국전쟁에 참전한 인민군 열사묘를 새로이 성대하고 화려하게 짓도록 하게 했다고 보도하였다. 5월 22-25일간에는 정치국 상무위원인 최룡해 인민군 총정치국장이 중국을 방문하여 시진핑 주석과 면담하였다. 그 이후 북한은 6월 17일 김계관 외무성 제1부상을 다시 방중시켜 당국 간 전략대화를 개최하게 하였다.

북·중 간에는 2011년의 후진타오와 김정일의 합의로 당대당의 전략대화가 이미 두 차례 개최된 바 있었다. 그간 북중관계의 특수성은 당대당의 특별한 연대와 우호에 기초하였다. 그러나 시진핑 시기 중국은 당국 간 전략대화를 주장함으로써 북중관계를 정상적인 국가 간의 관계로 다루어 나가겠다는 의지를 분명히 하였다. 중국은 이전과 달리 북중관계를 정례적인 국가 간의 교류처럼 공개적으로 다루었다. 그리고 이 과정을 통해 북한이 비핵화에 보다 전향적인 조치들을 취하도록 압박을 가하였다. 북한으로서는 중국이 과거와는 전혀 다른 차원의 대북정책 의지를 지니고 있다는 점을 확인하였다. 중국 왕이 외교부장은 또한 7월 1일 브루나이에서 개최한 아세안지역안보포럼에서 북한의 박의춘 외상과 만나 중국의 한반도 비핵화 원칙은 변하지 않는 입장이고 북한도 이에 전향적인 입장을 밝힐 것을 압박하였다.

북한은 미국과도 뉴욕 등의 공식 및 비공식 채널을 통해 접촉하였다. 이 과정에서 미국의 입장이 대단히 강경하다는 것을 확인하였다. 일본과도 접촉을 시도하였다. 5월에 일본과 납북자문제를 매개로 이지마 이사오 내각참여를 방북하게 하여 외교적 공간을 확보하려 했다. 그러나 미국의 입장이 강경한 상황에서 일본 단독으로 북한을 경제적으로 지원할 수는 없다는 것이 명백해졌다. 북한은 다시 7월 5일에 김계관을 러시아에 파견하여 활발한 고립탈피를 위한 외교를 전개했다. 러시아 측 역시 김계관에게 6자회담 복귀와 한반도 비핵화에 대해 전향적인 조치를 취하라는 압박을 가한 것으로 보인다. 북한은 이후 한국에 대해서도 대화의 제스처를 강하게 내보였다.

김정은의 북한은 이러한 국제사회의 비판과 제재에도 불구하고 이 시점에 이미 독자적 생존을 위한 핵개발을 가속화하기로 결정한 것으로 보인다. 그러나 대외적으로는 유화정책의 태도를 표방하였다. 북한 외교가 핵과 경제발전 병진노선 추진을 위해 국제사회로부터 경제적 지원을 이끌어 내기 위한 공세적 매력정책을 추진하고 있는 것처럼 보였다. 심지어 평화를 바란다면 전쟁을 준비하자고 했던 최룡해조차도 "우리 인민은 전쟁을 바라지 않으며 동족 상쟁을 피하고 조국을 자주적으로, 평화적으로 통일할 것을 바라고 있다"는 유화적인 발언을 하기까지 하였다.

그러나 2013년 말 장성택의 숙청은 대외적으로 북한을 더욱 고립시켰다. 장성택의 숙청으로 직간접적으로 가장 영향을 받은 것은 북·중 관계였다. 장성택은 북·중 경협을 지휘한 인물로 알려져 있고 또 상대적으로 합리적인 경제개혁의 지지자로 인식되어 있었기 때문이다. 이번 숙청으로 인해 중국은 북한에 대한 우려와 불신이 더욱 커지게 되었다. 국제사회 역시 북한에 대한 인식이 크게 악화되었다.

2014년 들어 김정은은 국제 고립을 만회하기 위한 노력을 강화하였다. 신년사에서 "올해가 김일성 주석이 조국통일과 관련한 역사적 문건에 생애의 마지막 친필을 남기신 20돐"이라고 언급하여, 남북정상회담과 또 북중정상회담을 추진할 의지를 드러내었다. 서해 인근에서 대남 비방과 삐라 살포를 중단하고 고위급 접촉에 나서는 등 남북관계 개선을 위한 보다 적극적인 노력을 전개하였다. 2월-4월까지 지속되는 한미군사훈련에도 불구하고 2월 20-24일 동안에는 남북 이산가족 상봉을 성사시켰다.

이는 지난 2013년 동기간의 대남태도와는 확연히 달라진 것이라 할 수 있다. 1월 16일 북한은 북한 주재 외교관들을 마식령 스키장에 초대하여, 시설들을 보여주면서 홍보를 하였다. 1월 말에는 베트남에서 일본의 국장급과 다시 북일 간의 접촉을 시작하면서 납북자 문제 해결 및 북일 관계 개선을 타진하였다. 대외적으로 지재룡 주중 북한대사가 기자회견에 나서는가 하면, 현학봉 영국대사는 1월 30일 스카이TV와 일대일 인터뷰를 했다. 비록 북한 선수단이 참가는 못했지만 명목상 국가원수인 김영남 최고인민회의 상임위원장은 2월 개최된 러시아 소치올림픽 개막식에 참석하여 푸틴 대통령의 체면을 살려주었다. 북일 간 국장급 회의도 세 차례나 개최하였다. 10월에는 김영남 최고위원회의 상임위원장이 아프리카 국가들을 순방하였다.

북한의 이러한 적극적인 대외 유화정책은 2015년에도 계속되었다. 4월 아시아·아프리카 정상회의에 참석하였고, 일본과는 5월 스웨덴에서 납북자 문제 해결을 위한 '특별조사위원회 설립을 제안하였고, 일본으로부터 일부 대북제재조치 해제를 이끌어냈다. 6월에는 북한과 유럽연합 간의 국장급 정치대화를 평양에서 개최하였다. 북한 노동당 대표단(단장은 강석주 당비서)은 6월 쿠바를 방문하였고, 상호 간에 답방이 이어졌다. 9월에는 독일, 벨기에, 스위스, 이탈리아 역시 방문하여 유럽연합과의 관계 개선을 시도하였다. 또한 최룡해 노동당 비서를 9월 초 중국 전승절 기념행사에 참석하게 하였고, 10월에는 북한 당 창건 70주년 행사에 류윈산 중국 공산당 정치국 상무위원을 초청하였다. 또한 북한은 지속적으로 제3세계 비동맹 국가들과도 외교를 강화하려 노력하였다.

3. 광풍노도의 핵무장 추진 시기:
북한의 제4차 핵실험과 핵역량 확보(2016.1.6.–2017.12.)

북한은 2014-2015년 동안 국제사회에서 고립을 탈피하기 위한 외교적 노력을 강화하면서도 핵개발을 가속해왔다. 이는 북한 모란봉악단이 북경을 친선 방문하고 있던 12월 10일에 김정은이 북한이 수소탄을 보유하고 있다고 공개발언을 하면서 명백해졌다. 이 발언은 당시 북중관계 개선을 위해 북한이 당분간 추가적인 도발을 하지 않을 것으로 예상했던 중국 측을 크게 당혹스럽게 만들었다. 북한은 결국 국제사회의 반대를 무시하고 북핵실험을 단행(2016.1.6.)하였고, 중국 외교부 한반도 판공실 우다웨이 주임이 방북(2016.2.2.)하자마자 당일, '광명성 4호' 위성으로 명명한 장거리 미사일 실험계획을 공표하고 결국 이를 단행(2016.2.7.)하였다.

김정은은 그의 집권 6년 동안 총 네 차례나 핵실험을 단행하였다. 그 가운데 세 번의 핵실험이 2016-2017년 2년 동안에 집중되어 있다. 북한의 2016년 제4차 핵실험은 국제사회에 그야말로 커다란 충격을 안겨주었다. 이 시기 북한은 이제 어떠한 국제사회의 압력에도 상관없이 핵무장의 길을 가속화할 것임을 명백히 한 것이다. 미국은 물론 중국 및 다른 국가들도 북한의 핵무장이 더 이상 협상을 위한 카드가 아니며, 핵무장의 순간이 예상보다 더 가까워지고 있다는 것을 분명하게 인식하게 되었다. 북한은 2016년 이후 중장거리 탄도미사일 실험을 본격적으로 실시하였다. 2016년에 8차례의 미사일 발사실험이 있었고, 이 가운데 오직 한 번만 성공하였다. 그러나 2017년 16차례에 달하는 미사일 발사실험을 통해, 태평양상의 미군기지는 물론이고 미국 본토를 타격할 수 있는 능력에 도달하는 시간이 얼마 남지 않았다는 점을 증명하였다.

북한은 2016년 1월에 이어 9월에 다시 제5차 핵실험을 단행하였고, 그로부터 1년 후인 2017년 9월 3일 수소탄 실험이라 명명한 실험을 성공시켰다. 이 시점에서 북한은 그간 추진한 핵무기의 소형화, 경량화, 표준화 목표를 다 달성한 것으로 볼 수 있다. 북한은 핵무력이 더 이상 협상의 대상이 아니란 점도 분명히 하고 있다. 북한의 핵보유를 인정하는 것이 북핵문제를 안정화하는 유일한 해법이라는 것이다. 북한의 이러한 도발은 국제사회로부터 광범위한 비판과 유엔의 제재 강화를 불러일으켰다.

2016년 북한의 제4, 5차 핵실험 이후 유엔 대북제재 결의 2270호와 2321호가 채택되었고, 중국 역시 이를 이전보다 적극적인 태도로 찬성하였다. 그리고 북한의 장거리 탄도미사일 실험과 제6차 핵실험 결과 다시 유엔 대북제재 결의안 2371호(2017.8.5.)와 2375호(2017.9.12.)가 채택되었다. 이 제재들은 북한 정권의 주요 수입원이자 대외무역의 주요 영역인 석탄, 철광석, 희토류, 수산물, 석유 수입 등에 대해 광범위하게 적용되고 있으며 점차 그 강도를 더해가고 있다. 중국 역시 대북 유엔제재 결의안에 적극 동참할 것임을 천명하고 있어, 국민총생산(GDP)액의 48% 수준에 다다른 대외무역액(2015년 기준)에 커다란 타격을 입힐 것으로 보인다.[14]

국제 사회의 이러한 제재에도 불구하고 북한은 핵무기 개발을 강하게 추진하였다. 2017년 9월 7일 개최된 노동당 제7기 2차 전원회의에서 김정은은 핵-경제건설 병진노선의 지속적인 추진과 자력갱생을 통한 제재의 극복을 강조하였다. 국제적 제재와 고립에도 불

....

14 김병연 교수의 미간행 발제물(2017.10.10.)에서 인용.

구하고 핵무장을 지속 추진하겠다는 의지를 분명히 한 것이다. 북한은 핵무기를 탑재하여 태평양상 미국의 주요 군사시설과 미국 본토를 공격할 수 있는 역량을 갖추고 있다는 점을 조속히 증명하려 하고 있다. 2017년 내내 이러한 역량이 존재한다는 것을 보여주려 최대한의 노력을 다했던 것이다. 그러므로 북한의 이러한 핵개발이 더 이상 '내부결속용'이나 '체제보장용'으로 설명할 수 없다는 것이 분명해졌다.

김정은 시기의 북중관계는 본격적인 악화 과정을 겪었다. 북한이 중국의 이익에 반해 핵실험을 지속한 것은 물론이고, 공교롭게도 중국의 주요 행사에 앞서 북한의 도발이 진행되었다는 점이다. 그 결과 북중관계도 더 악화되고 있다. 아래 〈표 1〉은 그 상관관계이다.

〈표 1〉 북한 도발과 중국 주요 행사의 상관관계

북한 도발 일시	북한 도발 내용	중국 주요 행사
2012.12.12.	장거리 로켓 은하 3호 2기 발사	중공 19차 당대회와 시진핑 총서기 취임
2013.2.12.	북한 제3차 핵실험	시진핑 정부 출범 직전
2016.4.23.	북한 잠수함 탄도미사일(SLBM) 발사	베이징, CICA 외교장관회의 개최 직전
2016.9.5.	북한 탄도미사일 발사(9.5.) 북한 제5차 핵실험(9.9.)	항저우, G20 정상회의 마지막 날 (9.5.)
2017.4.5.	북한 북극성-2형(KN-15) 발사	워싱턴, 美中정상회담(4.6.) 직전
2017.5.14.	북한 화성-12형 발사	베이징, 일대일로 정상포럼 개막식 직전
2017.9.3.	북한 제6차 핵실험	샤먼, BRICS 정상회담 개막일

중국은 2016년 1월 6일 북한의 제4차 핵실험 이후 실제적인 대북 유엔제재에 본격 참여하고 있다. 〈표 2〉는 김정은 정권 이후 북핵 관련 북중관계의 악화 과정과 대북제재 추이를 분석하고 있다. 김정은 정권은 총 4차례의 핵실험을 진행(2017년 12월 3일까지)하였고 특히 2016-2017년 사이에 세 차례의 핵실험을 포함하여 다양한 미사일 실험을 집중하고 있다. 김정은 정권 등장 이후 총 8차례의 대북제재 유엔 안보리 결의안이 통과되었다. 특히, 전례 없는 고강도 대북제재로 평가되는 결의안 2371호와 2375호는 북한 주력 수출품인 석탄, 수산물, 섬유 제품 수출을 막았고, 지난 12월에 채택된 2397호는 북한으로 공급되는 정유제품 공급량을 기존의 90% 수준으로 차단했다. 또 주요 외화벌이 창구인 해외 파견 북한 노동자를 24개월 내 송환하도록 명문화했다.[15]

〈표 2〉 김정은 시대 이후 대북제재 결의안(8건)과 추이 분석

UNSCR	결의안 채택	UN 안보리 제재 이유	비 고
2087호	2013.1.23.	2012.12.12. 장거리로켓 은하 3호 2기 발사	
2094호	2013.3.7.	2013.2.12. 제3차 핵실험	
2270호	2016.3.2.	2016.1.6. 제4차 핵실험/2.7. 광명성호 발사	전환기 시작
2321호	2016.11.30.	2016.9.9. 제5차 핵실험	
2356호	2017.6.2.	2017.5.14. 화성-12형, 5.21. 북극성 2형 발사	
2371호	2017.8.5.	2017.7.4. 화성-14형, 7.28. 화성-14형 발사	
2375호	2017.9.11.	2017.8.29. 화성-12형, 9.3. 제6차 핵실험	
2397호	2017.12.22.	2017.11.29. 화성-15형 발사	

출처: UNSCR 내용 관련 신문 검색, 이창주 박사 정리.

....
[15] 유엔제재가 북중교역에 대단히 부정적인 영향을 주고 있다는 평가는 http://news1.kr/articles/?3205549(검색일: 2018.1.20.) 참조.

북한은 국제사회의 반대와 유엔의 제재에도 불구하고 핵무장을 기정사실화하면서 국제적인 승인 획득을 추진하고 있다. 향후 한국에 대해 군사력의 우위를 구축하고, 이를 바탕으로 외교력 열세를 보강해 나가면서, 경제발전을 병행 추진하여 결국 대남 우위를 점하겠다는 복안을 가진 것으로 보인다. 이러한 전개는 북한이 2013년부터 구체화하기 시작한 '통일대전' 계획과 맞물려 한국의 안보에 대단한 위협을 안겨주고 있다. 향후 북한의 외교적 목표는 인도나 파키스탄과 같이 국제사회로부터 '핵 강국'의 지위를 인정받는 데 집중하고, 전략적으로 '지속 가능한 대남 우위'와 '한반도 상황의 주도권 확보'를 추진해 나갈 것으로 보인다.

　　다만, 그러한 역량을 갖추기까지에는 여전히 많은 난관들이 존재할 것이다. 미국이나 중국 등 국제사회는 북한을 결코 핵보유국으로 인정할 생각이 없기 때문이다. 2017년 들어 중국 내부의 토론들은 김정은 정권과 북한 정권을 구분하기 시작했으며, 북핵문제를 중국의 핵심 이익과 밀접히 연관된 사안으로 격상해서 이해하기 시작하였다. 한반도 문제를 중국의 이해에 걸맞는 복안대로 처리하겠다는 적극 개입의 의지도 강해졌다. 중국 측은 북한이 전제하고 있는 "중국은 결코 북한을 버릴 수 없다"는 명제 역시 바뀔 수 있다는 신호를 발하였다. 그러므로 북한이 핵보유국의 지위를 추진하면 할수록 북한은 더욱 고립될 개연성이 커졌다. 북한은 강화되는 국제 제재, 경제적 역량의 한계, 시장경제의 강화와 개방 등으로 인한 내부 구조의 취약점들이 더 악화되는 추세에 놓여있었다.

Ⅳ. 2018년 새로운 공세적 유화외교로의 전환

김정은 시기 2018년의 북한은 김정일 시대에 공언한 '강성대국'의 문을 열지는 못했지만, 핵을 보유함으로써 '강국'의 길로 접어들었다고 믿고 있다. 적어도 강대국들의 군사개입 위협으로부터는 벗어났다고 보는 것이다. 북한은 핵무기를 쉽사리 포기하려 하지 않을 것이다. 핵무장은 주변 강대국들을 불신하고 자주적인 역량을 중시하는 북한이 국제무대의 중요한 변수로서 남기 위해서 반드시 필요하기 때문이다.

2018년 김정은 위원장은 대단히 중요한 정책적인 전환을 시작하였다. 비핵화를 의제로 국제사회와의 적극적인 대화와 교섭을 시작한 것이다. 김정은은 핵무장을 완성한 이후 새로운 돌파구로서 협상을 통한 국제사회로의 복귀 및 정상국가화를 염두에 두고 있었을 것이다. 이는 핵-경제건설 병진정책을 추진하기 위해서는 필수불가결하다. 북한 외교가 그간 보여준 실용주의적 측면, 당면한 국제제재에 따른 경제적 어려움, 국제적인 고립으로 인해 북한은 현재의 노선을 장기간 고수할 수는 없을 것이다. 동시에 그간 축적한 국내정치 통제에 대한 김정은 위원장의 자심감도 중요한 변수였다. 물론 이러한 전환은 한국의 문재인 정부가 적극적으로 공존에 기반한 대북 소통과 유화정책을 채택하였기에 가능하였다.

북한의 새로운 한반도 긴장완화, 남북관계 개선, 국제사회와의 화해 정책은 김정은 위원장의 2018년 신년사에서 그 일단을 내비추었다. 그 이후 북한은 2018년 1월 9일 북한 평창 올림픽 참가를 위한 남북 고위급(장관급) 회담에 응했다. 4월 27일에는 역사적인 남북정상회담이 남측 지역인 판문점에서 개최되었다. 남북 정상은 선언을 통해 상호 긴장을 완화하고 교류를 활성화하면서, '정전협정' 체결 65주년이 되는 올해 안에 종전선언을 선언하기로 약속을 하였다. 6월 12일에는 싱가폴에서 김정은-트럼프 간에 사상 최초로 북미정상회담이 개최되었다. 여기서는 북미 간 새로운 관계를 수립하고, 한반도 평화체제 구축과 비핵화를 추진한다는 합의에 도달하였다. 북한 김정은 위원장은 국제 외교무대에 화려하게 등장하였고, 일이 잘 진행된다면 트럼프-김정은 노벨평화상 수상 가능성까지 회자될 정도로 한반도에서 무력충돌의 분위기는 극적으로 반전되었다.

그러나 이 시점에서 4차례에 걸친 북중정상회담, 2차례의 북미정상회담, 미 국무장관 폼페이오의 네 차례에 걸친 방북, 북한 김영철의 미국 방문에도 불구하고, 북한 비핵화 달성과 평화체제 구축의 전망은 여전히 불투명하다. 2018년 내 실현을 추진했던 제2차 북미정상회담, 김정은 위원장의 서울 답방, 한반도 종전선언은 이뤄지지 않았다. 남북미 상호 간에 존재하는 불신, 비핵화에 대한 개념의 차이, 행동의 순서에 대한 불일치 등으로 북한 비핵화에 난관이 커지고 있다. 그 결과 지난 2월 27-28일 개최된 하노이 북미정상회담은 결렬되었다.

2018년 시도된 북한 비핵화 협상과 평화체제 구축 관련 협상의 특징은 각국 지도자들에 의해 주도되고 있다는 점이다. 이는 실무진 차원에서의 논의보다는 훨씬 권위와 책임성이 부여되기 때문에 성사 가능성이 크다. 그러나 이것은 정상들 간의 구체적인 사안에 대한 합의가 쉽지 않을 개연성이 존재하고, 그 경우 급속히 그 동력을 잃을 수도 있는 위험성도 존재한다. 한국, 미국, 북한 모두 협상에 대한 기대가 큰 것도 강점이지만, 그만큼 정치적 부담도 큰 것이 현실이다.

2018년 상반기 중에 북한 김정은은 중국을 세 차례나 방문하였고, 북미정상회담을 앞두고 2019년 1월 김정은 위원장은 다시 중국을 방문하여 적극적인 대중외교를 전개하였다. 이는 김정은 체제 출범 이후 악화일로를 걷던 북중관계를 극적으로 반전시키는 계기가 되었다. 북중은 향후 전략적 소통과 교류를 활성화하기로 하였고, 경제협력도 강화하기로 하였다. 북한은 북미 협상의 결과가 불확실한 상황에서, 미국의 압박을 견뎌낼 보증으로서 중국의 지지를 우선적으로 획득하고자 하였다. 최악의 경우, 중국의 외교적, 경제적, 군사적 지지를 확보할 필요도 있었다. 대신 중국이 우려하고 있는 한반도 문제에 있어서 중국의 이익을 존중하고, 배제하지 않겠다는 보장을 한 것으로 보인다.

북한이 중국 측도 우려하는 한미의 연합 군사훈련을 잠정 중단하도록 이끌어낸 것도 북중관계에 긍정적으로 작용하였다. 북한의 대중 접근은 북미 협상시기에도 불구하고 냉전시기에도 작동하였던 북한 특유의 자주적 외교공간을 확보하고자 하는 강대국 간 균형외교의 사고가 작동한 측면도 존재한다. 중국 역시 한반도 문제에 대한 관여 의지를 분명히 하고, 북한이 중국의 이익에 벗어나지 않도록 견제하는 차원에서 북한과의 관계 개선을 희망하고 있다. 다만, 중국 입장에서는 북한에 대한 신뢰가 그리 높지는 않은 상황에서 북한에 일방적으로 이용당하면서 미중 간의 갈등을 더 악화시키지 않을까 하는 우려도 작동하고 있어, 2019년 3월 현재까지 시진핑 주석의 방북은 실현되지 않고 있다.

북한이 2018년 남북회담에 임하고 유화정책을 채택한 이면에는 다음과 같은 주요 고려가 존재하였다.[16] 첫째, 무력충돌 회피와 새로운 가능성의 모색이다. 북한이 핵능력과 동시에 미국 본토까지 도달할 ICBM 기술을 갖추게 되면 미국은 어떻게든 대응하지 않을 수 없게 된다. 미국은 아마도 북한의 핵무장 자체보다도 미국을 직접 공격할 ICBM 개발을 더 우려할 개연성이 더 크다. 따라서 '완성' 직전에 일단 멈추고 '완성'을 선언한 것이다. 이는 한미동맹에 대해서는 억지능력을 구비하였으니, 긴장을 완화하면서 '협상'과 '완성'의 카드가 다 있다는 것을 보여준다.

둘째, 유엔제재가 실제 효과를 발휘한 것으로 볼 수 있다. 서울대 김병연 교수는 GDP가 48%에 이를 정도로 북한의 대외무역 의존도가 크다는 분석을 내놓고 있다. 2016년 이후 북한의 주요 수출품을 본격적으로 겨냥한 유엔제재는 김정은 및 북한의 재정 상황에 상당한 어려움을 안겨주고 있다. 핵의 실전배치, 즉, 증산과 배치, 방호, 유지를 위한 조치는 핵개발 이상의 비용이 들지도 모른다. 이는 많은 비용과 위험요인들을 안고 있어 북한의 현 경제력 수준이 과연 이를 뒷받침할 수 있을지도 의문이다. 유엔제재가 지속되면 핵무장의 유지 자체가 상당한 고통이 될 것이다. 따라서 북한은 어떻게든 유엔제재를 완화시켜야 할 필요가 있다.

....

[16] 김흥규, "남북대화와 격랑의 한반도", 한반도 24시 칼럼, 「서울경제신문」, 2018.1.15.

셋째, 중국의 압박에 대한 새로운 대응이다. 북한은 기존의 깊은 불신을 넘어 중국을 끌어안는 포용정책으로 전환하였다. 중국은 2017년 "중국은 북한을 결코 버릴 수 없다"는 북한의 상식이 통하지 않을 수 있다는 메시지를 분명히 하였다. 북한은 그간 중국식의 화전(和戰) 양면전술에 대응해 'China Passing'을 시도한 바 있다. 한국을 통해 미국으로 가는 통남통미(通南通美) 전술을 시도하였고, 한국을 적극 활용하는 '북한판 햇볕정책'을 추진하고 있다.

마지막으로, 핵탄두와 미사일 발사 실험은 성공했지만, 그 비용 때문에 핵무기를 아직 배치하지는 못했을 가능성이다. 핵무기 생산과 배치는 개발 비용 못지않게 상당한 경제적 대가를 요구한다. 현 북한의 경제력으로 이를 집행하는 것은 지극히 부담스럽다. 북한은 기존 핵능력을 바탕으로 미국으로부터 안전보장과 최대한의 경제적 양보를 받아내려 할 것이다.

북한이 아마도 희망할 수 있는 현실적인 시나리오는 미국 트럼프 정부와 협상을 통해 장거리 탄도미사일 능력과 현재와 미래의 핵생산 능력을 포기하고, 과거 개발한 핵 일부도 포기한 상황에서 미국과 수교하고 국제무대에 정상국가로 데뷔하는 것이다. 이 과정에서 일본으로부터 배상금을 수령하고, 한국을 포함한 국제사회에서 경제적 지원을 받아내며, 핵의 보유는 묵인 받는 것이다. 그러나 2019년 2월 하노이 북미정상회담은 북한의 이러한 기대를 좌절시켰다. 북한은 미국 트럼프 대통령이 다가오는 대선과 뮐러 특검 등 국내적인 압박으로 타협적인 태도를 취할 것이라 낙관하였던 것 같다. 그래서 북한에 유리한 영변 핵시설과 유엔제재 해제를 맞교환하려는 수준의 협상 전략을 가지고 나왔다. 그러나 트럼프 대통령은 북한 전체의 핵능력과 시설은 물론이고 대량살상무기의 완전한 포기와 제재의 해제를 맞교환하자는 '빅딜' 없이는 협상이 불가하다고 선언하였다.[17] 북미 정상은 추후 회담의 여지를 남겨놓았지만, 결국 타협 없이 회담의 결렬을 맞이했다.

향후 미중 전략경쟁이 격화되고, 협상이 더 이상 의미 없을 정도로 미국의 대북 압박이 강화되면, 북한은 김정은 위원장이 신년사에서 언급하였던 제3의 대안이라 여겨지는 중국과 러시아와의 협력을 통한 생존 전략을 추구할 것이다. 그리고 내부적으로는 자력갱생을 강조하면서 당분간 버티기 전략으로 돌입할 개연성이 높다.[18] 혹은 북핵무장 미완성의 추정이 옳다면, 북한은 핵무기를 생산·배치하는 노력을 배가하게 될 것이다. 미국으로서는 북한이 중국을 견제하는 역할을 해주지 않는다면, 북한 비핵화를 극적으로 타결하기보다는 회담국면을 유지하면서도 대중 압박의 카드로 활용하려는 유혹을 받을 수 있다. 그리된다면 북한 비핵화의 전망은 더욱 요원해진다.

2019년은 북중 수교 70주년을 맞이하는 해이다. 북한과 중국은 어떻게든 양국 간의 관계를 우호적으로 정상화하려 노력할 것이다. 시진핑 주석의 평양 방문도 이뤄질 것이다. 중국의 입장에서는 냉전시대의 북중 동맹과 같은 연루의 함정에 빠지지 않으면서도, 북한에 대한 영향력을 확대하려 노력할 것이다. 북한은 미국과 밀고 당

....

[17] 이러한 미국의 입장은 이후 미 국무부 대변인, 폼페이오 국무장관, 볼튼 안보보좌관의 다양한 발표에서 드러났다. 그 예로 http://www.spnews.co.kr/news/articleView.html?idxno=18119; http://www.spnews.co.kr/news/articleeView.html?idxno=17996을 참조.

[18] 북한은 이미 2019년 4월 1일 『로동신문』 논설 "자력갱생의 길은 변함없이 이어가야 할 길"에서 자력갱생 정책의 추진을 강조하고 있다. 고난의 행군을 언급하고, 외세의존은 망국의 길이며, 자력갱생만이 천하강국을 건설하는 길이라 선전하고 있다.

기는 교섭을 계속하면서도, 중국과 러시아를 연루시켜 자신의 전략적 자산으로 삼으려 할 것이다. 한국과는 김정은 위원장의 답방 등 여전히 우호적인 관계를 유지하려 하겠지만, 핵문제는 한국과 협상 대상이 아닌 미국과 담판을 짓겠다는 생각은 분명하다. 북한의 입장에서는 북한은 핵을 보유한 강국이기 때문에 강국인 미국과 담판을 짓겠다는 것이고, 핵을 보유한 북한이 미국을 견인한다는 점을 비핵화 담판을 추진하기 위한 정당성의 근거로 삼고 있다.

김정은 위원장은 선택의 기로에 놓였다. 평창 올림픽을 계기로 시작된 북미 간 대화와 유화정책 국면을 지속할 것인지, 아니면 현 북미 간의 고착 상황을 빌미로 군사적 압박 국면으로 전환할지, 아니면 남북관계 개선을 통해 상황을 장기적으로 끌고 가면서, 보다 유리한 안보 환경을 조성하기 위해 노력할지 아직은 미정이다. 북한의 전통적인 군부나 외교라인은 현 국면을 자신들의 조직 이해에 반하고, 대단히 위험스런 안보 상황으로 이해할 수도 있다. 트럼프 변수도 중요하다. 따라서 현재로서는 김정은 위원장의 외교 분야에서 돌파구를 마련하려는 의지에도 불구하고 북한 외교는 여전히 조심스런 행보를 계속할 것이라 보는 것이 합리적인 시각이다.

북·미가 상호 타협점을 찾으면서 제도적으로 정착되지 않는다면 상황은 급격히 악화될 개연성이 크다. 국제사회(적어도 미국과)와 북한이 상당한 기간 동안 긴장, 갈등, 대립의 국면으로 전환될 수 있다. 이러한 국제사회로부터의 고립과 제재는 북한에게도 상당한 경제적·외교적 부담을 안겨주게 된다. 남북한 간의 군비경쟁과 동북아 지역에서의 군사적 위기 고조는 과감한 개혁개방 정책 못지않게 북한 김정은 정권에게도 비용부담이 큰 사안이다. 그 결과 북한 내의 체제에 대한 불만과 불안정성이 고조될 개연성도 그만큼 커지는 것이다.

V. 한국 정부에 대한 제언

현재, 미중 전략경쟁의 여파가 심상치 않다. 이는 북한 비핵화를 추진하기 위한 국제정치의 구조적 여건이 급속히 악화되고 있다는 것을 의미한다. 북핵문제를 추진하는 데, 미국과 중국은 비핵화를 미중 전략경쟁의 종속 변수로 볼 개연성이 크다. 더구나 남북한 및 주변국들 간에 상호 불신은 여전하고, 북한의 핵보유로 인한 비대칭적 한반도 안보 상황으로 인해 북한 비핵화의 추진이 중장기적인 과제로 남겨질 개연성이 커지고 있다. 물론 한반도 긴장 상황을 해결할 과제는 궁극적으로 한국정부에게 넘겨진다. 우선은 현재 탑다운(top-down) 형식으로 진행되고 있는 북한 비핵화 협상의 동력을 한국이 제공할 필요가 있다. 한국은 적극적으로 대북 및 주변 강대국 외교를 전개하면서 비핵화와 평화체제의 로드맵에 대한 합의를 이끌어내야 한다. 미국과 북한은 각기 불신의 골도 깊고 전통적인 내부 이해관계에 얽혀 있어, 지도자의 의지에도 불구하고 현실적인 비핵화와 평화체제 구축을 추진하는 것에 어려움을 겪고 있다.

북한이 현재 김정은 시대에 추진하고 있는 선군을 넘어선 병진노선 외교가 과연 성공할 수 있을지에 대한 국내 평가는 여전히 회의적이다. 선군외교 하에 북한은 마치 '죄수의 선택' 게임에서 최선 혹은 최악이라는 극단적인 선택을 하려는 죄수와 유사한 행태를 보였다. 중국을 포함한 주변국들이 북한의 급변사태에 대해 우려하는 연유이기도 하다. 김정은 체제하에서 병진노선 외교는 이러한 선군외교의 함정을 피하려 노력하고 있는 것으로 평가된다. 다만, 분명한 것은 한국은 물론이고 주변 강대국들이 북한이 원하는 게임을 할 수 있도록 용인하지는 않을 것이라는 점이다. 결과적으로 김정일 시대의 선군외교가 안고 있었던 문제점으로 다시 귀결될 수밖에 없는 한계를 안고 있다. 북한 비핵화는 이 불확실성이 강화되는 국제환경에서 북한 정권의 안정성 유지를 어떻게 담보해줄지가 관건이다.

남북관계에서 상생을 추구할 공간도 여전히 협소하다. 북한의 입장에서 한국은 동급의 협상 대상도 아니며, 실제 한국이 제공할 당근에 대해서 큰 기대를 가지고 있지 않다. 북한은 한국을 미국과 국제사회로 나아가는 발판으로 인식할 개연성이 크다. 그리고 한국이 그 기능을 발휘하지 못한다고 판단한다면, 북한은 북핵 협상에 있어서도 직접적인 북미 담판을 원할 것이다. 북한은 핵을 보유한 상황에서 한국에 대한 안보적 우위도 향유하려 할 것이다. 북한의 이러한 태도는 현 문재인 정부의 노력에도 불구하고 남북관계가 당분간 여전히 불안정하고, 위험스럽고, 비용이 많이 들 수 있는 상황에서 헤어나오지 못할 개연성이 크다는 것을 말해준다. 한국을 존중하도록 하는 북한에 대한 사회화 과정이 필요하며, 그 과정은 험난할 것이다.

한국 스스로의 안보와 생존성을 확보하기 위해 북한의 비대칭적 위협에 맞설 안보역량을 시급히 확충할 필요가 있다. 미·중과 북한이 이에 협력을 해주지 않는다면 한국의 안보 불안감도 크게 상승할 것이다. 이러한 여건 하에서는 북한에 대하여 '대항적 공존' 전략을 추구할 것을 권한다. 북한 정권의 붕괴나 흡수통일을 목표로 두기보다는 공존에 기반하여 공영과 평화를 추구하는 것이다. 다만, 현실의 상황을 반영하면서 '대항'을 염두에 두고, 안보적 균형을 맞춰가면서 '공존'을 추구하는 것이다. 그 과정은 대항적 공존-비대항적 공존-협력적 공존-평화적 공존과 통일의 단계로 점진적으로 나아가야 한다. 현실적인 것이 이상적인 것이다.

이러한 노력이 실패한다면, 그 최종 종착역은 동북아 지역에서의 핵 확산으로 귀결될 가능성이 크다. 그 과정은 북한에게도 막대한 군비경쟁과 국제적 고립, 경제적 어려움, 군사적 충돌의 가능성이라는 비용을 초래하게 될 것이다. 남북한이 상생을 위해서는 북한이 비핵화를 추진하면서 남북한 간에 대화와 소통, 전략적 이해를 강화해야 한다는 것을 설득해야 한다. 그리고 한국은 미·중이 다같이 북한 비핵화에 협력을 유지하는 것이 동북아 안정을 유지하면서 미중 간에 불필요한 충돌의 가능성을 억제할 수 있다는 것도 설득해야 한다. 그러기 위해서는 미국은 물론 중국·러시아와도 눈높이를 맞추면서 공동의 비전과 전략을 개발해 나가는 대북 외교를 수행하여야 한다.

현 단계에서 북한을 움직이기 위해서는 중국의 역할이 대단히 중요하다. 그리고 중국의 대북정책의 변화를 담보하는 데에 미국의 역할은 필수적이다. 미국의 북핵 관련 정책 형성에 한국은 주도적인 역할을 감당해야 한다. 이제 한국의 대북정책은 북한 붕괴론이나 흡수통일론을 넘어서야 한다. 그 선택의 폭은 대항적 공존-비대항적(경쟁적) 공존-협력적 공존-평화적 공존의 단계가 존재한다. 현 단계에서는 대항적 공존이 위주가 되면서 비대항적 공존의 단계로 이행하는 과정이 필요하다. 북핵 해결과 이행 과정에서 일본의 역할도 결코 무시할 수 없다.

그러므로 다음과 같은 외교적 노력을 제안한다. 한국은 미·중과 더불어 대북정책에 있어서 차이점에 대한 식별보다는 대북제재에 대한 국제 공조유지 등과 같은 공통의 이해에 대해 공감대를 우선적으로 확인할 필요가 있다. 이를 바탕으로 차이점들의 간극을 좁히는 보다 솔직하고 구체적인 대북정책을 공동으로 추진할 수 있어야 한다. 다음으로, 북한에 대한 군사적 공격이나 붕괴 및 급변 사태를 촉진하는 방향은 한국을 포함한 그 어느 강대국도 현실적으로 감내할 수 있는 상황이 아니다. 오히려 한반도 안정을 위해 필요한 대전제에 합의하고, 상호 간 신뢰를 구축하는 작업이 긴요하다. 현재 진행되고 있는 남북한 간의 대화를 계기로 북미대화로 이어지는 추가적인 진전을 계속 추진해야 한다. 세 번째, 한·미·중은 이러한 합의를 바탕으로 북한의 핵·미사일 개발 중지 선언, 동결과 검증, 비핵화에 이르는 '행동 vs. 행동'의 과정을 설정하고, 비평화적 도발에 대해서는 공동으로 대처하는 데 합의해야 한다. 네 번째, 북한이 그 과정에서 시장 개혁과 개방정책을 채택할 수 있도록 유도하는 조치를 협력적으로 취해야 한다. 다섯 번째, 한국은 이 과정에서 북한과도 끊임없이 대화의 계기를 만들어내면서, 공존의 원칙에 합의해야 한다. 또한 남북이 공동 번영하면서, 남북 간에 자연스런 희망과 합의를 담아 평화적으로 통일이 이뤄질 수 있는 환경을 조성해가는 노력이 필요하다. 이 길만이 한반도가 강대국 외교의 장으로 전락하고 분단이 지속되는 상황을 막으면서 보다 자주적인 통일을 이뤄내는 첩경이다.

참고문헌

김계동, 『북한의 외교정책과 대외관계』(서울: 명인문화사, 2012).

김근식, 『대북포용정책의 진화를 위하여』(파주: 한울, 2011).

김태운, 『북한의 한반도 주변 대4강 외교정책에 대한 이해』(서울: 한국학술정보, 2006).

김한권, "미중 사이 북한의 외교와 중국의 대응", 『IFANS 주요국제문제 분석 2018-45』
　　　(서울: 국립외교원 외교안보연구소, 2018).

김흥규, "남북대화와 격랑의 한반도", 한반도 24시 칼럼, 『서울경제신문』, 2018.1.15.

박재규, 『북한의 신외교와 생존전략』(서울: 나남출판, 1997).

서훈, 『북한의 선군외교』(서울: 명인문화사, 2008).

이기현 외, "한중수교이후 북중관계의 발전: 추세분석과 평가", 『KINU 연구총서 2016-
　　　16』(서울: 통일연구원, 2016).

한반도 평화교섭본부, 『북핵 관련 주요 문서』(서울: 한반도 평화교섭본부, 2018.6.).

후나바시 요이치(오영환 외 역), 『김정일 최후의 도박』(서울: 중앙일보 시사미디어, 2007).

『로동신문』

http://news1.kr/articles/?3205549(검색일: 2018.1.20.)

http://www.polinews.co.kr/news/article.html?no=79995(검색일: 2013.9.12.)

http://www.spnews.co.kr/news/articleeView.html?idxno=17996

http://www.spnews.co.kr/news/articleView.html?idxno=18119

https://www.ncnk.org/sites/default/files/Perry_Report.pdf(검색일: 2018.9.12.)